인문예술미디어
콘텐츠의 활용

루체테
인문학사업단
인문융합
시리즈

인문예술미디어 콘텐츠의 활용

김수연 지음

이화여자대학교출판문화원

이 저서는 교육부와 한국연구재단이 시행하는 이화여자대학교
대학인문역량강화사업(CORE)의 지원을 받아 출간되었음.

| 서문 |

21세기 콘텐츠 설계를 위한 치유적 서사의 발견

최근 디지털 스토리텔링이 유행하고 있습니다. 디지털은 매체 기술이 이룬 성과를 반영하고, 스토리텔링은 매체가 담고 있는 이야기의 전략적 배치를 포함합니다. 콘텐츠 설계에서도 이 두 가지는 매우 중요한 요소입니다. 그렇기 때문에 여러분 중에는 디지털과 스토리텔링의 구현 방법을 기대하고 이 책을 열어보실 분도 계실 것입니다. 그러나 여기서는 이 두 가지를 구체적으로 다루지 않습니다. 굳이 말하자면 디지털보다는 스토리텔링에 가깝지만, 스토리텔링의 구성보다는 이야기되는 스토리의 이면에 작동하는 공감의 메커니즘에 주목하고 있기 때문입니다. 공감의 메커니즘은 이야기의 심층과 인간의 내면에 있는 서사 간 상호작용과 관련이 있습니다. 즉 이 책에서는 표면의 이야기가 아닌 심층의 서사가 어떻게 인간의 삶의 내력과 접속하고 공감을 형성해내는가를 다루고 있는 것입니다.

같은 이야기라 해도 사람마다 공감하는 지점이 다릅니다. 「흥부놀부」 이야기에서 흥부의 서사에 공감하는 분도 계시고, 놀부의 서사에 공감하는 분도 계시듯 말입니다. 이것은 인간의 내력이 접속하는 작품의 심층서사가 다르기 때문이지요. 그래서 이 책은 표층의 이야기가 아닌, 이야기 심층의 서사를 발견하는 데 주목하고 있습니다. 그중에서도 사람들의 내적 상처와 결핍에 공명하고 치유 과정에 동행하며 새로운 삶의 이야기를 시작할 수 있도록 전망하는 서사를 발견하고자 노력했습니다. 하나의 사안은 여러 측면의 진실을 품고 있으며, 우리는 그 안에서 통합의 진실을 선택할 수도 있고 분열의 진실을 선택할 수도 있다는 헥터 맥도널드(2018)의 지적처럼, 하나의 이야기에서 우리는 갈등의 서사를 발견할 수도 있고 연대의 서사를 발견할 수도 있습니다. 우리가 어떠한 서사를 발견하는가는 콘텐츠 설계에서 매우 중요합니다. 20세기까지의 콘텐츠는 소재 차원의 이야기에서 경쟁과 승패의 심층 서사를 발견하는 데 주력해왔습니다. '최적자 생존'의 서사를 반복적으로 재현한 것입니다. 그것은 '최적자'인 1등을 제외한 나머지 사람의 삶을 패자의 서사가 되게 했습니다. 이로 인해 많은 사람들이 자존감에 상처를 입었고 스스로를 열패자로 여기게 되었습니다. 그러나 진화생물학자 최재천 교수(2014)의 말처럼, 이 세상에 손잡지 않고 살아남은 생명은 없습니다. 이제 우리는 서로가 손잡는 서사를 발견할 때입니다. 21세기 콘텐츠는 서로가 손잡고 서로의 상처를 보듬는 길로 함께 나아가는 치유의 서사를 담아내야 합니다.

이 책에는 치유적 콘텐츠의 기본 방향에 대해 모색했던 글들을 실었습니다. 저는 2018년 1학기 이화여자대학교에서 개설된 '원천서사와 콘텐츠 기획' 수업에서 인간과 이야기와 콘텐츠에 대해 가졌던 평소의 고민과 생각을 학생들과 공유했습니다. 학생들 또한 인간 존재의 가치를 고양하고 관계의 결핍을 해소하는 치유적 콘텐츠의 기획 방향에 동의해주었습니다. 학생들의 지지 속에서 해당 수업의 교재로 이 책을 출간할 용기를 낼 수 있었습니다.

이 책은 총 3장으로 구성되었습니다. 먼저 1장에서는 콘텐츠의 3요소와 심층서사의 관계를 다루었습니다. 그동안 매체 중심으로 고려된 콘텐츠를 인간의 내력과 상호작용하고 공감을 만들어내는 이야기의 심층서사를 중심으로 이해할 것을 제안했습니다. 2장에서는 치유적 콘텐츠 설계를 위한 인간의 존재와 관계의 발견에 주목했습니다. 콘텐츠의 원천서사로 사용되는 고전서사를 중심으로, 악인 캐릭터 내면에서 작동하는 매개서사로서의 요인서사(「사씨남정기」), 단절된 부자서사의 반복적 재연이 의미하는 한국인의 내적 결핍과 통합의 욕망(〈비밀의 문〉), 사회적 정체성의 결핍을 서사적 정체성의 확립으로 극복하는 하위주체의 치열한 삶(「배비장전」), 낙인과 같은 육체의 경계성을 지우기 위해 서사적 모색을 꾀하는 소수자 집단의 노력(『임상국부자삼취기』)을 찾아낸 것입니다. 3장에서는 고전서사의 배경이 되는 물리적 장소에 내재된 심리적 공간의 성격을 고찰했습니다. 표류지에 대한 공간 상상력을 통해 현실의 문제를 발견하고, 문학의 경계 공간이 지닌 치유적 속성과 서사적 전망을 확인한 후 마지막으로 콘텐츠의 공간이 서사적 연대를 이루어내는 곳으로 설계되어야 한다는 바람을 담았습니다.

글에 담긴 바람이 미래의 콘텐츠 설계자들과 만날 수 있도록 시리즈를 기획하고 지원해준 루체테인문학사업단에 감사드립니다. 무엇보다 이 책의 표층언어에 담긴 심층서사를 지지해주며 꼼꼼히 오류를 교정해준 이화여자대학교출판문화원 이지예 선생님께 감사드립니다.

2019년 2월

다름과 동행하는 이화에서

저자 김수연

| 차례 |

제2장 치유적 콘텐츠 기획을 위한 고전서사의 내면 읽기 : 관계의 발견

제1장

콘텐츠의 3요소와 심층서사

1. 콘텐츠의 심층서사와 인간의 서사

콘텐츠의 3요소와 심층서사

오늘날 '콘텐츠contents'라고 하면 대체로 디지털 매체에 담긴 내용이나 정보를 떠올립니다. 하지만 이 단어의 의미에는 매체 종류에 대한 규정이 없습니다. 어떠한 형태의 전달 수단을 선택하든, 그것이 담고 있는 내용과 정보가 콘텐츠인 것입니다. 그럼에도 우리가 콘텐츠를 기획할 때 '매체'를 중시하게 되는 것은 다수의 콘텐츠 기획이 '사업'의 형태로 제안되었기 때문입니다.[1] 매체 중시 현상은 고전문학을 활용한 콘

1 신동흔(2011)은 2002년 한국문화콘텐츠진흥원의 '우리 문화 원형의 디지털콘텐츠화 사업'을 고전문학 외부의 자본과 제도와 권력으로부터 '닥쳐온 것'을 상징하는 사건이라고 하여, '사업'으로 제안된 콘텐츠와의 관계맺음이 지닌 충격을 표현했다.

텐츠 기획에서 더욱 두드러집니다.

고전문학은 시대의 변화에 따라 자연스럽게 현대 콘텐츠와 관계를 맺게 되었습니다. 그런데 '고전의 콘텐츠화'에서 고전문학이 하는 역할은 선택된 매체가 요구하는 재료를 제공하는 것에 불과했습니다. 즉 고전문학이 현대와 소통하고 자기 가치를 구현하는 통로를 확대하는 것을 목표로 하지만, 실제는 그 영역을 제한해가는 방향으로 고전의 콘텐츠화가 전개된 것입니다.[2] 이에 대해 한국 신화학자 신동흔(2011)은 콘텐츠 관련 영역에서 한국의 고전문학이 고유한 가치를 드러내지 못하고 스스로를 해체하고 소진했다는 뼈아픈 자평을 할 수밖에 없었습니다.

이러한 현상은 고전문학을 활용한 콘텐츠 기획을 교육하는 현장에서도 마찬가지였습니다. 최근 많은 대학에서 고전문학 수업의 하나로 콘텐츠 기획과 개발을 다루고 있습니다.[3] 대학 교육에서의 콘텐츠 기획도 많은 경우 고전문학의 가치를 드러내기보다 내용을 전달할 매체를 먼저 정하고 그것에 맞는 소재를 개발하는 데 주목했습니다. 이러한 현상 또한 학생들의 콘텐츠 기획이 공모전이라는 '사업'과 밀접한 관련이 있기 때문입니다.

콘텐츠의 개발을 위한 고전문학 연구와 콘텐츠 기획 교육은 즉각적으로 활용할 수 있는 콘텐츠의 소재를 확장했다는 점에서는 의미가 있으나, 고전문학의 정신과 가치 구현이라는 측면에서는 여전히 고민의 지점을 남기고 있습니다. 콘텐츠 기획은 고전문학이 현대인과 의미 있

---

2 정혜경(2018)은 기존에 이루어진 매체별 고전서사 콘텐츠화를 점검하고 새로운 기술 환경을 적용한 모바일 콘텐츠 기획을 제안했다. 이 글은 '원천소재로서의 고전서사와 구현매체'를 중심으로, 새로운 매체와 플랫폼에 적용할 소재 개발을 통한 저비용 고부가가치 창출을 모색했다.

3 관련 연구사 및 사례는 정선희(2017)에서 자세히 소개했다.

게 교류할 수 있는 중요한 방법 중 하나인데, 지금처럼 광산 채굴식 소재 개발에 지나치게 집중한다면 고전문학의 콘텐츠화 영역은 언젠가 폐광이 될지도 모르기 때문입니다.

고전문학이 콘텐츠 기획에서 소재 채굴자에 머무는 것은 고전문학 연구자뿐 아니라 콘텐츠 기획자와 수용자들에게도 미안한 일입니다. 콘텐츠는 이제 현대 사업의 중요한 부분을 차지하고 있습니다. 콘텐츠의 성공적 기획은 그것의 생산에 참여하는 사람들의 꿈을 이루는 통로인 것입니다. 콘텐츠 기획이 성공적으로 이루어지려면 콘텐츠 수용자가 그 콘텐츠를 '좋은 콘텐츠'로 받아들여야 합니다. 그렇다면 수용자들은 어떠한 콘텐츠를 '좋은 콘텐츠'라고 생각할까요? 콘텐츠 기획은 이와 같은 질문에서 시작되어야 할 것입니다.

수용자에게 '좋은 콘텐츠'란 무엇인가? 이 질문에 답하기 위해서는 콘텐츠의 개념과 구성 요소의 선후관계를 다시 생각해볼 필요가 있습니다. 앞서 글을 시작할 때 콘텐츠는 매체에 담긴 내용과 정보라고 했습니다. 그러나 우리는 그동안 매체를 제1요소로 생각하고, 매체 개발에 많은 자본을 투자하고 관련 기술을 개발하는 데 집중했습니다. 그러고 난 후 그 매체 혹은 플랫폼을 돋보이게 할 내용을 소재 차원에서 요구했습니다. 그러나 잘 생각해보면 화려한 기술력, 거대한 자본을 들인 영화나 문화 사업이 사람들에게 환영받지 못했던 경우가 상당히 많습니다. 2018년 여름만 해도 영화 〈인랑〉, 〈물괴〉 등 소위 대작이라 하는 작품들이 개봉 후 얼마 안 되어 맥없이 간판을 내리는 것을 확인할 수 있었습니다. 이들이 대중의 시선을 사로잡지 못한 이유의 대부분은 '서사가 부족하다'는 것이었습니다.

여기에서 콘텐츠와 서사의 관계를 생각해보게 됩니다. 사람들이 좋은 콘텐츠라고 생각하는 것은 화려한 매체 기술이나 특이한 소재가 아니라, '서사'입니다. 이것은 누구나 알고 있는, 너무도 명백한 사실입니다. 그러나 우리는 이것을 종종 잊습니다. 아리스토텔레스Aristotle는 『수사학The Art of Rhetoric』(2007)에서 상대를 '설득'하기 위한 3가지 요소로 로고스logos, 파토스pathos, 에토스ethos를 이야기했습니다. 로고스는 이성적 논리이고, 파토스는 감성적 자극입니다. 이성보다는 감성에 호소할 때 우리는 상대를 설득할 수 있습니다. 그런데 그보다 더 큰 힘을 발휘하는 것은 에토스로, 이는 말하는 사람의 '삶의 내력'을 말합니다.

설득이란 듣는 사람의 마음을 움직여, 그가 말하는 사람에게 공감하고 동의하게 하는 과정입니다. 우리는 말하는 사람의 이성적 논리에 고개를 끄덕입니다. 논리적이지 않은 말은 잘 들어오지 않습니다. 그러나 그것만으로는 조금 부족합니다. 논리라는 그릇에 감성적 자극이 담기면 우리는 코끝이 찡해지며, 마음을 열기 시작합니다. 그러나 그 감성의 심연이 말하는 이의 내력과 만나게 될 때 우리는 그의 진실을 알게 되고, 그의 이야기를 신뢰하며 마음이 움직여집니다.

콘텐츠도 마찬가지입니다. 콘텐츠가 수용자를 설득하는 3요소는 매체(기술), 소재(이야기), 서사(심층서사)라고 생각합니다. 여기서 매체는 수사학의 논리처럼 감정과 내력을 담는 그릇입니다. 오늘날 많은 콘텐츠가 매체를 제일 중요한 요소로 생각하고 그것에 적합한 소재 차원의 내용과 정보를 담고 있습니다. 그러나 그것만으로는 좋은 콘텐츠가 되지 않습니다. 수용자는 화려한 기술에 잠시 시선을 빼앗길지 모르지만, 내용이 좋지 않다면 그는 오랫동안 자신이 지불한 비용과 시간이 아깝다고 느낄 것입니다.

콘텐츠의 가장 표면에 있는 요소는 매체입니다. 이것은 소재를 담는

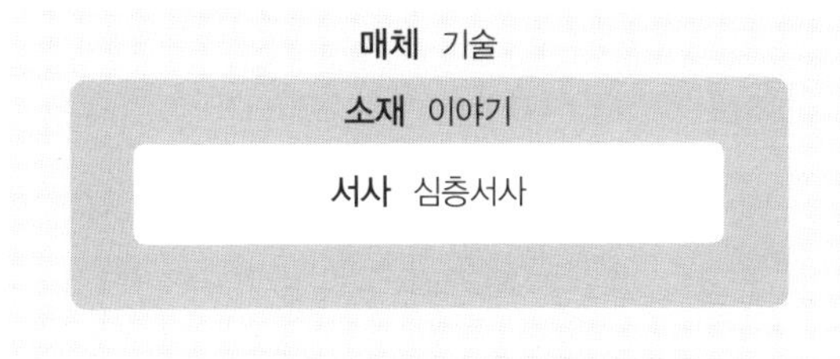

[그림 1-1] 콘텐츠의 3요소

그릇입니다. 매체를 활용한 이미지만 보여주는 콘텐츠도 있지만, 결국은 그 이미지도 특정 소재에서 출발한 것입니다. 붉게 익은 사과, 바람 부는 날의 거리 등 단편적인 사물이나 현상이라 해도, 그것은 이미지의 소재가 됩니다. 그런데 정말로 이미지가 어떠한 소재도 담고 있지 않다면 그것을 바라보는 관객은 공허함을 느낄 것입니다. 어떤 소재도 발견하지 못하는 화려한 이미지 기술은 관객에게 '좋은 콘텐츠'로 다가가기 어렵습니다.

매체가 담는 소재는 이야기 형태가 될 때 대중에게 가까이 갈 수 있습니다. 우리가 속한 현생 인류인 호모사피엔스는 이야기로 이 세상을 유지해왔습니다. 신화, 전설, 민담, 동화, 소설 등의 문학 장르뿐 아니라 소문, 뒷담화, 잡담 등 우리는 종일 이야기를 합니다. 우리가 '체제'라고 부르며 기꺼이 수용하는 '국가', '민주주의', '자본주의' 등도 사실은 모두 하나의 이야기입니다. 인간만이 가졌다고 생각하는 감정이라는 것들, 즉 '불안', '미움', '희망', '화해'도 사실은 이야기의 형태입니다. 우리는 '희망'이라는 이야기를 마음에 품고 오늘의 고단한 일과를 위로합니다. 마음에 누군가에 대한 '미움'의 이야기가 만들어지면, 그 이야기의 결말을 어떻게 만들까 고민하며 행동합니다. 콘텐츠가 담는 소재가 그러한 이야기가 될 때 수용자들은 귀와 마음을 열 준비를 하게 됩니다.

콘텐츠의 마지막 요소는 서사입니다. 여기서 서사는 소재 층위인 이야기의 심층에 있는 심층서사입니다. 같은 이야기를 접하면서도 그 안에서 발견하는 공감의 지점은 사람마다 다를 수 있습니다. 공감은 이야기 심층에 있는 서사와 수용자의 삶의 경험이 만날 때 만들어집니다. 〈신과 함께: 죄와 벌〉이라는 영화를 보고 누군가는 평생 고생만 하다가 죽은 소방관에 공감하고, 누군가는 자식들을 위해 눈물을 삼킨 어머니에 공감하며, 또 누군가는 군복무 중 억울하게 죽은 병사에게 공감할 것입니다. 또한 동일한 소방관 이야기에서도 누군가는 그가 종사하는 공무에 공감할 것이고, 누군가는 장남으로서의 삶에 공감할 것입니다. 이러한 공감은 자기 삶의 심층 내력과 콘텐츠의 심층서사가 이야기에 접속하여 만나고 그 안에서 서사적인 체험을 함으로써 이루어집니다.

심층서사에 대한 관심은 매체 수용자의 역할이 커지게 된 상황과 밀접한 관련이 있습니다. 많은 경우 콘텐츠의 가치는 제작자의 의도보다 향유자가 작품 속에서 경험하는 서사적 체험의 성격에 의지하기 때문입니다. 이야기 접속을 통해 이루어지는 서사적 체험은 제임스 그리블 James Gribble(1987)이 말한 '연루감'의 경험(독자는 작품을 읽으면서 인물의 삶에 연루되곤 한다는 것)과 유사한 개념입니다. 주지하듯 비슷한 줄거리의 이야기가 모두 동일한 서사적 체험을 제공하지는 않습니다. 서사적 체험은 독자의 삶과 관련이 있기 때문입니다. 독자의 삶의 심층 내력이 어떠한 성격을 지니는가에 따라 그가 작품에서 경험하는 서사적 체험의 성격이 달라지는 것입니다.

콘텐츠의 이야기가 어떠한 심층서사를 제공하는가는 매우 중요합니다. 콘텐츠의 이야기는 우리에게 갈등의 서사를 제공할 수도 있고 화해

[그림 1-2] 콘텐츠와 인간의 삶

의 서사를 제공할 수도 있습니다. 그러나 각각의 서사에 대한 공감의 정도는 시대와 사회에 따라 동일하지 않습니다. 20세기까지 우리는 경쟁과 갈등과 배척의 서사를 조장하고 지향했습니다. 그리하여 '막장'이라는 것이 하나의 장르가 되기도 했습니다. 그것은 상업적 성공을 낳는 동시에 많은 사람들에게 상처를 주기도 했습니다. 21세기가 시작된 지금, 사람들은 조금씩 화해의 서사를 원하게 되었습니다. 갈등의 서사가 결코 좋은 콘텐츠일 수 없음을 생활 속에서 이미 경험했기 때문입니다. 그럼에도 여전히 우리는 20세기적 가치관을 가지고 콘텐츠를 기획하고 있습니다. 그것은 단기간 우리의 감각을 자극할 수 있지만, 오래가지는 못할 것입니다.

21세기 콘텐츠의 심층서사는 20세기가 남긴 상처를 치유하는 방향으로 짜여야 할 것입니다. 치유의 심층서사는 이미 우리의 이야기 안에 존재하고 있습니다. 15·16세기의 위대한 조각가 미켈란젤로는 조각가의 임무가 "돌 안의 형상을 자유롭게 풀어주는 것"이라고 했습니다. 같은 맥락에서 저는 콘텐츠 기획이 '콘텐츠 안의 심층서사를 발견해주는 것'이라고 생각합니다. 그리고 심층서사의 발견은 궁극적으로 수용자 자신의 가치와 존엄성의 발견으로 이어져야 할 것입니다. 콘텐츠가 자신의 가치와 존엄성을 발견하도록 도와줄 때 수용자는 그것을 '좋은 콘텐츠'라고 여길 것입니다. 그것이 21세기 콘텐츠 기획의 기본 방향이 되어야 합니다.

인간의 서사와 문학의 서사

앞에서 콘텐츠는 이야기와 심층의 서사로 되어 있다고 했습니다. 수용자가 이야기의 심층서사에서 자기의 내력과 관련된 부분을 발견할 때 마음을 열고, 그것이 자신의 가치를 고양하도록 돕는다면 '좋은 콘텐츠'라고 생각한다는 내용이었습니다. 이때 수용자의 '내력'도 심층서사입니다. 사람마다 특정한 행동 양식이 있는데, 그것은 이야기의 성격을 지닙니다. '그 사람은 늘 그렇게 행동해.'라는 말은 그 사람의 행동에 '기승전결'의 흐름이 존재한다는 뜻입니다. 그 흐름이 이야기인 것입니다. '그는 왜 늘 그렇게 행동할까?' 이 질문은 그의 행동 양식이 만들어지게 된 내력, 즉 행동 양식의 심층에 자리한 사연이 무엇인지를 묻는 것입니다. 콘텐츠의 이야기에 심층서사가 있듯 사람의 행동 양식에도 심층서사가 있는 것입니다. 이것은 최근 고전문학 연구의 새로운 흐름 중 하나인 문학치료학의 관점과 닮았습니다. 문학치료학은 인간을 하나의 문학 작품으로 봅니다. 문학의 심층서사와 인간의 심층서사가 만나 '공명'을 이룰 때 인간은 감동을 받고, 왜곡되었던 인간의 심층서사가 변화할 수 있다는 입장입니다.

문학치료학의 주요 개념인 '서사'는 인간관계를 기초로 합니다. 인간관계를 통해서만이 '삶이라는 텍스트'의 시작점이자 뿌리이자 기준이 되는 서사를 살필 수 있기 때문입니다(정운채, 2008; 2011a). 지그문트 프로이트Sigmund Freud(2014)의 정신분석학에서는 인간의 '욕동'이 '표상과 감정'으로 존재한다고 봅니다. 이와 달리 문학치료학에서는 인간의 심층서사가 인간관계의 형태로 드러난다고 봅니다. 그 결과 문학치료학의 서사 이론은 "인간이 이 세상을 바라보고 이 세상을 살아가는 데 어떠한 틀을 사용하느냐"에 초점을 두고 전개되어왔습니다(정운채, 2010). 즉 한 사람의 서사를 이해하는 것은 그가 사용하는 관계의 틀을 이해하는 일이 됩니다. 문학치료학의 기초를 세운 정운채는 '관계의 틀'을 '기초서사'라고 불렀습니다. 그는 인간의 발달 과정에 따른 보편적이고 필연적인 관계에 주목하여 기초서사를 설계했습니다. 또한 기초서사를 관계의 주체에 따라 자녀서사, 남녀서사, 부부서사, 부모서사로 나누고, 각각의 주안점을 순응, 선택, 지속, 양육으로 설정했습니다(정운채, 2008).

정운채를 중심으로 개진된 문학치료학의 서사 개념은 매우 탁월한 성과라는 데 많은 학자가 동의합니다. 그것이 지닌 학문적 가치는 오늘날 문학치료학이 지닌 위상을 통해 증명되고 있습니다. 그러나 학문이 심화되고 연구자의 외연이 확장될수록 초기에 설정했던 '서사' 개념에 대한 고민이 불가피해지고 있습니다. 주된 문제는 '서사 자체의 층위 불일치'와 그것이 야기하는 '서사에 대한 학문 일반과의 거리' 등입니다(신동흔, 2016). 이러한 문제의식은 문학치료 서사이론의 보강으로 이어졌습니다. 정운채(2005; 2011b)가 "인간관계의 형성과 위기와 회복에 대한 과정을 서술한 것" 혹은 "인간관계의 자초지종이 체제화된 것"이라고 정의한 기존의 서사epic 개념을 보완하고 수정하여 신동흔(2016)은 "문학 및 인간의 이면에서 작품과 인생을 좌우하는 스토리 형태의 심층적 인지-표현체계story-in-depth"로 재규정할 것을 제안했습니다.

또한 관계 중심으로만 이해하던 서사의 개념을 '존재의 서사'와 '관계의 서사'로 나누어보고, 인물의 서사를 '관계 이전의 존재'가 '관계적 존재'를 거쳐 '관계를 넘어선 존재'로 이동하는 '존재적 변화'로 읽어야 한다는 주장도 더했습니다(신동흔, 2016). 이것은 자기서사를 분석할 때 '관계 전 존재의 서사'와 '관계의 서사' 그리고 '관계 후 존재의 서사'로 이어지는 '서사의 질적 변화'에 주목해야 한다는 의미로 이해할 수 있습니다.

문학치료학의 서사 이론은 "인간에 대한 문학적 이해를 심화하는 데 기여"하는 방향을 지향하고 있습니다(신동흔, 2016). 문학치료학의 핵심 개념이자 과제 중 하나인 기초서사의 영역 설정에 대한 문제에서도 이러한 노력이 이어지고 있습니다. 주지하듯 기초서사의 영역은 인간관계의 보편적 영역을 고려하여 설정되었습니다. 정운채(2005; 2008)는 다양한 인간관계의 근저를 이루고 인간관계에서 가장 원초적인 힘을 발휘하는 가족 관계를 원형 내지 기초로 설정하고, 인간의 발달 과정에서 '필연적'으로 거치게 되는 네 가지 관계 양상을 중심으로 기초서사 영역을 자녀서사, 남녀서사, 부부서사, 부모서사로 구분했습니다. 또한 각 영역의 주안점을 순응, 선택, 지속, 양육으로 설정하여, 기초서사가 물리적이고 표면적인 가족 관계에 국한하지 않고 모든 인간관계에 적용할 수 있는 개념임을 강조했습니다.

그런데 초기의 기초서사는 개념의 층위에 약간의 불일치가 존재합니다. 층위 문제를 논의하기 위해서는 첫째, 서사적 주체의 개체성과 상호성을 고려해야 합니다. 기존의 4대 기초서사는 서사적 주체의 개체성을 중심으로 설정되었습니다. 이 개체성을 잘 드러내는 기초서사가 자녀서사와 부모서사입니다. 자녀서사는 서사적 주체가 자녀의 입장에서 작동하는 순응의 서사이고, 부모서사는 서사적 주체가 부모의 입장일 때 작동하는 양육의 서사입니다.

그러나 나머지 기초서사인 남녀서사와 부부서사는 앞의 두 서사와는 조금 다릅니다. 남녀서사는 '남'과 '여' 사이의 선택의 서사이고, 부부서사는 '부'와 '부' 사이의 지속의 서사이기 때문입니다. 이것은 개체성보다 상호성이 반영된 영역이라고 하겠습니다. 남녀서사와 부부서사에서 확인되는 상호성과 유사한 수준으로 자녀서사와 부모서사를 규정한다면, 자녀서사는 '자'와 '녀' 사이, 즉 자녀 사이에 작동하는 서사이고, 부모서사는 '부'와 '모' 사이에 작동하는 서사여야 합니다. 같은 층위의 영역을 나타내는 학술 용어의 구조는 의미 해석에서 규칙적 통일성을 지녀야 이론적 모순이 줄어들 것입니다.

만약 남녀서사나 부부서사와 동일한 층위의 상호 주체성을 고려하여 자녀서사와 부모서사를 구상한다면 부자서사가 될 것입니다. 실제로 자녀서사의 대표 설화로 선정된 이야기들을 보면 항상 부모가 전제되어 있습니다. 마찬가지로 부모서사의 대표 설화에도 언제나 자녀가 전제되어 있습니다. 즉 모든 설화가 부모와 자녀의 관계에 대한 이야기여서, 자녀서사의 유형에 들어가는 이야기여도 읽는 사람에 따라 부모의 입장과 행동을 더 고민하게 만들기도 하는 것입니다.

예를 들어 「지붕에 소 올리라는 아버지」는 부모의 입장에서 자기에게 순응하지 않는 자녀를 갈라내는 이야기가 핵심이라고 평가되어, 현재 부모서사 중 자녀 가르기 서사로 구분됩니다.[4] 그런데 이것은 동시에 자녀의 순응을 끌어내지 못한 부모의 태도를 성찰하게 하는 이야기이기도

4 「지붕에 소 올리라는 아버지」의 내용은 다음과 같다. '한 가난한 사람이 부자 친구에게 부자되는 법을 묻는다. 부자 친구는 잘 보고 똑같이 해보라 한 뒤 자식들을 불러 소를 지붕에 올리라고 한다. 부자의 자식들은 아버지의 말대로 하려고 애쓴다. 가난한 사람도 자식들에게 소를 지붕에 올리라 하지만 자식들은 아버지가 노망이 났다며 핀잔한다. 부자 친구는 부자가 되려면 자식이 부모 말을 잘 듣고 가족이 화합해야 한다고 말하고 간다.' (서사와문학치료연구소, 2016)

합니다(서사와문학치료연구소, 2016). 그렇다면 이 설화는 자녀서사 중 부모 가르기 서사로 읽을 수도 있습니다. 부모가 상정되지 않은 자녀서사나 자녀가 전제되지 않은 부모서사가 있을 수 없기 때문입니다. 또한 자녀서사에 자녀가 부모를 양육하는 서사도 등장하고, 부모서사에 부모가 자녀에게 순응하는 내용도 등장합니다. 서사적 주체의 개별성을 강조하기 위해 두 개의 서사로 나누었으나, 부모와 자녀의 서사는 서로를 전제하여야만 가능하기 때문에 서사의 겹침과 중복이 자주 발생하는 것입니다. 따라서 기존의 자녀서사와 부모서사를 그대로 사용할 경우에는 남녀서사 및 부부서사와 다른 층위에 놓아야 하고, 항상 짝으로 기능하는 관계임을 분명히 해야 할 것입니다.

둘째, 기초서사의 층위는 서사의 필연성과 자율성을 고려해서 설정되어야 합니다. 정운채(2005)는 자녀서사와 남녀서사를 모든 사람이 필연적으로 거쳐야 하는 영역으로 보았습니다. 한편 부부서사와 부모서사는 유추적으로 필연성을 획득한다고 했습니다. 그러나 인간이 태어나는 순간 획득하는 일차적 관계가 '누군가의 자녀'라는 것을 생각한다면, 자녀서사와 그것의 짝이 되는 부모서사가 필연적 서사가 될 것입니다. 세상에 태어난 이상 모든 사람은 부모의 생존 여부와 관계없이 부모와의 관계를 경험하기 때문입니다. 부재하는 부모도 자녀의 심층에서는 평생 존재합니다. '부재'도 존재의 방식인 것입니다.

자식을 두지 않는 삶을 선택한 사람도 마찬가지입니다. 자신이 자녀로서 경험했던 자녀서사에는 이미 부모서사가 포함되어 있기 때문입니다. 즉 자녀서사와 부모서사는 모든 사람이 공유하는 기초서사로서, 인간의 자기서사를 구성하는 필수 구성 요소가 됩니다. 반면에 남녀서사는 사회화 과정에서 획득하거나 선택하는 젠더의 문제와 연결되고,

남녀서사 자체를 거부하는 것도 가능합니다. 따라서 남녀서사는 부부서사와 마찬가지로 자율적 서사 영역이 됩니다. 즉 남녀서사와 부부서사는 필연적 층위가 아니라 자율적 층위의 기초서사인 것입니다.

셋째, 기초서사의 층위는 각 서사의 관계적 사건과 심리적 자리를 고려하여 설정되어야 합니다. 여기서 '관계적 사건event'이란 인간관계 영역에서 갈등과 화해에 연루되는 핵심 사건이고, '심리적 자리'는 그러한 사건을 둘러싸고 발생하는 내면의 상태입니다. 기초서사는 세상과 나, 법칙과 소망이 관계 맺는 양상에 따라 영역이 설계되고 각각의 주안점이 제안되었습니다. 세상의 법칙이 작동하고 세상의 법칙에 순응해야 하는 것을 주요 과제로 삼는 것이 자녀서사이고, 나의 법칙이 작동하고 양육을 주요 과제로 삼는 것이 부모서사입니다. 또, 나의 소망이 작동하고 선택을 주요 과제로 삼는 것이 남녀서사이고, 세상의 소망이 작동하고 지속을 주요 과제로 삼는 것이 부부서사입니다(정운채, 2008). 그러나 인간관계에서 세상과 나, 법칙과 소망이 만들어내는 양상은 이 네 가지에만 국한되지 않습니다.

그리고 무엇보다 순응과 양육과 선택과 지속이라는 주요 과제만으로 기초서사들의 차별적 특징을 선명하게 설명하지 못하는 부분도 있습니다. 앞서 말했듯 자녀서사에도 양육이 있고, 부모서사에도 순응이 존재하기 때문입니다. 또한 남녀서사처럼 자신의 소망을 중시하면서도 '대상의 선택'이 아닌 '나의 성취'를 주안점으로 하는 서사가 있을 수 있고, 부부서사처럼 세상의 소망을 중시하면서도 '대상과의 지속'이 아닌 '대상과의 연대'를 주안점으로 하는 서사가 있을 수 있기 때문입니다. 따라서 세상과 나, 법칙과 소망을 고려하면서 기존의 주요 과제가 포함하지 않는 또 다른 주요 과제를 설명하는 데 필요한 표지가 제시되어야 합니다. 그것이 각 서사의 관계적 사건과 심리적 자리입니다.

뒤에서 더 자세히 설명하겠지만, 필연적 관계 영역에서 짝으로 작동하는 자녀서사와 부모서사의 관계적 사건은 '독립'이며, 심리적 자리는 '집착과 분리 욕망'입니다. 그리고 자율적 관계 영역에서 관계의 심화 정도를 나타내는 남녀서사와 부부서사의 관계적 사건은 '결연'이고, 심리적 자리는 '이기심과 대상 존중'입니다. 그런데 앞에서 남녀서사처럼 '나의 소망'을 중시하면서도 '대상의 선택'이 아닌 '나의 성취'를 주안점으로 하는 서사가 존재할 수 있고, 부부서사처럼 '세상의 소망'을 중시하면서도 '대상과의 지속'이 아닌 '대상과의 연대'를 주안점으로 하는 서사가 있을 수 있음을 이야기했습니다. 이 두 서사의 관계적 사건은 '시합'이고 심리적 자리는 '경쟁심과 협력'입니다. 기존의 기초서사 명명 규칙에 따라 이 두 서사의 이름을 짓는다면 '형제서사'와 '사회서사'가 될 것입니다.

인간의 서사와 문학의 서사는 구조적 상동성을 갖습니다. 문학 작품은 줄거리인 표층서사와 관계·존재의 문제인 심층서사로 이루어져 있고, 인간의 삶도 일정한 행동 양식과 그것의 심층 내력을 이루는 기초서사로 이루어져 있습니다. 이것은 앞서 언급한 콘텐츠의 구조와도 일

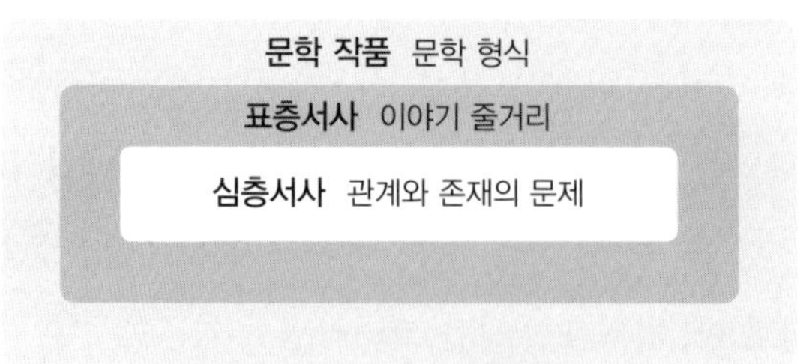

[그림 1-3] 문학의 서사

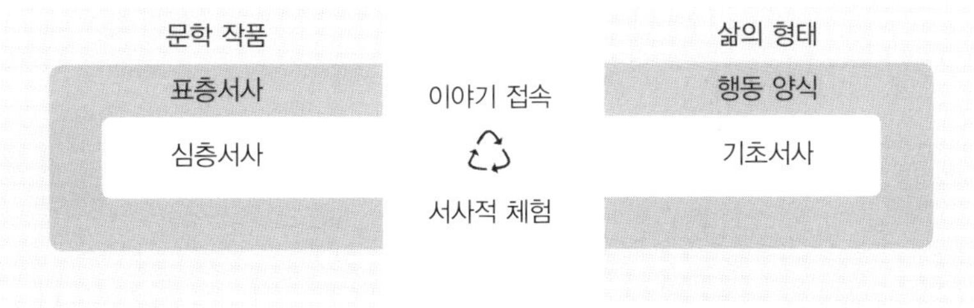

[그림 1-4] 문학의 서사와 인간의 서사

치합니다. 사실 문학은 가장 오래된 콘텐츠입니다. 그렇기 때문에 문학과 인간의 심층서사가 만나는 지점, 즉 공감을 이루는 메커니즘을 이해하는 것은 좋은 콘텐츠를 기획하기 위한 전제 조건이 될 것입니다.

2. 인간의 관계 영역과 기초서사

서사적 인간의 관계 영역과 기초서사

문학 콘텐츠와 인간의 심층서사가 만나는 메커니즘을 확인하기 위해 인간의 서사적 구조에 대해 조금 더 살펴보겠습니다. 자녀서사와 부모서사는 모든 사람이 공유하는 필연적 층위의 서사입니다. 인간은 누구나 '누군가의 자식'으로 태어나기 때문입니다. 태어나는 순간 자녀서사와 부모서사는 발생하고, 그것은 자기서사의 기본적 구성 요소가 됩니다. 부모가 부재한다고 해도 부모서사는 '누군가의 자식'인 인간의 심층에서 엄연히 존재하고 작동하는 것입니다. 인간의 발달 과정상 많은 경우 자녀서사와 부모서사의 다음 단계는 남녀서사와 부부서사입니다.

다시 한번 강조하지만 여기서 자녀, 부모, 남녀, 부부는 법적이거나 생물학적 개념이 아닙니다. 관계의 성격을 강조한 말입니다.[5]

남녀서사와 부부서사는 자녀서사 및 부모서사와 달리 자율적 층위의 서사입니다. 남녀서사를 선택하지 않는 사람도 있고, 남녀서사만 반복하는 사람도 있으며, 남녀서사와 부부서사를 오가는 사람도 있고, 남녀서사를 거쳐 부부서사로 이동하는 사람도 있습니다. 부부서사로 이동한 사람들 중에도 부부서사를 충만하게 만드는 데 집중하는 사람도 있고, 다음세대의 자녀서사와 부모서사를 만들어내는 데까지 확장하는 사람도 있습니다.

자녀서사와 부모서사는 태어남과 동시에 발생하는 필연적 층위의 기초서사로서, 서사적 주체의 개별성을 중시하면서도 항상 짝으로 작동하는 상호적 관계의 서사입니다. 이와 달리 자율적 층위의 남녀서사와 부부서사는 각각이 서사적 주체의 상호성을 중시하여 설계된 것이며, 양자는 서사의 성숙과 심화 정도에 따라 구분된 것입니다. 남녀서사는 '대상을 선택'하는 것이 주안점이고 부부서사는 '선택의 지속'을 관건으로 하기 때문입니다. 즉 건강한 부부서사는 남녀서사가 성숙하고 심화된 단계라고 볼 수 있습니다. 그렇다면 자율적 층위의 1단계에 남녀서사가 놓이고, 2단계에 부부서사가 놓일 것입니다. 물론 남녀서사와 부부서사 사이에는 진입과 회귀가 가능합니다. 이와 같은 양상은 〈표 1-1〉과 같이 정리해볼 수 있습니다.

그런데 인간관계는 관계 유형마다 특징적 갈등이 존재하고, 특징적

---

5 뒷부분에 다시 언급하겠지만, 현행 학술 용어는 기존의 언어 관습에 의해 형성된 것으로 다소 불편한 지점이 있다. 이에 대한 개선이 필요하다.

〈표 1-1〉 기초서사 층위

<table><tr><td rowspan="3">기초서사 층위</td><td rowspan="2">자율적</td><td>2단계</td><td colspan="3">부부서사(지속)
↓↑</td></tr><tr><td>1단계</td><td colspan="3">남녀서사(선택)</td></tr><tr><td colspan="2">필연적</td><td>자녀서사(순응)</td><td>⇄</td><td>부모서사(양육)</td></tr></table>

갈등은 각 유형에서 강조되는 '관계적 사건event' 및 '심리적 자리'와 관련이 깊습니다. 갈등의 성격이 관계적 사건과 심리적 자리에 따라 달라지는 것입니다. 필연적 층위에 있는 자녀서사와 부모서사에서 문제가 되는 관계적 사건은 '독립'이고, '독립'으로 인한 갈등은 '집착과 분리 욕망'과 관련이 있습니다. 자녀와 부모가 갈등하는 자녀서사와 부모서사의 가르기 및 밀치기의 주요 내용은 '자녀의 독립'이라는 사건을 다룹니다. 자녀서사는 '세상의 법칙'에 '순응'하는 것을 핵심 과제로 삼으며, 부모서사는 '나의 법칙'이 작동하는 영역에서 대상을 '양육'하는 것을 주안점으로 삼습니다. 순응과 양육은 조화를 이룰 수 있는 짜이기에 갈등의 소지가 없어 보이지만, '독립'이라는 사건 앞에서 양자는 이전의 조화로운 관계를 조정하게 됩니다.

기존 연구에서 부모 가르기 서사로 분류된 「간 빼길 뻔한 전처 아들」과 부모 밀치기 서사로 분류된 「해와 달이 된 오누이」는 모두 부모가 자식의 목숨을 함부로 할 수 있다고 여기는 태도를 통해, 자식을 독립시키기에는 미성숙한 부모의 모습을 문제 삼고 있습니다.[6] 반대로 부

6 「간 빼길 뻔한 전처 아들」의 내용은 다음과 같다. '한 남자의 후처가 병든 체하고 전처 아들의 간을 먹어야 산다고 말한다. 남자는 백정에게 아들을 죽이게 하나, 백정은 개의 간을 갖다주고 그의 아들을 몰래 키운다. 이 아들은 장원급제하여 백정 아버지와 잘 살고, 친아버지와 그 후처는 죽는다.' 「해와 달이 된 오누이」는 '호랑이가 어머니인 체하고 오누이를 잡아먹으려 하자, 오누이가 도망쳐 해와 달이 된다'는 이야기이다.

모 되찾기 서사인 「내 복에 산다」와 부모 감싸기 서사인 「효불효 다리」는 결국에 부모가 자식에 대한 집착과 소유욕을 포기하며, 자녀의 독립을 인정하고 오히려 부모가 양육의 대상이 되어 자녀에게 순응함으로써 갈등이 해결되는 과정을 보여줍니다.[7]

자녀 가르기 서사인 「지붕에 소 올리라는 아버지」와 자녀 밀치기 서사인 「칠십에 얻은 아들에게 물려준 재산」도 마찬가지입니다.[8] 가르기와 밀치기는 자녀와 부모 사이의 갈등을 노정하는 서사인데, 모두 부모가 자기 자신의 규칙을 성찰하지 않고 자식에게 강요하는 태도를 강하게 드러냅니다. 이와 반대로 자녀 되찾기 서사인 「복 빌린 나무꾼」과 자녀 감싸기 서사인 「거짓 장례로 개가시킨 딸」은 부모가 자녀를 독립된 인격체로 존중하고 자녀가 선택한 삶의 방식을 따라줌으로써 당면한 문제를 해결합니다.[9]

인간이라면 누구든 발달 과정에서 부모에 대한 순응을 벗어나야 하는 때가 거의 반드시 찾아옵니다. 평생 부모의 양육에만 기대며 순응하

7 「내 복에 산다」의 내용은 다음과 같다. '부자가 세 딸에게 누구 덕으로 먹고 사냐고 묻는다. 위의 두 딸은 부모 덕이라고 말하고, 막내는 내 복에 먹고 산다고 말한다. 쫓겨난 막내는 숯장수와 함께 살다가 숯가마에서 생금덩이를 발견해 부자가 된다. 막내가 나간 후 거지가 된 부모는 딸의 복을 인정한다. 딸은 부모를 찾아 모시고 산다.' 「효불효 다리」는 '칠형제를 둔 과부가 밤마다 강 건너 이웃 영감을 만나러 가는데, 이를 안 형제들이 어머니가 편히 다니도록 강물에 엎드려 징검다리를 만들어드렸다. 그리고 이들은 죽어서 북두칠성이 되었다'는 이야기이다.

8 「칠십에 얻은 아들에게 물려준 재산」의 내용은 다음과 같다. '일흔에 아들을 얻은 노인이 사위에게 서약서를 써주고 재산을 맡기며 자기가 죽은 후 아들에게 공부나 시켜주라고 말한다. 노인이 죽자 사위는 재산을 가로채기 위해 서약서를 자기에게 유리하게 해석하지만, 똑똑한 아들이 서약서를 제대로 해석하여 재산을 되찾는다.'

9 「복 빌린 나무꾼」의 내용은 다음과 같다. '옥황상제가 가난한 나무꾼에게 3년 뒤 태어날 아이의 복을 빌려주며 아이가 태어나면 돌려주라고 한다. 아이가 태어나자 나무꾼은 전 재산을 아이에게 돌려주고, 아이는 나무꾼을 평생 모신다.' 「거짓 장례로 개가시킨 딸」은 '한 대감이 과부딸을 죽었다고 소문내고 거짓으로 장례까지 치른 후 몰래 짝을 찾아 개가시킨다'는 이야기이다.

는 사람이 없는 것은 아니지만, 다수의 경우에는 필연적 층위에서 자율적 층위의 서사로 삶이 이동하기 때문입니다. 독립은 주체로서의 인간이 성장하면서 갖게 되는 건강한 분리 욕망을 실현하는 사건입니다. 이때 부모가 자녀의 분리 욕망을 존중하지 않고, 여전히 독점적 양육을 주장하며 자식에게 절대적 순응을 요구한다면 갈등이 생깁니다. 이와 같이 자녀의 순응을 과도하게 주장하는 부모의 태도는 집착과 소유욕에서 발생하는 것입니다.

부모가 자녀를 하나의 주체로 인정하고 자녀의 독립 의지를 존중한다면 갈등은 쉽게 해결되지만, 자녀가 자신의 일부이고 소유물이라고 생각하며 집착하는 부모는 순응을 거부하는 자녀를 갈라내거나 밀쳐냅니다. 마찬가지로 자신의 삶은 자기의 것이라고 생각하는 자녀도 독립을 인정하지 않는 부모를 갈라내거나 밀쳐낼 수 있습니다. 그렇기 때문에 부모는 자신의 집착하는 마음을 직시하고, 그것이 자녀의 건강한 분리 욕망을 서해하지 않도록 해야 할 것입니다.

필연적 층위의 자녀서사와 부모서사의 관계적 사건이 '독립'이라면 자율적 층위의 남녀서사와 부부서사의 관계적 사건은 '결연'이 될 것입니다. 결연은 '인연을 맺는 것'으로, '배타적 관계인 타인이 화해적 관계인 가족으로 전이되는 사건'이라고 규정할 수 있습니다. 남녀서사에서는 결연의 시작인 '선택'을 하고, 그것이 심화·성숙되면 선택의 상태를 '지속'하는 부부서사로 이동합니다.

부부서사의 수준이 더욱 높아지면 자율적 층위의 배타적 관계에서 출발한 부부서사가 다시 필연적 층위의 화해적 관계인 자녀서사와 부모서사를 생산할 수 있게 됩니다. 자율적이고 배타적인 서사의 형태를 지니지만 필연적이고 화해적인 서사의 탄생을 내포하고 있다는 점에서, 결연은 일양시생一陽始生의 성격을 지닌 사건이라 할 수 있습니다. 해가 가장 짧아 세상이 온통 음陰으로 덮인 듯 보이는 동지冬至가 사실은 양陽이 처음 생겨나기 시작하는 순간이라는[一陽始生][10] 『주역』의 원리와 맞닿아 있는 사건이기 때문입니다.

남녀서사와 부부서사는 '결연'이라는 사건을 공유하지만 심화와 성숙의 정도에서 구분됩니다. 1단계 남녀서사와 2단계 부부서사에서 주로 작동하는 심리적 자리가 다르기 때문입니다. 결연의 대상을 선택할 때는 주로 '이기심'이 작동하고,[11] 결연 대상과의 관계를 지속하려면 '대상 존중'의 마음이 움직여야 합니다. 남녀서사나 부부서사는 각각 남과 여, 부와 부라는 주체 간의 상호성을 전제로 한 서사입니다. 그러나 상대를 선택하는 남녀서사에서는 '나의 소망'에 좀 더 집중하고, 선택한 대상과의 관계 지속을 과제로 하는 부부서사에서는 '세상의 소망'에 더욱 집중합니다.[12] 다시 말해 남녀서사의 선택에서는 자신이 원하는 조건이 우선순위에 놓이고, 부부서사의 지속에서는 상대의 소망을 존중하는 마음이 우선순위에 놓이는 것입니다.

이성 가르기 서사인 「역적 누명과 회초리」에서 선비는 자신이 주장하는 관계 선택의 기준을 중시하여 상대 여성의 욕망을 허락하지 않습니다.[13] 이 설화에서 여성은 현명하게 자식을 가르치고, 자신의 치부를

10 『주역』 64괘에서 동지의 괘상은 지뢰복괘이다. 지뢰복괘(地雷復卦, ䷗)는 상괘가 곤괘(坤, ☷)이고 하괘가 진괘(震, ☳)로서, 음으로 가득한 천지에 양이 처음으로 생겨나는 모습이다.

11 이때의 이기심은 부정적이거나 그릇된 마음 상태가 아니라, 나의 욕망을 중심으로 생각하는 심리기제이다.

12 기존 연구는 나, 세상, 법칙, 소망을 중심으로 기초서사의 유형적 특징을 설명하며, 남녀서사는 '나의 소망'이 중심이 되고, 부부서사는 '세상의 소망'을 중시하는 서사라고 보았다.

13 「역적 누명과 회초리」의 내용은 다음과 같다. '한 여인이 연정을 참지 못하고 사모하는 선비의

드러내면서까지 곤경에 빠진 선비를 구해주는 인물로 그려지고 있습니다. 이것으로 보아 여인이 선비에게 요구했던 소망은 객관적으로 옳지 않은 '음란함'이 아니라, 누구나 한때 지닐 수 있는 수준의 욕망임을 알 수 있습니다. 그렇다면 여인의 바람이 거절당하고 갈라내진 이유는 옳지 않은 욕망 때문이라기보다 그것이 선비의 공부를 방해하거나 선비가 준수하는 규범에서 수용할 수 없는 욕망이었기 때문일 것입니다.

남녀서사에서 이기심은 '이기적 자기애'라고 할 수 있는데, 이기적 자기애는 타인보다 자신이 중요하게 생각하는 것에 더 큰 가치를 두는 태도입니다. 이러한 시각에서 보면 「역적 누명과 회초리」는 선비의 이기적 자기애가 여인의 욕망을 수용하지 않은 서사라고 할 수 있습니다. 이성 밀치기 서사인 「여우구슬」 또한 이성(여우)과의 관계가 자신에게 해가 된다고 느끼는 소년이 종국에는 그 관계를 거절하는 이야기입니다.[14]

반대로 이성 되찾기 서사인 「여색 멀리하는 신하 깨우친 임금」과 이성 감싸기 서사인 「여인과 목욕하고 급부처가 된 남지」는 모두 상대의 요구와 욕망이 자신이 중시하는 가치와 상반되거나 자신의 공부를 방해하는 것이지만, 그럼에도 불구하고 상대의 소망을 기꺼이 수용하고 받아주는 이야기로 이해할 수 있습니다.[15] 이것은 남녀서사 중 성숙한

집을 찾는다. 선비는 여인의 종아리를 걷고 이것은 네가 아니라 네 사심을 치는 것이라며 종아리를 때린다. 이후 여인은 다른 남자와 결혼해 아들 셋을 낳고, 이들 모두 장성하여 과거에 급제한다. 훗날 여인을 쫓아냈던 선비가 역적으로 몰리자, 여인이 그 선비는 그럴 위인이 아니라며 아들 셋을 통해 그를 구하게 된다.'

14 「여우 구슬」의 내용은 다음과 같다. '여인으로 둔갑한 여우가 한 학동에게 나타나 그의 입속에 구슬(여의주)을 넣었다 뺐다 하며 유혹한다. 이 일이 며칠간 계속되자 학동은 기력을 잃어갔고, 이를 알게 된 훈장이 학동에게 구슬을 빼앗아 삼킨 후 하늘과 땅을 번갈아 보면 천문과 지리에 능통할 수 있을 것이라고 알려준다. 학동은 구슬을 삼키지만, 미처 하늘을 보지 못하고 땅만 보게 되어 땅의 이치만을 터득한다.'

15 「여색 멀리하는 신하 깨우친 임금」의 내용은 다음과 같다. '임금이 밤에 산책을 하다가 한 학사

수준의 것으로, 지속을 주안점으로 삼는 부부서사로 이행될 수 있는 단계의 서사입니다.

부부서사는 남녀서사와 마찬가지로 관계적 사건이 '결연'이지만, '관계의 선택'이 심화된 단계인 '관계의 지속'을 이야기합니다. 선택한 상대와의 관계를 지속하기 위해 필요한 마음은 '대상 존중'입니다. 자기 욕망을 양보하면서 상대를 꾸준히 인정하고 상대의 존재 가치를 빛내줄 수 있는 마음이 유지되어야 결연은 오래갈 수 있습니다. 그렇지 못한 경우는 결연이 취소되고 다시 선택의 단계로 회귀하거나, 선택 이전의 단계로 돌아갈 수 있습니다.

부부서사의 대표 설화인 「옛 지아비가 황천에서 운다」는 기존 연구에서 선비와 여인을 중심으로 이해하여 배우자 가르기 서사로 분류하지만, 여인과 죽은 남편의 관계에서 본다면 지속이 유지되는 되찾기 서사로도 이해할 수 있습니다.[16] 선택한 대상을 상실했지만, 상실한 배우자의 가치를 여전히 기억하고 생전과 다름없이 배우자의 입장과 처지

의 방으로 궁녀가 들어가는 것을 본다. 궁녀가 학사에게 흠모하는 마음을 전하며, 거절한다면 자결하겠다고 하자 학사는 어쩔 수 없이 궁녀의 마음을 받아준다. 다음날 이 소문을 들은 다른 학사가 그를 엄벌에 처할 것을 청하자 임금은 아뢴 학사를 비슷한 상황에 처하게 하고, 결국 그도 여인의 마음을 받아줌으로써 그 전 학사의 처지를 이해하게 된다.' 「여인과 목욕하고 금부처가 된 남자」는 '부처가 되기 위해 산속에 따로 집을 짓고 사는 두 남자가 있었다. 어느 날 발을 다친 여인이 찾아와 이들에게 하룻밤만 재워달라고 청하지만, 한 남자는 거절하고 다른 남자가 여인을 집에 들인다. 여인은 목욕을 하고 싶으나 발을 다쳐 혼자는 어려우니 같이 목욕을 하자고 한다. 남자는 목욕을 하고 난 후 금부처가 된다'는 이야기이다.

16 「옛 지아비가 황천에서 운다」의 내용은 다음과 같다. '선비가 과거를 보러 가다 아름다운 여인이 혼자 있는 집에 묵는다. 선비가 동침을 요구하자 여인이 자기 시의 대구를 지으면 허락하겠다고 하며, "이 밤에 새로운 인연을 맺게 되면"이라는 시를 제시한다. 선비가 대구를 짓지 못하고 밤이 샌다. 여인이 "예전 남편이 저승에서 운다."라는 대구를 짓자 선비는 깨닫고 집을 나선다. 선비가 정승집 며느리에게 유혹 당하자, 같은 문제를 내며 꾸짖고 급제한다.' (서사와문학치료연구소, 2016)

를 존중함으로써 이승에서 갈라진 관계를 생사를 초월하여 회복하는 것으로 볼 수 있기 때문입니다. 기존 해석대로 여인에게 동침을 요구한 선비와 과부 여인의 관계를 배우자 관계로 놓고 본다면, 여인의 거절은 (선택한 것으로 가정한) 상대 남성의 욕망과 그가 추구하는 가치를 존중하지 않는 이야기로 읽을 수 있습니다. 이것은 여인이 상대 남성과의 관계에서 대상 존중보다는 자기애적 이기심에 더욱 집중하는 모습을 드러낸다는 것입니다. 그렇기 때문에 부부서사의 낮은 단계인 가르기 서사가 되는 것으로 설명할 수 있습니다. 이 단계에서는 남녀서사로 회귀할 가능성이 커집니다.

배우자 밀치기 서사인 「호랑이 눈썹」은 내면의 본모습이 사람인 남편이 내면의 본모습이 암탉인 아내를 밀쳐내는 서사입니다.[17] 이 설화에서 남편은 가난이라는 문제가 자기와 배우자의 내면 가치/속성이 다르기 때문에 발생하는 것이 아닌가라고 의심합니다. 이러한 의심은 궁극적으로 부부의 가난이 배우자 때문이라고 여기는 태도입니다. 결국 남편은 가난을 해결하기 위해 아내를 밀쳐냅니다. 즉 이 설화는 아내가 가난을 만들어내거나 가난을 극복할 수 없는 수준의 사람이라고 의심하는 이야기로서, 배우자의 내면 가치를 존중하는 태도보다 자기애적 이기심을 더욱 강하게 드러내는 서사라고 하겠습니다.

반대로 배우자 되찾기 서사인 「지네 각시」의 남성은 배우자로 선택

17 「호랑이 눈썹」의 내용은 다음과 같다. '아무리 열심히 살아도 가난을 면하지 못하는 한 부부가 있었다. 괴로워하는 남편에게 호랑이가 자기 눈썹을 하나 뽑아주면서 그걸 대고 사람들을 보면 내면의 본모습을 알 수 있을 거라고 이야기한다. 남편이 호랑이 눈썹을 대고 살펴보니 자기는 사람이고 아내는 암탉이었다. 아내가 자신과 짝이 맞지 않아 가난하게 살 수밖에 없었음을 알게 된 남편은 아내와 헤어지고 짝이 맞는 다른 여인과 재혼하여 큰 부자가 된다. 나중에 보니 전 아내도 짝이 맞는 남자와 재혼해 부자가 되어 잘 살고 있었다.'

한 지네 여인의 사랑과 희생을 소중하고 가치 있는 것으로 여기고, 함부로 그것을 훼손하거나 폄하할 수 없다는 태도를 보입니다.[18] 그는 지네 여인이 목숨을 해칠 것이라는 구렁이의 말에도 흔들리지 않습니다. 이것은 「호랑이 눈썹」에서 자신의 가난이 아내의 내면/내적 가치 때문에 초래되었다고 의심한 남성과 상반되는 태도입니다. 자신이 위태롭고 어려운 상황에 처하게 될지라도 지네 여인을 존중하고 그녀의 은혜를 귀한 것으로 여길 줄 아는 마음이 있었기에 가난한 남성은 부富도 이루고 생명도 보전할 수 있었습니다. 무엇보다 남성이 지네 여인에게 보여준 존중과 믿음은 그녀가 승천하여 한 단계 더 승화된 존재로 삶의 질적 변화를 이루도록 하는 데 중요한 기여를 하게 됩니다.

배우자 감싸기 서사인 「도량 넓은 남편」은 상대에 대한 더욱 수준 높은 존중을 보입니다.[19] 아내가 추구하는 삶의 방식이 가족과 친지의 비난을 받을 만한 일이어도 남편만은 그것을 존중하고 이해하며, 최대한 아내의 자존감이 상하지 않는 방식으로 덮어주는 서사이기 때문입니다. 일반적으로 부부 갈등은 상대가 하는 일의 가치를 무시하거나 상대가 지키고자 하는 삶의 태도를 비난할 때 발생합니다. "뭐 대단한 일 한

---

18 「지네 각시」의 내용은 다음과 같다. '가세가 빈한한 한 남자가 자식들을 먹여 살릴 길이 없자 죽을 결심을 하고 산으로 향한다. 하지만 산에서 한 여인을 만나 같이 살게 되는데, 하루는 두고 온 자식들이 보고 싶어 집에 다녀온다. 남자는 자식들이 잘 살고 있는 것을 확인한 후 돌아오는 길에 구렁이가 둔갑한 중을 만난다. 중이 남자에게 사실은 함께 사는 여인이 둔갑한 지네이며, 그 지네에게 담배 연기를 뿜지 않으면 죽임을 당할 거라고 경고한다. 하지만 남자는 여인과의 신의를 지키고자 연기를 여인이 아닌 창밖으로 뿜고, 결국 창밖에 숨어 있던 구렁이가 죽는다. 그 덕에 여인(지네)은 승천하여 사람이 되어서 남자와 행복하게 살게 된다.'

19 「도량 넓은 남편」의 내용은 다음과 같다. '공부하러 간 남편을 기다리던 한 여인이, 여장을 하고 방물장수로 분하여 찾아온 다른 남자와 간통을 저지른다. 어느 날 남편이 그 사실을 알고 돌아와 간통 현장을 보게 되지만, 그는 아내와 상대 남자를 용서한다. 여인은 남편의 넓은 도량에 크게 뉘우치면서 남편을 더욱 사랑하게 된다. 훗날 남편은 성공한 관리가 된다.'

〈표 1-2〉 4대 기초서사

기초서사 층위	기초서사 영역		관계적 사건	심리적 자리	주안점
자율적	2단계	부부서사	결연	대상 존중	지속
	1단계	남녀서사		이기심	선택
필연적	자녀서사와 부모서사		독립	분리 욕망과 집착	순응과 양육

다고~", "월급도 쥐꼬리만큼 받으면서~", "집에서 하는 일도 없으면서~" 등의 말은 부부 사이의 신뢰를 깨는 지름길입니다.

관계의 지속은 배우자가 추구하는 삶의 형태, 배우자가 믿고 있는 인간으로서의 도의 등이 바로 서는 것을 지지해줄 때 가능합니다. 관계의 지속은 상대의 존재 의의가 빛나도록 응원하는 일이기 때문입니다.[20] '머리핀 하나 꽂는 일'에도 그 행위를 하는 사람의 서사가 깃들어 있고(정운채, 2010) '치약을 어디부터 짜는지'에도 상대의 자기서사가 반영되어 있다면, 그러한 배우자의 자기서사를 온몸으로 존중할 때에야 관계의 지속이 가능한 것입니다.

인간관계 발달 과정의 원초적 사건과 심리적 자리

앞에서는 기초서사 영역을 결정할 때의 주안점 외에 관계적 사건과 심리적 자리를 추가적으로 고려함으로써 기초서사 영역별 특징적 갈등을 좀 더 명확히 설명할 수 있음을 살폈습니다. 이제부터는 기존의 4대 서사와 확연히 다른 관계적 사건과 심리적 자리가 존재함을 논할 것입

20 김수연(2010)에서는 운영이 김진사와의 관계를 끝내고 자살한 원인이 신분적 장애에 따른 사랑의 상실이 아니라, 인간관계에서 자신의 존재 의의를 상실한 것임을 논의했다.

니다. 그리고 기존 연구가 제시한 단선적 인간관계 발달 과정에 의문을 제기하며, 인간관계 발달이 동시적 중층적 과정으로 진행된다는 구도를 제안하고자 합니다. 그리하여 새로운 기초서사 영역으로 '형제서사'와 그 심화 단계인 '사회서사'의 설정이 필요함 역시 역설하고자 합니다. 이를 위해 먼저 인간관계의 발달 과정에서 확인되는 최초의 관계적 사건과 심리적 자리가 무엇인지를 살펴보겠습니다.

(가) 아담이 자기 아내 하와와 동침하니, 아내가 임신하여 가인을 낳았다. 하와가 말했다. "주님의 도우심으로 내가 남자아이를 얻었다." 하와는 또 가인의 아우 아벨을 낳았다. 아벨은 양을 치는 목자가 되고, 가인은 밭을 가는 농부가 되었다. 세월이 지난 뒤에 가인은 땅에서 거둔 곡식을 주님께 제물로 바치고, 아벨은 양 떼 가운데서 맏배의 기름기를 바쳤다. 주님께서 아벨과 그가 바친 제물은 반기셨으나, 가인과 그가 바친 제물은 반기지 않으셨다. 그래서 가인은 몹시 화가 나서 얼굴빛이 달라졌다. 주님께서 가인에게 말씀하셨다. "어찌하여 네가 화를 내느냐? 얼굴빛이 달라지는 까닭이 무엇이냐? 네가 올바른 일을 하였다면, 어찌하여 얼굴빛이 달라지느냐? 네가 올바르지 못한 일을 하였으니, 죄가 너의 문에 도사리고 앉아서, 너를 지배하려고 한다. 너는 그 죄를 잘 다스려야 한다." 가인이 아우 아벨에게 말했다. "우리, 들로 나가자." 그들이 들에 있을 때에, 가인이 그의 아우 아벨을 쳐 죽였다(「창세기」 4:1-8).

(나) 소별왕이 대별왕에게 말했다. "이제 우리 형제가 이승 법을 차지하고 저승 법을 차지할 일을 마련합시다.", "그것은 그리하자." 이승 법 저승 법을 마련하려 하는데 형님도 이승을 차지하려 하고 아우도 이승을

차지하려 했다. "그러면 수수께끼나 해서 이기는 사람이 이승을 차지하고 지는 사람이 저승을 차지하는 것이 어떻습니까?", "그럼 그리하자. 아우야. 어떤 나무는 내내 잎이 안 지고 어떤 나무는 잎이 지느냐?", "형님. 나무가 짧은 것은 평생 잎이 안 지고 속이 빈 나무는 잎이 집니다.", "설운 동생아. 모른 말 하지 마라. 청대 갈대는 마디마디가 비어도 잎이 안 진다." …… 그 말 끝에 지게 되자 소별왕이 말을 하되, "형님아. 그러면 우리 꽃을 심어서 환생하고 번성하는 사람이 이승 법을 차지하고 시드는 사람이 저승 법을 차지하면 어떻습니까?", "그것은 그리하자." 형제가 지부왕에 가서 꽃씨를 타다가 은동이, 놋동이, 나무동이에 꽃씨를 심었더니 형님이 심은 꽃은 번성꽃이 되고 아우가 심은 꽃은 시드는 꽃이 되었다. "보십시오, 형님. 잠이나 깊이 자보면 어떻습니까?", "그것은 그리하자." 형님이 바로 잠이 들 적에 아우는 겉눈을 감고 속눈을 떴다가 형님 앞에 있는 꽃을 자기 앞에 당겨놓고 자기 꽃은 형님 앞에 놓아두고서, "형님아. 일어나십시오. 점심이나 드십시오." 일어나고 보니 형님 앞의 번성꽃은 아우에게 가 있고 아우 앞의 시든 꽃은 형님에게 와 있었다. "설운 아우야. 정 그렇거든 네가 이승 법을 차지해서 들어서라. 네가 이승 법을 차지하면 인간 세상에 살인 역적이 많고 도둑이 많으리라. 자기 아내 놓아두고 남의 아내를 우러를 이가 많고, 자기 남편 놓아두고 남의 남편을 우러를 이가 많으리라. 나는 가서 저승 법을 마련하마. 저승 법은 맑고 청량한 법이 될 것이다. 만약에 네가 잘못하면 재미없을 것이다(「천지왕본풀이」; 신동흔, 2014)."

(가)는 특히 서구 사회에서 많은 사람들이 삶의 원초적 서사로 여기는 『성경』의 「창세기」입니다. 서양의 서사에서 최초의 인간 사회는 아

담과 하와의 자식들인 가인과 아벨로부터 출발합니다.[21] 가인과 아벨이 형제로 그려지는 것은 인간관계의 기초를 형제 관계로 보는 사고가 반영된 것입니다(노숙현, 1997). 이들 사이에서 처음 발생한 관계적 사건은 '독립'도 아니고 '결연'도 아닌, '시합'입니다. 가인과 아벨은 각자 준비한 제물의 우열을 하나님으로부터 평가받는 시합을 합니다. 시합에서 나의 승리는 기본적으로 상대의 패배를 의미합니다. 나의 승리와 상대의 승리가 동시에 가능할 수 없는 것이 시합의 일차적 규칙이기 때문입니다. 형제 사이의 시합 이야기는 둘 중 하나가 실패하여 소멸되어야 마무리됩니다.

이것은 한국의 신화도 마찬가지입니다. (나)에서 보듯 한국 창세신화에서 원초적 인간관계로 등장한 소별왕과 대별왕도 형제이고, 이들 사이의 첫 번째 사건도 시합이었습니다. 이들은 이승과 저승을 놓고 시합을 했습니다. 이기는 사람이 이승을 차지하는데, 이것은 진 사람이 이승에서 사라져야 한다는 말이 됩니다. 상대의 소멸이 시합의 종국이라는 점에서 형제 사이의 시합은 자녀서사와 부모서사의 사건인 '독립'과 전혀 다른 속성을 지닙니다.

사건이 다르면 관계의 양상과 문제의 성격이 달라집니다. 형제는 같은 부모에게서 태어났기 때문에 기본적으로는 화해적 관계에서 출발하지만, 시합의 과정에서 상대를 배타적이고 배제적인 공간으로 밀어 넣게 됩니다. 이것은 원래 배타적 관계인 타인이었다가 화해적 관계인 가

---

21 아담과 하와는 최초의 인간관계이지만 문학치료학의 기초서사가 적용되는 관계는 아니다. 그들은 스스로 배우자를 선택한 것이 아니기 때문이다. 그들의 이야기는 하나님과의 관계에 주목하여 이해할 수 있는데, 신과 인간은 부모서사와 자녀서사의 관계로 볼 수 있기 때문이다. 아담과 하와가 에덴동산에서 쫓겨난 것은 궁극적으로 신으로부터의 독립이라고 설명된다.

족이 되는 남녀서사와 부부서사의 '결연'과도 방향성이 다른 사건입니다.[22] 그렇기 때문에, 자녀서사와 부모서사, 남녀서사와 부부서사를 가지고 '시합'을 사건으로 하는 형제 관계의 문제를 다루기에는 한계가 있습니다. 이것이 형제서사 영역의 설정이 불가피한 이유입니다.

형제서사의 관계적 사건이 시합이라면 심리적 자리는 경쟁심입니다. 시합은 자기 가치의 성공적 구현을 목적으로 하고, 경쟁심은 성공적 구현을 이루는 심리적 동력이 됩니다. 그러나 경쟁심이 과도해지면 파괴적 시기심으로 왜곡됩니다. 「창세기」에 따르면 가인과 아벨은 똑같이 자신이 기른 것을 제물로 올렸으나, 하나님은 형 가인이 올린 제물을 반기지 않고 동생 아벨의 제물만을 반기셨다고 합니다. 그러자 가인은 화가 나서 얼굴빛이 달라졌습니다.

이 부분에 대해 가인이 하나님에게 화를 낸 것이라고 해석하는 입장도 있지만[23] 더 많은 경우는 동생 아벨에 대한 가인의 미움으로 해석합니다. 왜냐하면 가인의 '화'는 아벨을 죽이는 것으로 이어지기 때문입니다. 가인은 인류 최초의 살인자이고, 살해한 대상은 시합에 함께 참여한 동생이었습니다. 가인의 동기 살해는 자기의 가치 구현을 방해한 아벨을 소멸하고 싶은 마음인 시기심의 표상인 것입니다(노숙현, 1997; 이미영, 2013). 소별왕과 대별왕의 이야기도 마찬가지입니다. 소별왕은 대

---

22 정운채(2008)도 배타성을 언급했는데, 부부서사에서 배타성을 무너뜨릴 때 지속이 가능하다고 했다.

23 가인이 하나님에게 화가 난 것이라면, 그것은 자기를 있게 한 신에 대한 반항이며 신으로부터의 독립 의지를 의미한다고 볼 수 있다. "주님의 도우심으로 내가 남자아이를 얻었다."라는 하와의 말처럼, 하나님은 가인을 존재하게 하고 양육해준 부모이기 때문이다. 부모인 하나님에게 화를 내는 것은 하나님에게 더 이상 순응하지 않고 자기의 방식대로 살겠다는 뜻을 드러내는 일이다. 따라서 가인의 화가 하나님에게 향한 것이라면, 그것은 부모와 자녀 사이에서 발생한 독립을 둘러싼 갈등인 것이다. 가인의 분노가 신으로부터 벗어나고자 함이라는 해석은 두행숙(2004) 참조.

별왕과의 시합에서 지게 되자 대별왕을 속여서 이승 법을 차지합니다. 정당하지 않은 방법으로 형을 이기고, 결국은 형을 이승에서 밀어낸 것입니다. 속임수는 상대를 패배시키고 소멸시키고자 하는 마음에서 발생합니다. 상대의 소멸을 바라는 마음은 파괴적 적대감을 이루는데, 이 파괴적 적대감이 곧 시기심인 것입니다.[24]

형제 사이의 적대적 시기심은 과도한 경쟁심으로 인해 생긴 것입니다. 경쟁은 발전의 동력이 되기도 하지만, 과열될 경우 대상을 파괴하는 시기심의 형태로 왜곡될 수 있습니다. 형제간 경쟁심이 쉽게 과열되고 왜곡되는 이유는 형제 관계의 특징 중 하나인 배타적 독점욕과 관련이 있습니다. 형제는 동일한 부모와 생활환경을 공유하기 때문에 기본적으로 친화적 협력 관계이지만, 반대로 공동 소유에 대한 배타적 독점욕 때문에 대립적 경쟁 관계가 강력하게 형성됩니다. 형제 사이의 경쟁심이 적대적 시기심으로 왜곡되어 상대의 파괴와 소멸을 욕망하게 되는 또 하나의 이유는, 형제라는 것이 표면적으로는 동등하지만 은폐된 불평등이 존재하는 관계이기 때문입니다.

자녀와 부모는 수직적 세대 관계이고, 그들 사이의 순응과 양육에는 다소의 불평등이 내포되어 있지만 모든 인간이 거쳐야 하는 인간관계 발달 과정의 필수적 지점이므로 부정하거나 건너뛸 수 없습니다. 그렇기 때문에 부모와 자녀는 불가피한 불평등에 대해 조금은 너그럽습니다. 남녀와 부부는 상대가 자신과는 다른 '타인'이라는 전제를 수용하고 시작된 관계입니다. 그렇기 때문에 다름과 차이 속에 개입되어 있는 불

24 시기심의 공격은 대상과의 연대를 끊고 상대를 무가치한 존재로 만든다. 시기심의 공격 목표는 시기받는 사람의 존재 자체이다(앤 울라노프·배리 울라노프, 1999).

평등을 어느 정도 예상하고, 그것을 발견하고 조율하며 존중과 평등의 관계로 성숙시키려는 마음을 준비하게 됩니다.

그런데 형제는 처음부터 거의 모든 조건을 동등하게 공유하는 동기同氣로 출발합니다. 그래서 그들은 단지 '먼저 태어났다는 이유로' 차별받는 것을 용납하지 못합니다. 그들 사이에는 대등한 입장에서의 경쟁만이 수용될 수 있습니다. 만약 경쟁 과정에서 조금이라도 부당함과 차별이 개입된다면, 혹은 그렇다고 믿게 되는 정황이 발생한다면 차별당했다는 마음은 상처가 되고, 그 상처는 상대에 대한 공격으로 전이될 수 있습니다. 특히 동등한 사랑을 줄 것이라 기대했던 부모의 편애는 형제 간의 파괴적 시기심을 더욱 극단적으로 자극할 것입니다. 이러한 이유로 형제는 부모와 자녀 같은 관계가 형성되기 어려운 것입니다.

형제 사이에는 순응과 양육의 서사가 발동하기 어렵습니다. 아무리 나이 차이가 많이 나도 형제는 형제일 뿐 부모와 자식은 아닌 것입니다. 예를 들어 자식은 부모의 재산에 대해 상속받을 권리가 있다고 생각하지만, 형제의 재산에 대해서는 그렇게 생각하지 않습니다. 부모는 자식이 곤경에 처했을 때 그것을 구제해주어야 한다는 책임을 느끼지만 형제는 그러한 책임에서 상대적으로 자유롭습니다. 또한 부모의 재산을 가운데 둔 형제는 많은 경우 상대를 경쟁자로 보고, 상대가 없어야 그 재산을 독차지할 수 있다고 생각하게 됩니다.[25] 이처럼 이야기와 현실 모두에서 형과 아우는 양육과 순응의 관계 밖에 있는 경우가 많습

25 권혁래(2010)는 형제담에서 형제 불화의 원인이 대부분 부모에게 물려받은 재산 때문이라고 했다. 부모가 물려주는 재산은 사랑의 표상으로 읽을 수 있다. 형제서사가 동료서사와 계층서사를 포함하는 사회서사로 확장될 수 있는 이유도 이러한 동등성의 불균형, 차별에 의한 배제의 성격 때문이다. 즉 사회적 편견과 우열을 구분하는 문화가 사회적 갈등을 만드는 것이다.

니다. 「칠십에 얻은 아들에게 물려준 재산」에서 형제 관계에 있는 아들과 사위가 순응과 양육의 관계가 아니라 경쟁의 관계로 그려지는 것도 이 때문입니다.

형제 사이의 경쟁심이 왜곡되면 시기심이 활성화됩니다. 시기심은 나의 정체성을 유지하고 존재 가치를 향상시키며 자아를 충만히 하는 방법이 상대의 혼란과 소멸과 결핍이라고 생각하게 만듭니다.[26] 자녀와 부모, 남녀와 부부 관계에서 작동하는 집착과 분리 욕망, 이기심, 대상 존중은 나의 존재 가치와 욕망 발현에 집중하고, 그 안에 상대를 포용하려는 노력을 고민하게 합니다. 그러나 시기심은 상대의 존재 가치와 욕망 발현을 방해하고 소멸시키는 데 집중하며, 상대를 관계 밖으로 밀어내기 위한 방법을 고민하게 만듭니다.

문학치료학의 관점에서 볼 때 시기심의 극단적 모습은 나의 자기서사가 왜곡되고 결핍된 이유가 상대의 자기서사가 충만하고 온전하기 때문이라고 여기는 것이고, 나의 자기서사를 수정·보완하기 위해서는 상대의 자기서사가 결핍되고 왜곡되어야 한다고 여기는 것입니다. 그러한 마음이 심해지면 실제로 상대를 파괴하는 행동을 하게 됩니다. 상대를 파괴하는 행위는 일시적 안위를 가져다줄 수 있을지 모르지만, 실제로는 관계 자체를 훼손할 뿐입니다. 그리고 무엇보다 그것은 나의 자기서사를 회복할 수 없는 수준으로 파괴하는 일이 됩니다.

인간 사회의 원초적 관계(형제)에서 발견되는 관계적 사건(시합)과 심리적 자리(경쟁심)를 기존의 4대 기초서사 개념으로 설명하려면 학술 용

---

26 신학자인 미로슬라프 볼프(Miroslav Volf)는 배제의 방법에서 제거를 제1로 꼽았는데, 제거는 우리의 공간 밖으로 그들을 내다버리는 것으로, 추방이나 살인 등이 대표적 사례라고 했다(미로슬라프 볼프, 2012).

어의 선명성과 의미 전달의 효율성에서 난점이 적지 않습니다. 이것은 다른 학문과의 소통에 지장을 줄 뿐 아니라 문학을 통한 치유의 경험이 필요한 일반 사람들과의 관계에서 더욱 문제가 될 수 있습니다. 문학치료는 다른 분과에 비해 자기서사의 강화와 통합이 필요한 대중과의 소통을 우선해야 합니다. 대중과의 소통에는 논리적 완벽성도 중요하지만 감성적 설득력도 중요합니다.

물론 감성적 설득력의 보완이 논리성의 포기나 훼손을 의미하는 것은 아닙니다. 『주역』의 음양 원리를 고려해 설계한 4대 기초서사 항목은 수준 높은 논리성을 구현하고 있는데, 그러한 학문적 논리성을 부정하지 않고도 추가적 항목을 설정하여 기초서사를 보완할 수 있기 때문입니다. 주지하듯 『주역』도 인간 사회가 복잡해지고 해석해야 할 문제가 구체화됨에 따라 4괘가 8괘로, 8괘가 다시 64괘로 분화되었습니다. 64괘의 내용은 사실 4괘에 포함하여 설명할 수 있습니다. 그럼에도 굳이 64개로 나눈 것은 성인聖人들의 서사였던 『주역』이 일반 사람들의 서사에 가까워졌음을 의미합니다. 일반 사람들의 서사에서는 추상적 언어로 된 논리적 구조뿐 아니라 구체적 언어로 된 감성적 배치도 중요하기 때문입니다.

형제서사의 관계적 사건인 시합과 심리적 자리인 경쟁심은 구현되는 사안마다 추상화와 유추의 과정을 거쳐 자녀서사와 부모서사, 남녀서사와 부부서사 안에서 해석하고 설명할 수 있습니다. 그렇게 한다면 4항 구조를 벗어나지 않으면서 서사를 진단할 수 있으므로 기존 논리구조를 유지하는 데 도움이 됩니다. 그러나 한편으로 그것은 이론의 논리성을 지키기 위해 실제의 적용에서 야기되는 불편함을 감내하는 일이기도 합니다. 그러한 불편함이 연구자만의 몫이라면 기꺼이 감당할 것입니다. 그러나 불편함의 더 큰 무게는 자기서사의 왜곡과 결핍으로 괴로워하며, 도움을 청하고 치료를 받으러 온 대중이 감내해야 합니다.

예를 들어 「홍보가」의 서사를 가진 사람에게 굳이 그의 서사가 「삼공본풀이」의 부녀 관계에서 발견되는 자녀서사와 부모서사의 문제라고 진단해준다면 어떨까요?[27] 홍부와 놀부의 이야기를 아버지와 딸의 서사로 유추하여 해석하는 것이 이론상 문제가 되지는 않지만(정운채, 2002), 진단을 위해 한 단계의 서사 이해 과정을 추가해야 하는 유추 해석은 자기서사의 문제만으로도 힘겨운 사람들에게 조금은 불친절한 치료법이 될 수 있습니다. 서사의 진단을 필요로 하는 사람들이 보편적으로 인지하는 관계 양상을 고려하고, 유추의 단계를 줄일 수 있는 치료적 작품서사를 선택하여 그들이 선명하게 이해할 수 있는 용어로 진단 내용을 친절하게 제공한다면 문학과 사람들 사이의 소통이 보다 원활해질 것입니다. 이것이 형제서사 영역의 설정이 필요한 이유입니다.

형제서사를 기초서사로 자리매김하고 그것에 특별한 관심을 두어야 하는 또 하나의 이유는, 형제서사의 확대·심화 단계인 사회서사에서도 '시합'이 여전히 중요한 관계적 사건이기 때문입니다. 학교와 직장을 포함하는 집단과 사회에서 우리는 유사 형제 관계를 쉽게 발견합니다. 한 집단을 구성하는 개체로서의 동료들뿐 아니라 집단들과 계층들도 또 다른 의미의 형제 관계입니다. 그래서 형제 이야기는 계층의 이야기로

---

27 정운채(2002)는 「홍보가」를 '쫓겨난 홍부가 놀부를 환대하고 우애하는 이야기'로, 그리고 「삼공본풀이」를 '쫓겨난 감은장애기가 몰락한 부모를 모시고 사는 이야기'로 보고, 홍부와 놀부의 관계를 감은장애기와 부모의 관계로 유추해 이해할 수 있다고 했다. 홍부와 놀부의 서사가 '부모되찾기' 서사라는 것이다. 「삼공본풀이」는 누구 덕에 잘사는가를 묻는 부모에게 자기 복에 잘산다고 말했다가 쫓겨난 감은장애기가 훗날 부자가 되어 거지꼴의 부모를 찾아 모시는 이야기이다. 훗날 감은장애기는 산으로 좌정한다.

쉽게 유추되고 전이됩니다. 「흥부전」과 같은 형제 갈등 이야기가 빈부 계층 간 대립으로 분석되는 것도 이 때문입니다(권순긍, 2010; 황혜진, 2017). 앞에서 본 가인과 아벨 이야기를 농경집단과 유목집단의 계층적 갈등으로 설명하는 시각도 있습니다(두행숙, 2004).

시합은 기본적으로 화해적 관계인 형제와 친구를 배타적 관계인 경쟁자와 적으로 전이시키는 속성을 지니기 때문에, 다른 관계적 사건들에 비해 갈등이 극단화될 가능성이 큽니다. 그래서 시합을 관계적 사건으로 삼는 형제서사와 사회서사의 설정이 중요한 것입니다. 형제서사와 사회서사를 기초서사 영역에 포함하여 개인들과 집단들의 갈등을 구체화하고 섬세하게 다루며, 성숙한 공동체 서사로 이어질 수 있는 방안을 제안하는 노력은 "문학 연구 자체를 새로운 방식으로 수행함으로써 인간의 성장과 사회의 변화로 나아가는 데 핵심적인 역할을 하려는"(하은하, 2013) 문학치료의 목적을 실천적으로 수행하는 과정 중 하나가 될 것입니다. 이것은 "사회 구성원 모두가 억울한 사람이 없는 세상을 만들고, 사회 전체가 건강성을 회복할 때 비로소 완성되는 문학의 치료적 기능과 가치"를 구현하는 일이기도 합니다(하은하, 2013).

자기가치의 성공적 구현을 핵심 과제로 하는 이러한 형제서사가 경쟁심을 파괴적 시기심으로 왜곡시키지 않고, 연대하려는 마음으로 성장할 수 있다면 성숙한 공동체 서사인 사회서사를 구축할 수 있습니다. 사회서사에 대해서는 앞선 언급들이 존재합니다. 정운채(2012b)는 자기서사가 사회 전체 혹은 사회 구성원 개개인에 적용될 수 있음을 이야기함으로써 사회서사 설정의 가능성을 제시했고, 손석춘(2016)은 자기서사에 대응하는 서사 구조로 사회서사를 구체화했습니다. 손석춘은 사회서사를 "(사회적) 인간이 사회와 맺는 관계의 형성과 위기와 회복에 관한 이야기"라고 정의하며, 자기서사와는 별도의 영역으로 사회서사를 구상했고, '자기서사의 기초서사'에 해당하는 '사회서사의 기초서사'를 제안했습니다.[28]

이 책에서 제안하는 사회서사는 정운채(2012b)가 제안한 "사회에 적용되는 자기서사"를 구체화한 것이고, 손석춘(2016)이 제안한 "자기서사와 짝을 이루는 사회서사"와는 범주를 달리합니다. 즉 여기서 사회서사는 자기서사의 기초서사인 형제서사가 사회적으로 확대·심화·성장한 수준을 의미합니다. 더불어 형제서사와 사회서사는 남녀서사 및 부부서사와 같은 구조로 기초서사의 한 축이 될 것을 제안합니다. 형제서사의 심화 단계를 사회서사라고 명명하는 것 또한 동료 집단을 포함한 사회를 형제 관계의 확장으로 인식하는 피치료자 대중의 보편적 생각을 고려한 것입니다.

형제서사와 사회서사는 시합이라는 사건을 공유하고, 양자의 경쟁 상대는 '형제 → 동료 → 공동체(구체적 집단 → 추상적 사회)'로 확대됩니다. 사회를 집단 수준의 추상화된 경쟁 상대로 설정한 것은, 그것이 익명의 경쟁자들이 존재하는 관계적 공간이고, 사회 안에서 이루어지는 사건의 다수가 시합이기 때문입니다. 사회적 경쟁이 극단화된 상황에 놓이면 '사회 전체가 나를 억울하게 내몰려 한다'는 생각이 들기도 합니다.

"이 나라가 날 떠나라고 하는 것 같아." 지난 2018년 3월에 방영된

---

28 손석춘(2016)은 "사회서사는 기초서사와 다른 접근이 필요하다"고 하며, "자기서사와 작품서사가 모두 기초서사와 사회서사를 지니고 있다는 제안"을 했다. 그리고 기초서사의 틀을 보완하여 사회서사를 '순응서사, 관조서사, 적응서사, 실천서사'로 분류하고, 각각의 긍정태와 부정태를 제시했다.

tvN 드라마 〈라이브〉에서 취업을 준비하다가 좌절하고 호주의 농장으로 워킹홀리데이를 떠나는 젊은이의 대사입니다. 그는 사회를 경쟁자들의 단순한 집합이 아니라, 골리앗처럼 나의 패배를 종용하는 하나의 거대한 상대로 느끼는 것입니다. 이런 경우 사회의 행복이 나의 불행에 대한 조롱처럼 느껴질 수 있습니다. 이유 없는 증오로 인한 묻지마 살인류의 범죄가 늘어나는 것, 사회 전체를 향한 대상 없는 파괴 행위가 증가하는 것은 형제간 시기심의 확장형입니다. 이러한 까닭에 사회서사는 자기서사와의 짝이 아니라, 자기서사 내에서 형제서사의 심화 단계로 설정되어야 하지 않을까 합니다.

형제서사와 사회서사는 시합이라는 관계적 사건을 공유하지만, 심리적 자리의 성숙도가 다르기 때문에 주안점도 달라집니다. 형제서사의 심리적 자리는 경쟁심이고, 이것은 일차적으로 시합의 승리를 통해 자기의 존재 가치를 성공적으로 구현하는 것에 집중하도록 합니다. 사회서사는 나를 위한 경쟁심을 우리를 위한 연대의 욕망으로 승화시키면서 가능해집니다. 연대의 욕망은 나의 승리가 곧 상대의 승리이고 상대의 승리가 곧 나의 승리라고 생각하여, 성공적 가치 구현이 개인 차원을 넘어 공동체로 확산되는 '상생'에 주력하게 돕는 것입니다.

연대의 욕망은 경쟁에 따르는 승패의 원리를 넘어서는 용기 있고 숭고한 결단과 신념을 동반합니다. 그것은 중요한 가치를 위해서라면 기꺼이 나의 소망보다 상대의 소망을 지지하고, 내가 앞에 서기보다 상대의 뒤에 서기를 자처할 수 있는 마음입니다. 그러한 연대의 마음이 추구하는 상생은 상대의 성공이 나의 실패가 아니라 나의 성공이기도 하다는 것, 상대의 결핍 극복과 자아 충만이 궁극적으로는 나의 결핍 극복과 자아 충만으로 이어진다는 믿음입니다.

형제서사와 사회서사를 기초서사의 새로운 영역으로 추가할 것을 제안하는 마지막 이유는 인간관계 발달 과정이 단선적이지 않다는 데 있습니다. 기존의 기초서사는 인간관계 발달 과정을 '자녀-남녀-부부-부모'의 단선적 흐름으로 보고 설정된 것입니다. 그러나 프로이트가 지적하듯, 인간이 망각하고 있는 유아기의 원초적 욕망은 오이디푸스 콤플렉스뿐 아니라 형제 콤플렉스로도 드러납니다(피터 게이, 2012). 유년기 아이는 부모와의 관계 속에서 두 가지 발달 과정을 동시에 혹은 선택적으로 경험하게 되는데, 전자는 부모와의 직접적 관계 속에서 자극되는 심리적 경험이고, 후자는 부모의 사랑이 나눠지는 것에 의해 자극되는 심리적 경험입니다. 또한 전자는 남녀서사와 부부서사로 전개되고, 후자는 형제서사와 사회서사로 이어집니다. 이와 같이 인간관계의 발달 과정이 복합적이고 중층적임을 고려한다면 자녀서사와 부모서사의 층위에서 발생하는 서사적 갈림길이 남녀서사와 부부서사로 향하는 것, 그리고 형제서사와 사회서사로 나아가는 것으로 나눠지고 공존함을 이해할 수 있을 것입니다.

기초서사를 설정할 때 고려한 '나와 세상'의 측면에서 보아도, 남녀서사와 부부서사의 대칭 지점에 형제서사와 사회서사를 놓은 것이 커다란 모순이나 논리적 일탈은 아닙니다. 필연적 층위에서는 세상의 법칙이 지배하는 자녀서사와, 나의 법칙이 지배하는 부모서사가 상호작용합니다. 그리고 자율적 층위에서는 나의 소망과 세상의 소망이 모두 고려됩니다. 즉 기왕의 연구가 지적하듯 남녀서사에서는 나의 소망이, 부부서사에서는 세상의 소망이 중시됩니다. 마찬가지로 형제서사에서는 나의 소망이, 사회서사는 세상의 소망이 고려됩니다. 차이는 세상의 성격입니다. 세상이 이성과 배우자인 경우 남녀서사와 부부서사로 진행되고, 세상이 형제와 동료, 혹은 공동체인 경우에 형제서사와 사회서사로 진행되는 것입니다. 물론 이들의 구분 기준이 일차적으로 결연과 시합이라는 관계적 사건임은 앞서 언급했습니다.

6대 기초서사의 관계적 사건과 심리적 자리

앞에서 설명한 내용을 정리하면 다음과 같습니다. 첫째, 인간관계의 필연적 층위에서는 세상의 법칙과 나의 법칙에 집중하는 자녀서사와 부모서사가 짝으로 작동하며 존재한다. 관계적 사건은 독립이고 심리적 자리는 집착과 분리 욕망이며, 주안점은 순응과 양육이다.

둘째, 자율적 층위에서는 나의 소망과 세상의 소망에 집중하는 서사들이 존재한다. 자율적 층위는 관계적 사건에 따라 결연서사인 남녀서사와 부부서사, 시합서사인 형제서사와 사회서사로 구분된다. 결연서사와 시합서사는 심리적 자리의 성숙과 심화 정도에 따라 주안점이 달라지며, 진입과 회귀가 가능하다.

이것은 서사적 인간의 심층서사를 6개의 기초서사로 바라볼 것을 제안하는 것입니다. 인간의 심층서사는 콘텐츠의 심층서사를 기획할 때 중요한 방향타가 되기 때문에 꼼꼼히 살피지 않을 수 없습니다. 각각의 층위와 주안점, 관계적 사건과 심리적 자리를 다시 한번 정리해보자면 〈표 1-3〉과 같습니다. 이 부분은 2장과 3장을 이해하는 데 핵심 개념이 될 것입니다.

6대 기초서사는 다시 4개의 하위 유형으로 나눌 수 있습니다. 가르기, 밀치기, 되찾기, 감싸기가 그것입니다. 여기서는 하위 유형에 속하는 이야기들을 중심으로, 관계적 사건과 심리적 자리가 어떻게 구현되

〈표 1-3〉 6대 기초서사의 관계적 사건과 심리적 자리

층위	필연적 층위		자율적 층위			
구분 / 기초서사 영역	자녀서사	부모서사	남녀서사	부부서사	형제서사	사회서사
주안점	순응과 양육		선택	지속	성공	상생
심리적 자리	분리 욕망과 집착		이기심	존중	경쟁심	연대
관계적 사건	독립		결연 (배타적 관계에서 화해적 관계로의 전이)		시합 (화해적 관계에서 배타적 관계로의 전이)	
나와 세상의 소망과 법칙	나의 법칙과 세상의 법칙		나의 소망	세상의 소망	나의 소망	세상의 소망
			(세상: 이성과 배우자)		(세상: 형제, 동료, 공동체)	

는지 살펴보겠습니다. 표층의 이야기에서 심층의 관계적 사건과 심리적 자리를 발견하는 작업입니다.

가르기 서사는 확신을 가지고 규범을 추구하는 서사로 정의됩니다. 자녀서사와 부모서사를 예로 설명하면, 가르기는 부모와 자녀 관계에서 좋은 부모와 나쁜 부모를 판단하고, 좋은 부모가 어떤 것인지(자녀의 독립을 지지하고, 자신의 소유욕을 강요하지 않음)에 대한 확신을 가지고 규범(좋은 부모상)을 추구하는 것입니다. 부모 가르기 서사로 분류된 「간 빼길 뻔한 전처 아들」의 경우를 보면, 자기가 살기 위해 자식의 간을 빼고자 하는 부모가 나옵니다. 이들은 자식의 생명을 자기의 부속물 또는 장기로 여기는 부모입니다. 그래서 자녀는 부모를 갈라냅니다. 자녀 가르기에 속하는 「지붕에 소 올리라는 아버지」도 자녀 입장에서 보면 신뢰를 주지 못하고 자녀들을 고통스럽게 하는 규범만 요구하는 부모의 모습이 읽힙니다. 무책임한 자기 규범을 자녀에게 강요하는 부모는 자녀를 자기가 마음대로 할 수 있는 소유물로 여기는 것입니다. 그렇기 때문에 자녀는 아버지의 요구를 거절하고, 갈라냅니다.

형제서사는 다른 기초서사에 비해 가르기가 상당히 발달했습니다. 이것은 인간의 원초적 사건이 시합이었고, 심리적 자리가 경쟁심이라는 것에서 유추할 수 있습니다. 인간이 지닌 심리 가운데 취약한 부분 중 하나가 경쟁심입니다. 경쟁심은 협력과 파괴의 사이에 위치합니다. 경쟁심은 상대와의 협력 추구로 이동할 수도 있고, 상대에 대한 파괴 욕망으로 움직일 수도 있습니다. 그러나 인간의 마음은 파괴하려는 욕망이 협력하려는 용기보다 강력하여, 작은 틈만 있어도 경쟁심은 파괴적 시기심으로 왜곡됩니다.

시기심은 열등감과도 재빨리 손잡고 공격 성향과도 친밀하기 때문에, 자신이 부족한 부분을 타인에 대한 공격으로 전환하는 데 적극적입니다. 이때 미움의 대상으로 가장 쉽게 발견되는 상대가 형제입니다. 형제서사의 대부분이 불화담이고, 불화의 원인이 시기와 질투인 것은 이 때문입니다.[29] 형제 가르기 서사는 시합에서 경쟁심이 시기심으로 왜곡되어 악행으로 이어지는 서사 구조라 할 것입니다. 이러한 형제 가르기 서사를 대표하는 설화로는 「콩쥐팥쥐」를 들 수 있습니다. 그 이야기를 요약하면 다음과 같습니다.

> 어려서 어머니를 잃은 콩쥐에게 새어머니는 나무 호미로 돌밭 메기, 밑 빠진 독에 물 붓기 등의 불가능한 과제를 제시하지만 꼬부랑 소와 구렁이 등이 도와주어 과제를 해낸다. 잔칫집에 가던 길에 콩쥐는 신발 한 짝을 잃고, 그 신발을 주운 선비와 가약을 맺는다. 이를 시기한 팥쥐가 콩

29 권혁래(2010)는 61편의 형제 관련 설화와 전래동화를 검토하여 반 이상이 되는 34편이 불화담이고, 15편이 협력담이며, 이러한 형제담이 대체로 선악의 구조로 그려짐을 밝혔다.

쥐를 속여서 유인한 후 물에 빠뜨려 죽이고, 자신이 콩쥐인 척 선비와 산다. 죽은 콩쥐가 선비가 좋아하는 꽃으로 피어나자 팥쥐가 그 꽃을 뽑아 아궁이에 버린다. 콩쥐는 구슬이 되어 이웃을 통해 그간의 일을 알리고, 전말을 알게 된 선비는 팥쥐를 처형한다(정운채 외, 2009c).

처음으로 「콩쥐팥쥐」를 형제 가르기 서사로 분석한 권순긍(2014)에 따르면, 단양 지역 청소년의 절대 다수가 읽은 이야기가 「콩쥐팥쥐」라고 합니다. 실제로 「콩쥐팥쥐」는 소설, 동화, 민담 등 여러 장르에 걸쳐 전래되고 향유된 한국의 대표적 이야기입니다. 이 이야기는 주로 부모-자녀 관계를 중심으로 분석되었습니다. 그러나 권순긍(2014)은 「콩쥐팥쥐」가 부모 가르기 서사를 포함하지만 형제 가르기 서사의 비중도 상당함을 밝히며, 각편에 따라 콩쥐와 팥쥐의 대립을 강조하는 내용이 적지 않음을 논했습니다.

콩쥐와 팥쥐의 대결은 이야기 후반부에 등장하는 선비 혹은 감사와의 결혼(행복)을 두고 콩쥐와 팥쥐가 시합하는 형상으로 나타납니다. 팥쥐는 속임수를 써서 콩쥐를 유인한 후 연못에 빠뜨려 죽이고, 선비의 아내 자리를 차지합니다. 이것은 콩쥐가 사라져야 시합의 승자가 될 수 있다고 생각하는 팥쥐의 시기심을 선명하게 보여줍니다. 이야기는 기본적으로 팥쥐를 악인으로 형상화합니다. 기존 연구도 콩쥐와 팥쥐의 형제 갈등이 '선악대결형' 민담의 특징을 드러낸다고 했는데, 이것은 문학치료학의 가르기 서사가 갖는 특징 중 하나입니다. 가르기의 기준이 되는 규범은 당대 사회제도의 도덕 질서와 연동되고, 제도적 도덕 질서는 많은 경우 선악의 형태로 그려지기 때문입니다. 감정은 그 자체로 선악의 성격을 갖지 않지만[30] 대부분의 사회가 시기심을 부정적인 감정으로 인지하기 때문에 사회규범을 지키는 대상은 선하게 그려지고 사회규범을 일탈하는 대상은 악하게 그려지는 것입니다. 「콩쥐팥쥐」와 같은 유형의 설화에는 「불사약을 구해온 동생의 눈 찌른 형」이 포함됩니다(정운채 외, 2009b).[31]

밀치기 서사는 먼저 의혹을 품고, 그 의혹이 사실임을 확인한 후에 대상을 밀쳐내는 이야기입니다. 부모 밀치기 서사인 「해와 달이 된 오누이」에서 오누이는 눈앞의 부모가 참된 부모가 아니고, 자신들을 해칠지도 모른다는 의혹이 참임을 확인한 이후 자신들의 행복이라는 규범을 추구하며 부모를 밀쳐냅니다(서사와문학치료연구소, 2016). 밀치기는 가르기와 마찬가지로 규범을 추구하지만, 가르기의 규범은 사회의 도덕 질서이고 밀치기의 규범은 개인의 행복이라는 점에서 차이가 있습니다. 이 차이는 서사 분석을 난해하게 만들기도 하는데, 사회의 도덕 질서가 개인의 행복과 배치되는 경우도 많기 때문입니다. 가르기와 밀치기의 규범이 이야기마다 다르게 풀이되는 문제는 추후 정밀한 논의가 이루어져야 할 것입니다. 여기에서는 일단 기존의 밀치기 개념을 적용하여, 형제 밀치기 서사의 유형에 해당하는 작품으로 「부자간의 친구 시험」을 살펴보겠습니다.

---

30 감정은 개인의 내적 상태로 존재하는 것이 아니라 개인들 사이의 관계 속에서, 그리고 개인과 사회적 상황 간의 상호작용 속에서 존재한다(잭 바바렛, 2007).

31 「불사약을 구해온 동생의 눈 찌른 형」의 내용은 다음과 같다. '안평국 왕에게 두 아들이 있는데, 왕비가 병들자 작은아들이 불사약을 구하러 떠난다. 하지만 큰아들이 중간에서 동생의 약을 가로채고, 동생의 눈을 찌른 뒤 바다에 빠뜨린다. 간신히 살아남은 작은아들은 외딴섬에 고립되어 대나무 퉁소를 불며 세월을 보내고, 이웃나라 공주가 그 소리에 반해 섬에 찾아와서 작은아들을 데리고 간다. 왕비는 작은아들이 그리워, 아들이 기르던 기러기 다리에 편지를 묶어 날려 보낸다. 작은아들은 자기가 기르던 기러기의 편지를 받게 되고 놀라 눈을 뜬다. 한편 동생이 살아있음을 알게 된 큰아들은 작은아들이 돌아오는 길에 공격한다. 하지만 결국 패하여 죽는다.'

> 아들이 친구와 밤낮으로 놀자, 아버지가 그런 친구는 소용없다고 하나 아들은 아버지의 말을 듣지 않는다. 아들의 친구가 진정한 친구인지를 알아보기 위해 아버지는 돼지를 잡아 거적에 싼 다음 아들에게 실수로 살인했다고 친구에게 도움을 청하게 한다. 아들의 친구는 아들에게 도움 주기를 거절하지만, 아버지가 자기 친구에게 같은 부탁을 하자 아버지의 친구는 바로 거적을 들고 가 땅에 묻는다. 아들은 진정한 친구가 무엇인지를 깨닫는다(정운채 외, 2009b).

형제서사의 밀치기 서사는 가르기 서사에 비해 빈약한 편입니다. 밀치기의 핵심은 의혹과 규범인데, 형제끼리 직접적으로 의심하는 경우를 발견하기 어려운 까닭입니다. 그래서 형제를 화해적 동료인 친구로 넓혀 각편을 살펴보았습니다. 「부자간의 친구 시험」에는 평소에 우정이 깊은 친구가 협력의 동반자가 될 수 있는가를 의심하는 내용이 나옵니다. 이것을 확인하기 위해 함께 해결해야 할 문제를 제시하는데, 주인공인 아들의 친구는 협력을 거절합니다. '살인한 시체의 처리'는 해결해야 할 문제라는 점에서 시합의 변주가 되고, 그것은 친구가 경쟁자인지 협력자인지를 확인하는 계기로 기능합니다.

친구가 주인공의 곤경을 함께 해결하여 주인공의 성공을 돕는다면 그 친구는 주인공의 협력자가 됩니다. 그러나 주인공의 곤경을 자신과 무관하거나 자신에게 해를 끼치는 일로 생각하여 밀어낸다면, 이것은 주인공이 파멸하는 것을 돕는 일이 됩니다. 이 경우 친구의 밀쳐냄은 시기심에 의한 것이라 해석할 수 있습니다. 주인공이 생명과 재산을 상실하게 될 상황에 놓인 것을 알면서도 협력과 구제를 거절한 것은, 평소에 돈이 많아 친하게 지냈지만 사실은 주인공의 부유함을 시기하고 있었던 것이라고 읽히기 때문입니다. 그 마음을 알았기에 주인공도 종국에는 친구를 밀어내게 됩니다. 「부자간의 친구 시험」은 상대가 자신을 시기하지 않고 진심으로 협력해줄 참된 친구가 아닐지 모른다는 의혹을 확인하고, 진정한 우정(우애)이라는 규범을 추구하기 위해 위선의 친구를 밀어내는 이야기라 하겠습니다.

되찾기 서사는 상대에 대한 의혹을 확인하고 규범을 초극하여 새로운 규범을 설정하는 이야기입니다. 부모 되찾기 서사인 「내 복에 산다」에는 자녀의 삶이 부모 복의 일부라고 주장하는 부모가 나옵니다. 자녀는 그러한 부모에게 순응하기를 거부하고 부모를 갈라냅니다. 그런 다음 다시 자녀가 부모를 양육할 수 있다는 새로운 규범을 설정함으로써 기존 규범을 초극하고 부모를 되찾는 것입니다(서사와문학치료연구소, 2016).

자식이 잘 사는 것이 부모의 복이라는 주장과, 그것을 담보로 순응을 요구하는 것은 자식의 삶에 대한 부모의 소유욕과 집착을 드러냅니다. 이때 자식은 부모의 집착을 거부하고 독립을 성취하는데, 그런 다음에야 부모는 비로소 소유 욕망을 내려놓고 자녀와의 건강한 분리를 인정하는 것입니다. 되찾기 서사는 부모의 집착과 자식의 분리 욕망이 독립이라는 사건으로 갈등하다가, 자식이 독립을 성취한 뒤 집착을 제거한 부모와의 관계를 회복하는 이야기인 것입니다.

한편 기존의 되찾기 설명에서 '의혹' 부분은 조금 이해하기 어렵습니다. 「내 복에 산다」의 셋째 딸은 자기 주관이 뚜렷하고 자기 삶은 자신의 것이라는 확신에 차 있습니다. 기존의 설명은 이 이야기에 대해, 자식은 부모가 서운하게 해서 가르기로 나오지만 갚아야 할 은혜가 있으므로 원망과 의구심을 넘어 관계를 회복한다고 풀이하며, 동시에 의혹을 품었으나 신의로 의혹을 떨치고 부모가 양육자라는 규범을 초극하여 자식이 부모를 양육한다는 상위 법칙에 도달하는 것으로 분석합니다(서사와문학치료연구소, 2016).

이러한 설명은 가르기 관계에서 회복되는 것을 되찾기로 보고 있는 바, 가르기는 의혹이 아닌 확신이 관여하므로 '의혹을 품고 규범을 초극한다'는 내용을 되찾기의 핵심으로 유지하기 위해서는 새로운 각편을 고민해야 할 것입니다. 여기서는 일단 기존의 유형 개념을 적용하여 형제 되찾기 서사에 해당하는 설화로 「쥐 잡던 아내와 동생 사이 오해한 남편」을 살펴보겠습니다.

> 형 내외와 동생이 사는데, 하루는 형수가 쥐를 발견한다. 형수와 동생이 함께 쥐를 잡다가 어수선한 모양이 된 것을 형이 목격한다. 형이 오해하고 화를 내자, 동생이 쥐를 잡느라 형이 오는 것도 몰랐다고 말한다. 이에 형은 오해를 풀고 다시 의좋게 지낸다(정운채 외, 2009c).

의좋은 형제 사이에 형수를 두고 의심이 싹틉니다. 그로 인해 갈등이 발생하지만 형은 동생의 말을 들은 후 의심을 멈추고 원래의 화해적 관계를 회복합니다. 형은 동생에게 의심을 품기는 했어도 죽이거나 내쫓지 않습니다. 의심을 떨쳐낸 것입니다. 그리고 자신을 배신했을지도 모를 동생을 용서함으로써, 배신과 속임수는 처단되어야 한다는 가르기의 규범을 초극합니다.

이것을 더욱 구체화한 것이 「동생과 아내 의심하다 옆집 여자 죽인 남편」입니다(정운채 외, 2009a).[32] 여기에서 형수는 형제가 경쟁적으로 차지할 대상, 즉 시합의 성격을 지닙니다. 형이 처음에는 시기심으로 의혹을 가졌지만, 상대를 파멸로 몰지 않고 용서함으로써 원래의 협력적 관계를 회복합니다. 형제 되찾기 서사는 형제를 파괴하려 했던, 혹은 그럴 것이라고 의심 받았던 다른쪽 형제를 징치하지 않습니다.

만약 동생 때문에 자신의 행복과 가정이 파탄에 이를 것이라고 생각했다면 형은 동생을 죽였을 것입니다. 그러나 궁극적으로 형제는 같은 몸이며, 동생의 파멸은 곧 형인 자신의 파멸이기도 하다는 생각을 가졌기에 동생에게 극단적 처벌을 내리지 않은 것입니다. 그 결과 동생은 죽지 않고, 형도 오해를 풀고 잘 살 수 있게 되었습니다. 따라서 「쥐 잡던 아내와 동생 사이 오해한 남편」과 「동생과 아내 의심하다 옆집 여자 죽인 남편」은 시기심을 극복하고 동생의 생명과 성장이 곧 자신의 생명과 성장이라는 새로운 규범을 설정한 이야기로 이해할 수 있습니다.

마지막으로 감싸기 서사는 확신을 가지고 규범을 초극하는 이야기입니다. 형제서사는 가르기뿐 아니라 감싸기도 매우 발달했습니다. 형제담의 존재 형태가 대부분 불화담 아니면 협력담이라는 보고가 이를 방증합니다(권혁래, 2010). 가르기가 가장 많이 보이는 것은 형제 관계가 기본적으로는 갈등과 경쟁 관계라는 것을 나타내며, 감싸기가 그다음으로 많은 것은 심각한 형제 갈등을 봉합하고 교화하려는 노력 또한 강력했음을 말해줍니다. 가르기와 감싸기는 '확신과 규범'이라는 요소를 강

---

32 「동생과 아내 의심하다 옆집 여자 죽인 남편」의 내용은 다음과 같다. '의좋은 형제가 있었다. 형이 장가를 갔는데, 형수와 시동생의 사이가 좋아 형이 둘 사이를 의심해서 일부러 며칠 집을 비운다. 형수도 그 사이 친정에 다녀오겠다고 한다. 혼자 남은 동생은 여자 방물장수가 하루 묵게 해달라고 해서 옆집 친구 집에 가서 잔다. 그러자 친구 어머니는 패물을 훔치러, 친구는 방물장수를 겁탈하러 그 집에 간다. 방물장수가 밖에 나온 사이 친구의 어머니가 방에 들어가 패물을 훔치다가, 친구가 방으로 들어오자 이불에 숨는다. 친구는 그녀가 방물장수인 줄 알고 겁탈한다. 집에 돌아온 형이 남녀의 소리를 듣고 동생과 아내로 오해하여 여자를 죽이지만, 남자는 동생이라고 생각해 차마 죽이지 못한다. 형은 관가에 잡혀갔으나 방물장수가 증인이 되어 풀려나고, 형제는 전처럼 의좋게 지낸다.'

조하는데, 이것은 앞서 말한 바와 같이 사회제도적 측면과 연동됩니다.

한국의 경우 형제 사이의 확신과 규범은 우애 이데올로기와 관련이 깊습니다. 그렇기 때문에 우애를 해치는 비규범적 형제는 처단되고(가르기), 우애를 한 단계 더 높이는 초규범적 협력 관계를 구현하는 형제는 선양됩니다(감싸기). 가르기의 대표 유형인 「콩쥐팥쥐」와 감싸기에 해당하는 「흥부전」이 자발적·비자발적으로 가장 많은 독서의 대상이 된 것도 이와 관련이 있을 것입니다. 여기에서는 「형제 우애로 쪼개진 금덩이」를 중심으로 형제 감싸기 서사를 살펴보겠습니다.

> 지성이는 봉사이고 감천이는 앉은뱅이이다. 하루는 금덩이를 발견했는데 서로 가지라고 미루다 금덩이를 버린다. 그들은 포수에게 금덩이가 있는 곳을 알려주지만, 포수의 눈에는 금덩이가 황구렁이로 보여서 총을 쏘아 구렁이가 끊어진다. 지성이와 감천이가 다시 가서 보니 금덩이가 둘로 갈라져 있었다. 둘은 금을 부처에게 바치고, 지성이는 눈을 뜨고 감천이는 일어나게 된다(정운채 외, 2009c).

「형제 우애로 쪼개진 금덩이」는 유명한 '형제투금兄弟投金' 고사 계열의 이야기입니다. 형제가 길을 가다가 금덩이를 발견했습니다. 이러한 경우 이야기는 불화담으로 이어지는 것이 일반적입니다. 형제 불화담에서 다툼의 가장 큰 원인이 뜻밖의 재산이나 부모의 유산이기 때문입니다(권혁래, 2010). 재산은 경쟁적인 시합을 야기하고, 시합의 과정에서 대부분의 형제는 화해적 관계를 파괴하고 배타적 관계로 돌아섭니다. 상대가 없어야 재산을 차지할 수 있기 때문입니다.

그러나 지성이와 감천이는 큰 유혹인 금덩이를 앞에 두고도 서로를 배타적 경쟁자로 삼지 않았습니다. 조금의 흔들림도 없이 원래의 화해적·협력적 관계를 유지한 것입니다. 재산을 사이에 둔 시합에서 경쟁적 자세를 취하게 되는 것은 매우 자연스러운 인간의 마음입니다. 그런데 자연스러운 수준의 경쟁은커녕 사소한 흔들림마저도 보이지 않고, 지성이와 감천이는 서로에게 금덩이를 양보합니다. 상대가 잘 살아야 자신이 잘 산다는 믿음이 공고한 것이고, 더 나아가 자신이 손해를 보거나 이익을 갖지 못하더라도 상대가 성공하고 이익을 갖는 것이 형제나 가족 모두에게 좋은 일이라는 생각에 기반을 둔 행동일 것입니다. 이것은 형제서사에서 경쟁심이 사라지고 연대가 싹트기 시작하는 모습입니다. 이렇기 때문에 형제 감싸기는 성숙한 사회적 관계로 연결될 수 있는 수준의 서사라고 하겠습니다.

형제 감싸기 서사에 해당하는 또 다른 다른 설화는 광포설화인 「오뉘 힘내기와 미륵이 된 누이」(정운채 외, 2009b)[33] 및 「오뉘 힘내기와 동생 걱정한 누이」(정운채 외, 2009b)[34]입니다. 그밖에 「정직한 작은동서 어진 큰동서」(정운채 외, 2009c)[35]와 소설로도 널리 향유된 「홍부놀부」가 형

33 「오뉘 힘내기와 미륵이 된 누이」의 내용은 다음과 같다. '오누이가 못 짓기와 절 짓기 내기를 하고, 지는 사람이 죽기로 한다. 누이가 일부러 못을 천천히 지어 내기에서 진다. 죽은 누이는 미륵이 된다.'

34 「오뉘 힘내기와 동생 걱정한 누이」의 내용은 다음과 같다. '평소 힘 자랑하던 동생이 누이에게 씨름에서 지자 내기를 하자고 한다. 동생이 무등산 한 바퀴를 돌고 올 동안 누이에게 도포 한 벌을 짓도록 한다. 누이가 일부러 옷고름 하나를 떼어 내기에서 지고, 동생은 누이를 죽인다.'

35 「정직한 작은동서 어진 큰동서」의 내용은 다음과 같다. '부유한 형과 가난한 동생이 사는데, 작은동서가 큰집에 사는 시어머니에게 나락을 맡기고 일을 나간다. 그런데 시어머니가 큰집 나락을 작은집 쪽으로 옮긴다. 작은동서는 더 많아진 나락을 보았지만 원래의 양만큼만 가져간다. 이를 본 큰동서가 남편 생일에 남편이 취한 틈을 타 논문서를 꺼내 작은동서에게 준다. 술에서 깬 형에게 큰동서는 남편이 술에 취해 동생에게 논문서를 주었다고 말한다. 형은 술에 취해 그랬다면 할 수 없다며 인정한다.'

제 감싸기 유형에 들어갑니다.

형제서사의 하위 유형을 점검하면서 발견한 점은, 가르기 서사와 감싸기 서사가 상당히 발달한 반면 상대적으로 밀치기 서사는 취약하다는 점입니다. 이것은 형제간의 '의혹'이 이야기에서는 상당 부분 삭제되고 있음을 뜻합니다. 현실에서는 가르기 못지않게 밀치기가 우세한데, 이야기에서는 가르기가 절대적으로 앞섭니다. 가르기는 형제 갈등을 선악 대결로 연결하고 그것을 다시 '권선징악'의 구조 안에서 해결합니다. 밀치기는 형제의 우애를 의심하는 것이며, 의심으로 인한 갈등의 결과는 형제간의 절연입니다.

현실에서는 형제끼리 의심하고 절연하는 경우가 적지 않습니다. 그런데 이야기는 우애를 의심하여 절연하는 것을 기피하고 있는 듯 보입니다. 되찾기와 감싸기의 경우도 의혹을 지니는 되찾기보다는 확신으로 형제 관계를 지키는 감싸기가 발달되어 있습니다. 감싸기에서는 확신을 지니고, 우애를 지키며, 악행을 인내하여 용서한 형제가 다른 형제의 '개과천선'을 끌어내기도 합니다. 상대의 자기서사를 변화시키는 것입니다. 이상의 유형을 정리하면 다음과 같습니다.

형제서사의 하위 유형에는 가르기인 「콩쥐팥쥐」와 「불사약 구해온 동생의 눈 찌른 형」, 밀치기인 「부자간의 친구 시험」, 되찾기인 「쥐 잡던 아내와 동생 사이 오해한 남편」과 「동생과 아내 의심하다 옆집 여자 죽인 남편」, 감싸기인 「형제 우애로 쪼개진 금덩이」와 「오뉘 힘내기와 미륵이 된 누이」 및 「흥부놀부」 등이 포함됩니다. 이 중 상당수가 한국의 광포설화이고, 소설로 개작된 것도 적지 않습니다.

「콩쥐팥쥐」와 「흥부놀부」는 말할 것도 없고, 「불사약 구해온 동생의 눈 찌른 형」은 19세기 서유영이 지은 한문소설 「육미당기」(19세기 후반

〈표 1-4〉 형제서사의 하위 유형

구분 유형	인간관계 양상에 따른 재분류	설화명
가르기	확신을 가지고 규범을 추구: 규범에 어긋나는 관계를 징치함	「콩쥐팥쥐」 「불사약 구해온 동생의 눈 찌른 형」
밀치기	의혹을 품고 규범을 추구: 의혹 확인 후 그른 관계를 밀쳐냄	「부자간의 친구 시험」
되찾기	의혹을 품고 규범을 초극: 상대의 성장이 나의 성장임을 새로운 규범으로 설정함	「쥐 잡던 아내와 동생 사이 오해한 남편」 「동생과 아내 의심하다 옆집 여자 죽인 남편」
감싸기	확신을 가지고 규범을 초극: 상대의 성장이 나의 성장임을 새로운 규범으로 설정함	「형제 우애로 쪼개진 금덩이」 「오뉘 힘내기와 미륵이 된 누이」 「오뉘 힘내기와 동생 걱정한 누이」 「정직한 작은동서 어진 큰동서」 「흥부놀부」

경)와 기본 구조를 공유합니다. 「쥐 잡던 아내와 동생 사이 오해한 남편」은 김동인의 「배따라기」(1921)로 이어집니다. 대부분 상당한 전승력을 지닌 매력적인 이야기인 것입니다. 이처럼 형제서사에 포함되는 이야기들은 독자에게 많은 공감을 얻으며 향유되었지만, 자녀서사와 부모서사, 남녀서사와 부부서사의 대표 설화가 되기에는 모호한 지점이 있었습니다. 그러나 형제서사라는 측면에서 보면 이 설화들의 가치와 활용 지점이 선명해집니다.

그렇다면 형제서사가 적용될 수 있는 구체적인 관계의 양상으로는 어떠한 것이 있을까요? 일반적으로 형제, 자매, 동서, 동료 등을 생각할 수 있을 것입니다. 그 외에도 전통사회의 처첩 관계와, 현대에까지 이어지는 계부/계모와 자식 관계, 그리고 고부관계가 여기에 포함될 수 있습니다. 이들은 하나의 대상을 두고 이루어지는 경쟁과 시합에 자주 노출되는 관계이기 때문입니다. 특히 과거부터 지금까지 가정과 사회에서 공히 가장 심각한 문제로 거론되는 것이 고부 갈등입니다. 고부 갈등에는 일반적인 자녀서사와 부모서사로는 이해하기 어려운 부분이 있습니다.

어머니와 아들은 부모-자식 관계에서 논의할 수 있지만, 시어머니와 며느리는 동일한 서사로 설명하기에는 상호 이해가 불가능한 지점이 있는 것입니다. '딸 같은 며느리' 혹은 '친정엄마 같은 시어머니'를 불가능하게 만드는 절대 거리가 두 사람 사이에 존재하는데, 그것은 한 사람(남편/아들)을 사이에 둔 시합의 구도가 고부 사이에 종종 발생하기 때문입니다.[36] 이러한 경우 고부 사이에는 경쟁심이 작동하게 됩니다. 경쟁심은 파괴와 협력의 갈림에서 생겨나고, 경쟁심이 과열되면 상대를 파괴하려는 공격적 욕망과 쉽게 손을 잡습니다. 고부 관계가 일반적인 부모-자식 관계와 다르다는 인식은 상당히 오래전부터 존재했습니다.

(가) 안자가 말하길, 임금은 명령을 하고 신하는 명령한 바를 함께 이행하며, 아버지는 자상하고 자식은 효도하며, 형은 친밀히 대하고 동생은 예의를 갖추며, 남편은 조화롭게 응대하고 아내는 부드럽게 대하며, 시어머니는 자애하고 며느리는 그 사랑을 받아들이는 것이 도리이다. 임금은 명령하되 그 명령이 도리에 어긋나면 안 되고, 신하는 임금의 명령을 함께 이행하되 한마음으로 해야 하며, 아버지는 자상하되 엄하게 가르쳐야 하고, 자식은 효도하되 부모의 잘못에 대해서는 곧은 말을 드려야 하며, 형은 친밀히 대하되 동생을 동등한 벗으로 대해야 하고, 동생은 예의를

36 물론 모든 고부 관계에 형제서사가 작동하는 것은 아니다. 많은 고부 관계가 부모서사와 자녀서사로 이해되지만, 여기서 주목하는 것은 일반 부모-자식 관계와 다른 고부 관계만의 특징적 갈등에 작동하는 서사의 성격이다.

갖추되 도리를 거스르지 않아야 하며, 남편은 조화하게 응대하되 바른 행실을 지켜야 하고, 아내는 부드럽게 대하되 바른 마음을 잃지 않아야 하며, 시어머니는 자애롭되 독단하지 않아야 하고, 며느리는 그 사랑을 경청하되 순하고 정성된 모습을 지녀야 하는 것이 예의 좋은 일이다(『소학집주』「明倫」第二 通論).

(나) 군신 이하는 모두 두 가지 강약의 덕으로 서로 보완하지만, 시어머니는 며느리에게 한결같이 자애롭고 독단하지 말아야 하며, 며느리는 시어머니에게 한결같이 경청하면서 순하고 정성된 모습을 지녀야 한다. 이것은 며느리와 시어머니의 관계가 서로 화목하고 부드럽게 대하는 것만을 중요한 기본으로 여기기 때문이다(『소학집주』「明倫」第二 通論).

(가)는 전국시대 제나라 대부 안영의 말입니다. 이 시기부터 고부 관계는 일반적인 부자 관계와는 다른 특성을 지닌다고 인지되었습니다. 부모는 자식에게 자상하게 대하면서도 가르칠 때에는 엄격해야 합니다. 그러나 시어머니는 며느리에게 한결같이 자애롭고 의견을 존중하는 자세로 대해야 합니다. 자식은 부모에게 효도해야 하지만 부모가 도리에 어긋날 때에는 직언도 해야 합니다. 그러나 며느리는 시어머니에게 한결같이 경청의 자세와 순하고 정성된 모습을 보여야 합니다. 시어머니에게 독단하지 말도록 한 것은 며느리의 의사를 존중하라는 뜻입니다. 이것은 과도한 경쟁을 경계한 것입니다. 며느리가 한결같이 순하고 정성을 다하는 모습으로 시어머니의 의견을 경청해야 하는 것도 마찬가지입니다. 서로가 서로의 의사를 존중하는 협력자의 모습을 지녀야 갈등은 해결될 수 있습니다.

이른 시기부터 고부 사이의 순응과 양육보다 서로의 의견 존중과 협력을 강조한 것은 자녀서사와 부모서사와는 다른 맥락이 고부 관계에 작동하고 있기 때문입니다. 고부 관계에는 부모-자식 관계보다 민감한 지점이 존재하는데, 그것은 수시로 시합이 일어날 수 있는 구도 속에 있기 때문입니다. 시합에서 전략은 두 가지 방향으로 만들어질 수 있습니다. 하나는 수단과 방법을 가리지 않고 경쟁자를 파괴하는 것이고, 다른 하나는 경쟁자와 협력하여 시합 참여자 모두에게 최선 혹은 차선의 결과를 끌어내는 것입니다. 그러나 인간의 마음은 협력보다는 파괴 쪽으로 작동하기 쉽기 때문에, 시합에 자주 노출되는 관계에 대해서는 의도적으로 교화적인 서사를 만들어서 이것을 경계해야 합니다. 형제서사에서 밀치기가 약하고 권선징악형 가르기와 개과천선형 되찾기 및 감싸기가 활성화된 것은 그 때문일 것입니다.[37]

고부 관계뿐 아니라 최근에 증가하는 계부/계모와 자식 사이의 갈등도 자녀서사와 부모서사만으로 이해하기 어려운 지점이 있습니다. 이들 또한 고부 관계의 변주로서 시합의 구도에서 경쟁심이 작동하기 쉬운 관계에 놓일 수 있기 때문입니다(이때 경쟁물은 친모/친부의 사랑이 될 것입니다). 동일한 우울증도 성격 구조에 따라 자기애성 우울증과 우울성 우울증으로 나뉠 수 있고, 그것에 대한 진단과 처방 역시 달라야 합니다(낸시 맥윌리엄스, 2017). 마찬가지로 기초서사도 현상적으로는 유사해 보이지만 문제의 근본이 다른 것은 구분하여 고찰해야 할 것입니다.

---

37 조선 후기에는 형제간의 우애를 국가 차원의 규범으로 강조했다. 정조는 형제간 우애를 위한 행동이라고 하여 복수형 살인을 한 자를 용서했을 뿐 아니라 표창까지 내렸으며, 또한 형제가 서로의 위급함을 구해준 「형제급난도」가 상당히 유행했다. 정조가 표창한 이야기는 이덕무가 「신여척전」으로 지어 세상에 전했다.

사건의 성격이 달라지면 관계의 성격이 달라지고, 관계를 힘들게 하는 불편함의 성격과 그것의 해결 방법도 달라지기 때문입니다. 새어머니/새아버지와 자식, 시어머니와 며느리는 형태상 부모-자녀 관계를 띠지만, 그 안에는 자녀서사와 부모서사로 해결되지 않는 지점이 존재할 수 있습니다. 그렇기 때문에 이러한 관계에서 발생하는 문제들을 다룰 때에는 관계적 사건의 성격과 갈등을 유발하는 심리적 자리를 정밀하게 진단하여 그에 적절한 서사를 선택해야 할 것입니다.

우리는 살면서 원하든 원하지 않든 여러 형태의 시합에 수시로 참여하게 됩니다. 그런데 시합에서 실패할 때마다 그 원인을 시합에 함께 참여한 상대의 성공 때문이라고 생각한다면 어떻게 될까요? 주위 사람들이 나의 상대를 존중하는 것이 나를 무시하는 행위라고 생각하는 서사가 내 안에 강력하게 자리하고 있다면 어떻게 될까요? 나의 실패는 부당한 것이고 불평등한 것이며, 참을 수 없게 억울한 것이라고 생각되는 서사가 내 안에 가득할 때, 우리는 어디서 위안을 찾을 수 있을까요? 만약 상대의 성공이 나의 실패를 의미한다고 믿게 되면, 내가 성공하기 위해서는 상대가 실패해야 하고, 내가 살기 위해서는 상대가 죽어야 한다는 서사가 심층에서 작동할 것입니다. 이와 같은 흑백논리적 배제와 파괴적 시기는 왜곡된 경쟁심이 불러온 서사입니다. 이것을 기존의 자녀서사, 부모서사, 남녀서사, 부부서사로 설명하려고 하면, 불가능하지는 않겠지만 여러 단계의 유추와 우회를 거쳐야 할 것입니다.

형제서사와 사회서사는 모두 '나와 세상'의 관계를 설명하지만, 형제서사의 세상은 '또 다른 나'인 동기이고, 사회서사의 세상은 동료, 학교, 회사, 사회 등입니다. 이것은 자녀서사의 세상이 부모이고, 남녀서사의 세상이 이성이며, 부부서사의 세상이 배우자인 것과 구분됩니다. 형제서사가 '나'와 '또 다른 나'의 서사라는 것은 소별왕·대별왕처럼 원초적 서사의 많은 형제가 쌍둥이로 설정된 것에서 알 수 있습니다(겨울 밤하늘을 밝히는 쌍둥이자리도 그리스 신화 속 제우스와 레다 사이에서 태어난 카스토르와 폴룩스라는 쌍둥이 형제의 이야기를 담고 있습니다). 쌍둥이 설화는 형제를 한 몸으로 보는 사고의 반영입니다. '나'와 '또 다른 나'는 기본적으로 친밀하며, 모든 일을 함께 해야 건강한 관계를 이룰 수 있습니다.

그런데 형제를 없애야 내가 건강해질 것이라고 잘못 생각하게 되면서 갈등이 생기고, 결과적으로 내가 나의 일부를 제거하는 아픔을 겪는 것입니다. 형제는 태생적으로 동일한 부모의 사랑을 함께 받은 친밀한 협력 관계이지만, 동시에 그 사랑을 사이에 둔 경쟁 관계입니다. 그리고 협력보다는 경쟁 관계에 쉽게 매몰됩니다. 경쟁 관계에서는 일차적으로 '나'의 성공에 주안점을 둡니다. 이때 관건은 경쟁심이 왜곡되지 않도록 하며, 자신의 성공이 형제의 파괴를 전제로 삼지 않도록 하는 일입니다. 즉 건강한 경쟁을 통한 자기 존재 가치의 성공적 발휘가 형제서사의 핵심 과제인 것입니다.[38]

형제서사가 성숙하게 심화되면 사회서사로 진입하게 됩니다. 형제는 사회화의 대리인으로 서로에게 최초이자 강력한 또래관계를 제공하기 때문에(전귀연·임주영, 2006) 건강한 형제서사를 지닌 사람은 성숙한 사회서사를 형성할 수 있습니다(하지만 형제서사를 충분히 경험하지 못하거나 미숙한 경우 사회에 적응하지 못하고 다시 가족 관계 안으로 회귀하게 됩니

38 형제서사의 핵심 척도에 대해 신동흔(2016)은 '협력'을 제안한 바 있다. 그러나 협력에는 자기 성공을 위한 협력도 있고, 상생을 위한 협력도 있기에 여기서는 1단계 형제서사의 주안점을 건강한 경쟁을 통한 자기 성공에 두고, 2단계 사회서사의 주안점은 나의 성공과 세상(타인)의 성공이 함께 가는 상생으로 설정했다.

다). 형제서사가 심화된 사회서사는 심리적 자리가 연대이고, 주안점은 상생입니다. 남녀서사가 나의 소망에 집중하는 이기심을 중심으로 상대를 선택하고, 부부서사가 세상의 소망에 집중하는 대상 존중을 통해 선택한 대상과 관계를 지속하는 것에 주안점을 두는 것처럼, 형제서사는 나의 소망에 집중하는 경쟁심을 중심으로 자기 가치의 성공적 발현을 도모하고, 사회서사는 세상의 소망에 집중하는 연대의 마음으로 성공이 공동체로 확장되는 상생에 주안점을 둡니다.

이상의 특징을 지닌 형제서사와 사회서사는 독립 및 결연과는 뚜렷하게 다른 성격을 지닌 '시합'을 관계적 사건으로 삼고, 집착과 분리 욕망, 이기심, 대상 존중과는 구별되는 '경쟁심과 연대의 마음'을 심리적 자리로 삼는 서사로서, 가정과 학교와 직장과 사회에서 발생하는 시합의 서사, 경쟁의 서사를 진단하고 처방하는 콘텐츠를 만드는 데 기여할 수 있습니다.

형제서사와 그것의 심화 단계인 사회서사를 새로운 기초서사로 제안하면서 남은 문제는 기초서사의 명명입니다. 현재의 기초서사 용어는 인간관계를 이성애적이고 가부장적인 구도에서 유형화하고 있습니다. 이것은 의도하지 않게 문제적 관계 유형을 고착시키는 결과를 낳고, 그것이 야기하는 문제에 대해 예민하고 유연하게 고민하는 것을 방해합니다.[39] 일례로 노사 문제를 가족 문제로 치환하여 해결하려는 것은 심층을 놓칠 수 있다는 지적이 그것입니다(손석춘, 2016).

현대인의 많은 문제가 이성애적·가부장적 관계 유형이 굳어지면서

---

39 가족 관계를 은유적 범주로 사용한다는 정운채의 주장을 수용하더라도, 가족 관계로 표현된 개념이 사회적 관계 모두를 포괄할 수 없다는 주장에도 귀 기울일 필요가 있다(손석춘, 2016).

발생하는데, 그것으로 인해 왜곡된 인간의 심층서사를 건강하게 수정하기 위해 설계된 기초서사가 여전히 문제적 용어를 사용하고 있다는 것은 재고할 부분입니다. 이제는 이성애적이고 가부장적인 발달단계, 즉 자식과 남녀와 부부와 부모가 '필연적' 관계 영역이 아니기를 희망하는 사람들이 많아지고 있습니다. 그러한 구조로부터 자유롭고자 하는 목소리들도 적지 않습니다.

기존의 관계 질서가 가져오는 억압에서 해방되기를 추구하고, 다양한 형태의 가족 관계에 대해 유연하고 개방적인 태도를 요구하는 오늘날 사람들의 요구를 충분히 고려하면서, 이것을 학술 용어로서 명료하게 표현해야 할 필요가 있습니다. 예를 들어 '순응서사', '양육서사', '선택서사', '지속서사', '성공서사', '상생서사' 등 주안점을 두는 가치가 무엇인지에 따라 기초서사 영역으로 나타내거나, '독립서사', '결연서사', '시합서사' 혹은 '집착과 분리의 서사', '이기심과 대상 존중의 서사', '경쟁심과 연대의 서사'와 같이 관계적 사건과 심리적 자리를 중심으로 구분하는 것도 하나의 대안이 될 것입니다. 내면 언어(기초서사 설정 의도)와 표현 언어(기초서사 표기 용어)의 거리를 좁히는 것이 오해와 왜곡의 가능성을 줄이고, 소통의 가능성을 높이는 방법이기 때문입니다(김수연, 2016a). 이 책에서는 기초서사 명명의 문제점을 인식하면서도, 축적된 성과들과의 연계성과 통일성을 고려하여 기존의 명명 방식을 차용했으나 용어의 재설정 문제는 차후 신중하고 치밀하게 재검토되어야 할 것입니다.

이상에서 콘텐츠의 3요소와 구조, 콘텐츠와 문학과 인간 사이의 공감 메커니즘을 살펴봤습니다. 그리고 좋은 콘텐츠 기획을 위해 고려해야 할 인간의 기초서사와 관계적 사건, 심리적 자리에 대해서도 고찰했습니다. 이제부터는 콘텐츠의 원천을 제공하는 고전 작품들을 구체적으로 살펴보고, 각각의 작품이 지닌 심층서사가 어떠한 방식으로 향유자들에게 위로와 위안을 제공하는 콘텐츠가 될 수 있는지 살펴보겠습니다. 특히 2장에서는 작품의 심층서사에서 발견되는 관계의 문제를 살펴보고, 3장에서는 공간의 성격에 대해 고찰해보고자 합니다.

제2장

치유적 콘텐츠 기획을 위한 고전서사의 내면 읽기

관계의 발견

1. 「사씨남정기」, 자기서사를 파괴하는 인간의 내면풍경과 '요인'

선인과 악인, 그리고 '요인'

이제부터는 앞의 기본 개념을 염두에 두고, 콘텐츠 심층서사의 핵심이 되는 관계의 문제를 구체적 작품들을 통해 생각해보겠습니다. 고소설의 인물은 현실의 개인들만큼이나 복합적이고 입체적입니다. 선인과 악인, 주동인물과 반동인물, 중심인물과 보조인물이라는 범박한 구분으로는 그들의 섬세하고 다채로운 속성을 읽어내기 어렵습니다. 앞의 구분들은 실제로는 존재하지 않는, 그리고 존재할 수 없는 관념적 허상에 가깝습니다. 최근의 소설 인물 연구들은 선인이 선인이기만 한 것이 아니고 악인도 악인이기만 한 것이 아니며, 인물의 형상에는 현실의 욕망이 교묘하게 침입해 있음을 밝히고 있습니다(김위경, 2014; 김현양, 1997; 박일용, 1998; 이상구, 2000; 정출헌, 2000 등).[1]

또한 보조인물에게도 중심인물과 같은 무게의 삶이 있고 반동인물에게도 주동인물과 같은 깊은 고민이 있음을 고찰한 연구 성과도 적지 않습니다(조현우, 2006). 이것은 소설의 인물이 역할과 비중을 떠나, 그들에게 공감하는 현실의 독자와 마찬가지로 각각의 사연을 지닌 '자기서사'의 주체임을 의미합니다.[2] 그들은 모두 관념적으로 단정 짓기 어려운 자기 삶의 내력을 지니고 있으며, 다른 주체들과 관계를 맺는 자기만의 양상과 특징을 가진 존재인 것입니다.

현실에서 살아가는 사람들이 그러하듯 소설 속 인물의 자기서사도 수시로 변화하고 수정됩니다. 일반적으로 한 인간의 자기서사는 관계 맺는 사람들과 경험하는 사건들에 의해 보충되고 강화되며 통합됩니다(정운채, 2015). 그러나 자기서사의 변화는 반대의 방향으로도 이루어집니다. 원래의 자기서사보다 결핍되고 약화되며 분열될 수도 있기 때문입니다. 평범한 사람의 불완전한 자기서사가 보충되고 강화되고 통합되는 방향으로 변화할 때 다다를 수 있는 이상적 단계는 진眞과 미美를 통합하는 선인善人이 될 것입니다. 그러나 이것은 관념적 허상입니다. 마찬가지로 평범한 사람의 불완전한 자아가 결핍되고 약화되고 분열되는 방향으로 변화할 때 그 궁극의 단계는 진과 미를 부정하는 악인惡人

1 정출헌(2000)이 사씨를 '줄타기의 명인'으로 규정한 것이 이러한 입장을 대표한다.

2 자기서사는 개인이 살아온, 살아가는 내력을 말한다. 구체적으로 다른 주체와 관계를 맺는 양상과 특징이 '자기서사'로, 이것은 인생이라는 현상을 가능하게 하는 원천이자 원동력이다(정운채, 2015). 이 장에서는 용어상의 혼동을 줄이기 위해 작품의 표층서사는 '이야기', 인물의 심층서사는 '서사'로 구분해 사용할 것이다. 예를 들어 요인의 심층 자기서사는 '요인서사', 요인서사가 작동하는 작품은 '요인 이야기'로 구분해 표기하겠다.

이 될 것입니다. 그러나 이것도 관념적 허상입니다.

대부분의 현실적 인간은 완전한 선인과 완전한 악인의 사이에 있는 불완전한 불선인입니다. 이때의 '불선'은 관념적 '선'에 대립되는 '불선'이 아니라, 완벽함 혹은 잘함이라는 뜻의 선함과 대칭되는 불완전함이라는 의미의 '불선'입니다. 불선인들은 응집력 있는 자기서사를 지님으로써 선인에 근접하거나 파괴된 자기서사를 지니게 되어 악인에 가까운 단계까지 나아갑니다. 문학 속 인물도 대개는 불선인입니다. 많은 인물이 불선인의 자기서사로 시작하여, 선인의 자기서사에 가까워지기도 하고 악인의 자기서사에 가까워지기도 합니다.

수많은 불선인 중에 문학이 주의 깊게 형상화하고 있는 것은 악인서사 쪽으로 향하는 사람들입니다. 그들은 자기서사가 결핍되고 약화되며 분열되는 방향으로 관계를 맺어가는 인물들입니다. 한국 소설사에서는 17세기 후반, 초기 장편소설부터 이러한 인물들의 등장이 본격화되었습니다(「사씨남정기」의 교씨, 「창선감의록」의 조씨가 대표적입니다). 기존 연구에서는 이러한 인물을 악인이라고 규정하고, 악인의 형상화가 구체화되기 시작한 작품으로 「사씨남정기」를 꼽습니다(신해진, 2011). 「사씨남정기」의 대표적 악인은 교씨입니다.

그러나 「사씨남정기」가 형상화하고 있는 교씨는 엄밀히 말해 악인의 서사를 지닌 인물이라기보다 불완전한 자기서사가 악인서사로 변화해가는 불선인의 서사를 지닌 인물입니다. 이러한 인물을 '교씨형 인물'로 부를 수 있는데,[3] 이는 악인형이라는 용어가 포섭하지 못하는 교씨

3 극단의 선인과 악인은 관념의 인격적 형상이라는 점에서, 엄격한 의미의 악인형 인물은 존재하지 않기 때문이다. 이 책에서는 기존 연구에서 악인형 인물의 대표로 보았던 교씨도 불선인에서 요인을 매개로 악인에 가까워지는 과정적·수행적 인물로 보고자 한다.

의 정체성, 즉 과정적이고 수행적인 정체성을 지닌 인물이라는 의미를 강조하기 위해서입니다. 그런데 교씨형의 불선인이 악인의 자기서사로 방향을 틀 때 반드시 등장하는 인물 유형이 있습니다. '요인妖人'입니다. 「사씨남정기」는 이십낭을 대표적 요인으로 설정했습니다. 이십낭은 교씨의 자기서사가 결핍과 약화와 분열의 길로 들어서는 초입에 등장해서, 교씨가 악인서사에 가까워지는 것을 조장합니다. 이십낭과 같은 요인은 인간이 불선인에서 악인으로 변화하게 하는, 즉 불선인과 악인의 자기서사를 연결하는 매개적 인물인 것입니다.

이 글은 인물 형상화의 스펙트럼을 '선인(선관념적)-조력자(선매개적)-불선인(과정적·수행적)-요인(악매개적)-악인(악관념적)'으로 설정하고, 그중 기존 연구에서 본격적으로 다루지 않았던 요인이라는 인물 유형을 대상으로 삼았습니다(이십낭은 납매, 동청 등과 묶여 악인형 중 하나로 간단히 언급되었습니다; 이금희, 1986). 그동안 요인형 인물과 교씨형 인물은 한데 묶여 악인형이라 규정되고, 같은 정체성을 지닌 인물로 언급되었습니다. 그러나 요인형은 악인형으로 진행하는 교씨형 인물들과는 또 다른 특징을 갖습니다. 요인형 인물은 보조적 인물로 형상화되면서 교씨형 인물을 부정적 방향으로 매개하는 요인서사를 지닌 인물입니다.

이 글에서는 요인을 요청하는 불선인의 내면을 확대해 살펴봄으로써 요인형 인물이 불선인의 자기서사가 보충에서 결핍으로, 강화에서 약화로, 통합에서 분열로 방향을 틀게 되는 지점에 등장하는 인간의 내면풍경임을 밝히고자 합니다. 또한 요인형 인물이 궁극적으로는 교씨형 인물의 자기서사를 폐쇄적으로 가두고 파괴하는 심리적 그림자라는 점도 드러낼 것입니다. 마지막으로 요인형 인물의 자기서사인 요인서사를 활성화시키는 사회적 내면풍경이 무엇인지에 대해서도 고민해보고자 합니다. 이러한 논의를 진행하는 데 있어서는 문학치료학의 자기서사와 이에 대응되는 자기심리학의 자기대상 및 투사, 결핍, 그림자 등의 개념을 참고했습니다.

자기감의 결핍과 박해 강박: 이십낭을 요청하는 교씨의 심리풍경

「사씨남정기」는 한국의 대표적 소설로 평가받습니다. 이 작품의 성격은 교화소설, 규방소설, 풍자소설, 정치소설 등 다양하게 논할 수 있지만, 이 작품이 소설사에서 의미 있다고 여겨지는 이유는 서로 다른 방향성을 주장하는 수많은 관계 안에서 자기를 지켜내야 하는 나약한 인간의 내면을 들여다보게 하기 때문입니다. 「사씨남정기」는 교씨형 인물을 서사적으로 형상화함으로써, 독자가 스스로의 내면을 성찰할 수 있도록 돕습니다.

보통의 인간은 사씨형 인물을 지향하지만 현실은 교씨형 인물에 가깝습니다. 그럼에도 평소에는 자신이 사씨형 인물이라고 오해하며 살아갑니다. 그러나 막상 구체적 고난이 닥치면 사씨보다는 교씨의 모습이 드러나는 것을 확인할 수 있습니다. 사씨는 어떠한 고난과 위기를 만나도 자신이 원래 의도했던 모습을 지키고 자기 마음을 공고히 유지합니다. 반면 교씨는 평온할 때의 마음과 위기가 닥쳤을 때의 마음이 달라집니다. 원래의 당당함은 사라지고 뜻하지 않은 불안과 공포에 휩싸이는 것입니다. 「사씨남정기」는 교씨로 대표되는 인간의 나약한 내면을 '교씨의 임신'이라는 사건을 통해 구체화시켜 보여줍니다.

> 혼인하고 반 년도 안 되어 교씨가 임신을 했다. 한림과 사씨는 몹시 좋아했으나 교씨는 아들을 낳지 못할까 두려웠다. 교씨는 점쟁이들을 불러 물어보았는데, 어떤 점쟁이는 아들이라 하고, 어떤 점쟁이는 딸이라고 했다. 또 어떤 점쟁이는 아들이면 흉하고 딸이면 길하다고 했다. 교씨가 상심하자 납매가 교씨에게 말했다. "제 이웃에 이십낭이라는 여인이 있습니다. 남쪽 지방 출신인데 기이한 재주가 많고, 모르는 것이 없습니다. 불러서 물어보면 어떻겠습니까?" 교씨는 기뻐하며 즉시 십낭을 불러 물었다. "자네는 뱃속의 아이가 아들인지 딸인지 알 수 있는가?"(김만중, 1999)

교씨의 임신이라는 하나의 사건을 앞에 두고 가족들의 감정이 나뉘고 있습니다. 가장인 한림과 정실부인 사씨는 '몹시 좋아했다[喜甚]'라고 하지만, 반면 정작 임신한 당사자 교씨는 '두려웠다[恐]'라고 합니다. '아들을 낳지 못하면 어쩌지?'라는 생각이 들었기 때문입니다. '아들을 낳지 못하면'이라는 마음은 확인된 사실에 기인한 것이 아니라 미지의 불안을 가정하여 만들어진 것입니다. 사람들의 근심과 걱정의 다수는 교씨와 같이 아직 일어나지 않은 사실에 대한 부정적 가정에서 기인합니다. 이것은 근원을 모르는 미지 불안이기에, 논리적 사고로는 해결의 방법을 제안할 수 없습니다.

교씨가 이 문제를 해결하기 위해 점쟁이들을 불러 물어본 것은 미지 불안 때문입니다. 점쟁이들 중에는 태중 아기가 아들이라고 하는 이도 있고, 딸이라고 하는 이도 있고, 혹은 아들을 낳으면 안 좋고 딸을 낳으면 좋다고 하는 이도 있었습니다. 이들의 말을 듣는 것은 사실을 확인하는 것일 테지만, 사실 확인만으로는 교씨의 미지 불안과 두려움을 해소할 수 없었습니다. 점쟁이들의 말을 들은 후, 교씨의 마음 상태는 오

히려 두려움에서 상심喪心과 실심失心으로 악화되었습니다.[4]

교씨의 불안이 심화되자 그녀의 시비 납매는, '기이한 재주가 많고 모르는 것이 없는 이십낭을 만나보라'고 제안합니다. 이 말로써 앞의 점쟁이들에게 '모르는 것'이 있었음을 다시 한번 확인할 수 있습니다. 즉 그들은 교씨가 듣고 싶은 말을 제안하지 못했던 것입니다. '아들을 낳지 못하면'이라는 교씨의 미지 불안을 해소하기 위해서는 교씨가 아들을 낳도록 도울 수 있는 비방祕方을 제시했어야 합니다. 납매가 이십낭을 추천하며 '모르는 것이 없다'고 한 것은 이십낭이 이러한 비방을 말해줄 수 있다는 뜻입니다. 이에 교씨는 즉시 이십낭을 불러들입니다.

마음에 두려움이 생겨났을 때 교씨가 떠올린 의논 상대는 친정 언니도 사씨도 아닌 점쟁이였습니다. 교씨가 제일 먼저 점쟁이를 불렀다는 것은 가족 중에는 교씨의 두려움에 대해 터놓고 의논할 사람이 없다는 것을 보여줍니다. '혹시 이런 일이 생기면 어떻게 하지?'라는 두려움은 교씨가 자신의 약점이라고 생각하는 부분과 관계가 있습니다. 사씨의 불임으로 인해 유한림의 첩이 된 교씨이기에, 그녀는 임신과 출산이 자신의 존재 이유라고 생각했습니다. 구체적으로는 아들을 낳아야만 자기가 유씨 집안의 진정한 가족으로 자리를 잡게 된다고 여긴 것입니다.

이러한 생각은 아들이 아닌 딸을 낳으면 유씨 집안에서 쫓겨나갈 수도 있다는 두려움으로 연결됩니다. 딸을 낳는다고 해서 유한림과 사씨가 교씨를 내치지는 않을 것이지만, 교씨는 그러한 일이 일어날지 모른다고 생각한 것입니다. 유씨 집안에서 내쳐진다는 것은 교씨의 생존을

---

4 옛 표현에서 두려움이라는 공(恐)은 '아마'나 '의심컨대'의 의미를 지닌 것이고 우(憂)는 상심(喪心)과 실심(失心)의 단계를 나타낸다. 마음 상태가 공(恐)에서 우(憂)로 변화했다는 것은 마음의 상태가 더 나빠지는 악화(惡化)의 과정에 들어갔음을 말해준다.

위협하는 일입니다. 교씨가 내쳐질 가능성이 아무리 낮더라도, 교씨에게 그것은 매우 중대한 사안이었던 것입니다. 이와 같은 문제에 봉착했을 때, 교씨가 부모처럼 의지해 살아온 언니와 의논하지 못한 것은 언니가 자기를 도울 힘이 없어서일 것입니다. 그렇다면 6개월 가까이 살을 나누고 지낸 남편 유한림이나, 시고모인 두부인의 반대를 무릅쓰고 자신을 추천한 사씨에게는 왜 말하지 못했을까요? 교씨는 유한림과 사씨가 자신을 도와줄 수 있는 사람이 아니라 자신을 내칠 사람들이라고 여겼던 것입니다.

교씨는 유한림과 사씨를 비롯한 유씨 가문 사람들을 자기 편이 아닌 자신을 공격하고 내칠 사람들이라고 생각했습니다. 어느 날 교씨는 거문고로 '예상우의곡'을 연주하다가, 이를 들은 사씨에게 우아한 곡조가 아니라는 훈계를 듣고 부끄러움에 무안해합니다. 하필 그날 밤 한림은 교씨의 처소에 들러 그녀에게 거문고를 연주하라고 합니다. 교씨는 난감해하며 낮에 사씨가 자신을 책망하며 했던 말을 전합니다. 교씨가 전한 말의 핵심은 한림이 교씨를 단지 대를 잇기 위해 맞이한 것이니 외모와 음악으로 한림을 유혹하지 말라는 것과, 사씨의 심기를 건드리면 여태후가 척부인에게 했듯 잔인하게 죽임을 당할 수도 있다는 것입니다.[5]

이것은 교씨가 사씨를 모함하기 위해 과장해서 지어낸 말일 수 있으나, 그 사실 여부를 떠나 교씨가 평소 유한림과 사씨에게 가지고 있었

5 "상공께서 너를 취하신 까닭은 단지 후사를 위한 것일 따름이었다. 집안에 미색이 부족한 때문이 아니었어. 그런데 너는 밤낮으로 얼굴이나 다독거렸지. 또한 듣자 하니 음란한 음악으로 장부의 심지를 고혹하게 하여 선소사의 가풍을 무너뜨리고 있다 하더구나. 이는 죽어 마땅한 죄이다. 내가 우선 경고부터 해두겠다. 네가 만일 이후로도 행실을 고치지 않는다면, 내 비록 힘은 없으나 아직도 여태후가 척부인의 손발을 자르던 칼과 벙어리로 만들던 약을 가지고 있느니라. 앞으로 각별히 삼가라." (김만중, 1999)

던 깊은 속내를 알게 합니다. 교씨는 평소 유씨 가문 사람들이 자신을 '후사를 이을 방편'으로 여긴다고 생각했던 것입니다. 또한 사씨가 아무리 온화해도 자신을 죽음으로 내몰 수 있는 힘을 지니고 있는 존재이며, 따라서 그녀의 뜻을 거슬러서는 안 된다는 점도 인지하고 있었던 것입니다. 사씨의 말을 빌려서 전달했지만, 교씨가 이 말을 전할 때 기대했던 것은 '그렇지 않다'는 유한림의 애정 어린 확답이었을 것입니다. 그러나 유한림은 "내가 자네를 취한 것은 사 부인의 권고를 따른 일이었네. 또 사 부인이 일찍이 자네에게 해로운 소리를 한 적도 없었지. 이 일은 아마 비복들 가운데 누가 참언을 했기 때문에 부인이 잠시 노하여 한 말에 지나지 않을 것이야."라고 사씨를 두둔합니다.

사 부인이 권고해 교씨를 맞이했다는 말은 한림도 교씨를 후사의 방편으로 여기고 있음을 확인해주는 것일 뿐이었습니다. 이 말은 교씨에게 '만약 아들을 낳지 못하면 한림의 사랑도 사라지고 나는 내쳐질 것'이라는 불안을 갖게 합니다. 물론 이어서 한림은 "염려 말게. 내가 있는데 자네를 어떻게 해칠 수 있겠는가?"라고 덧붙였지만 이미 교씨의 마음은 '끝내 풀리지 않는' 상태가 된 것입니다. '한림이 나를 사랑하지 않게 되고, 사씨가 나를 해칠 수 있다'는 생각이 풀리지 않게 되었다는 것은 박해 강박적 두려움의 생성과 강화로 이해할 수 있습니다. 이런 마음은 반 년 가까이 그들과 함께 지내면서도 변화하지 않았던 듯합니다.

> 교씨는 기뻐하며 즉시 십낭을 불러 물었다. "자네는 배 속의 아이가 아들인지 딸인지 알 수 있는가?", "그렇습니다." 십낭은 진맥을 해보더니 "딸입니다."라고 말했다. 교씨가 충격에 놀라 말했다. "한림이 나를 첩으로 들인 까닭은 단지 후사를 위한 것인데, 지금 만약 딸을 낳으면 차라리

낳지 않는 것이 더 나을 걸세." 십낭이 말했다. "소인은 예전에 이인에게 딸을 아들로 바꾸는 법을 배웠는데, 시험해볼 적마다 모두 효과를 보았습니다. 낭자께서 아들을 원하시면 그 방법을 써보는 것이 어떻겠습니까?" 교씨는 매우 기뻐했다. "만약 시험하여 효험을 본다면 천금으로 사례하겠네." 십낭은 여러 가지 부적과 삿된 물건을 만들어 교씨의 침실 이부자리 속에 숨겨두었다. 그리고 "후일 아들을 낳으시면 찾아와 하례드리겠습니다."라고 말했다(김만중, 1999).

유한림과 사씨 부부가 자신을 내치거나 죽일지 모른다는 박해 강박적 두려움은 교씨의 자기감 결핍에서 비롯된 것입니다.[6] 총명하고 민첩한 교씨는 한림의 뜻을 잘 받들고 사씨를 잘 섬겨 집안 사람들의 칭찬을 받았지만, 매파가 사씨에게 한 말처럼 자신은 유씨 가문의 '후사를 잇기 위한 방편'에 불과함을 잊지 않고 지냈습니다. 교씨의 심리는 이십낭에게 자신의 처지를 이야기하는 부분에서 잘 드러납니다. 교씨는 이십낭에게 한림이 후사를 위해 자기를 들인 것이기에 반드시 아들을 낳아야 하며, 딸을 낳는 것은 아이를 낳지 않는 것만 못하다고 말합니다. 이것은 교씨가 스스로도 자신을 당당한 유씨 가족의 일원이나 떳떳한 주체가 아닌 '도위사속徒爲嗣續', 즉 '한갓 후사를 잇기 위한 도구'쯤으로 여기고 있음을 말해줍니다.

자신을 도구적 존재로 여긴다는 것은 교씨의 자기감이 상당히 결핍

---

6 멜라니 클라인(Melanie Klein)의 개념으로 보면 박해 강박은 유아기에 발생하는 공격 환상이 투사적 동일시를 통해 왜곡된 상태이다. 유아기에 부모와 같은 외부 대상에 대한 공격성이 존재하는데, 그러한 공격성을 외부 대상에 투사하여 그들이 자신을 공격할 것이라고 여기는 것이다. 이것이 불안 등의 요인으로 심화될 때 신경증적 강박이 될 수 있다(줄리아 시걸, 2009).

된 상태임을 보여줍니다. 자기감은 문학치료학에서 말하는 자기서사의 건강성과 유사한 개념입니다. '자기감'은 프로이트의 정신분석을 자기애라는 개념을 통해 해석한 하인즈 코헛Heinz Kohut(1971)이 제안한 용어입니다. 그에 따르면 자기감sense of self의 결핍은 '자기를 떠받치고 견고하게 하고, 유지하고 조화롭게 하며 강화시키는' 자기대상self object의 부재에서 비롯됩니다. 여기에서 자기대상이란 인물 내면에 숨겨진 특별함과 위대함을 거울처럼 비추어 발견해주거나, 인물이 지닌 결핍을 보완하고 인물이 추구할 이상과 보편적 가치를 제공해주거나, 인물과 삶을 공유하고 연대하면서 인물에게 소속감을 느끼게 하는 모든 '경험'과 '존재'를 말합니다. 그렇게 하여 자기대상은 인물이 '응집력 있는 존재'가 되도록 돕는 것입니다.

그런데 교씨에게는 혈육인 언니도, 남편인 한림도, 심지어 스스로 "정으로는 형제 같고 의리로는 벗과 같다[情惟兄弟, 義則朋友]."(김만중, 1999)고 말하던 사씨도 긍정적 자기대상이 되어주거나 그러한 경험을 제공하지 못했던 듯합니다. 만약 그들이 교씨의 자기대상으로 역할을 했다면 교씨가 자신을 도구로 여길 만큼 자기감이 결핍되지 않았을 것이며, 아기를 갖고도 기뻐하기보다는 아들이 아닐까 두려워하고, 딸을 낳는 것보다는 아예 아이를 낳지 않는 것이 낫다고 말하지는 않았을 것이기 때문입니다.

자기대상의 부재로 인한 자기감의 결핍은 자기애 발달단계가 정상적으로 진행되지 못하고 단절된 상태임을 이야기합니다. 코헛은 인간의 자기감이 일정한 자기애 발달단계를 거침으로써 성장하고 고양된다고 말합니다. 아동의 경우에는 자기애 발달단계에서 가장 중요한 것이 건강한 자기대상으로 역할을 하는 부모입니다. 부모는 아이의 요청에 공감적 반응을 제공해야 합니다. 충분한 공감과 인정의 경험을 축적한 뒤에는 조금씩 아이가 감당할 수 있는 '적절한 좌절optimal frustration'을 경험하게 합니다. 그래서 아이가 스스로 좌절을 견딜 수 있는 응집력을 길러가도록 하는 것입니다(Kohut, 1984).

만약 아이가 자기애 발달 과정에서 공감적 반응을 충분히 경험하지 못한 채 감당하기 어려운 좌절을 겪게 되면 아이의 자기애 발달 과정은 더 이상 진행되지 못하고 정지됩니다. 발달 과정이 정지된 상태의 아이는 성장한 후에도 여전히 아동기 단계의 심리 상태에 머물며, 지속적으로 자기에게 100% 공감을 해줄 대상을 찾게 됩니다. 만약 배우자나 형제나 친구 중에서 인물의 자기애 발달단계의 단절 부분을 재연하여 다시금 충분한 공감을 경험하게 해준다면 그 사람은 이전의 결핍을 극복하고 적절한 좌절을 감당할 수 있는 자기감을 회복하게 될 것입니다. 그러나 성인이 되어서도 공감적 반응을 충분히 경험하지 못한다면 왜곡된 투사로 진행될 수 있습니다.

자기감 결핍으로 인해 박해 강박에 휩싸인 교씨가 요인 이십낭을 요청한 까닭은 절대적 공감이 필요해서입니다. 교씨가 이십낭을 청한 것은 배 속 아기의 성별을 확인하고자 한 것이 아닙니다. 현재 배 속의 아기가 아들인가 딸인가보다 미래를 불안해하는 교씨의 마음을 이해하고 교씨가 원하는 미래에 대한 확신을 줄 공감을 얻고자 한 것입니다. 이십낭은 교씨의 이러한 마음을 잘 알았습니다. 처음에 이십낭은 교씨를 진맥한 후 태아가 딸이라고 말하여 교씨를 좌절시킵니다. 그러나 바로 자신은 딸을 아들로 바꾸는 '전녀위남轉女爲男'의 방법을 알고 있다고 말하여 교씨를 기쁘게 합니다.

교씨가 앞서 만났던 점쟁이 중에도 교씨의 아기가 딸이라고 말한 이가 있었습니다. 그러나 교씨는 그의 말을 듣고 상심이 더해질 뿐이었습니다. 아들이라고 말한 점쟁이의 말에도 교씨는 불안에 마냥 기뻐할 수 없었습니다. 그런데 이십낭의 말에 기뻐했다는 것은 앞서 딸이라 말한 점쟁이는 이십낭이 말한 '전녀위남'의 방법을 제시하지 못했고, 아들이라고 말한 점쟁이는 확신보다는 확률로 이야기했을 것이라는 추측을 가능하게 합니다. 교씨에게 중요한 것은 지금 배 속 아기가 아들인가 딸인가가 아닙니다. 그 아기가 세상에 나올 때 아들이기만 하면 되는 것입니다.

미래를 불안해하는 교씨에게 필요한 것은 자기의 처지를 확률이 아닌 확신으로 공감해주고, 현재의 결핍을 충족할 방법을 발견해주는 대상입니다. 주위 사람이 자신을 해칠지 모른다고 생각하는 그녀의 박해강박을 해결하며, 그녀가 스스로를 가치 있는 사람이라고 여길 수 있게, 미래에 태어날 아기가 반드시 아들이라고 말해줄 대상입니다. 자신이 아들을 낳을 수 있는 사람이라는 것을 확신하고 싶었던 교씨에게는 1%의 불가능도 배제된 100%로의 가능성으로 자기를 위로해줄 대상이 필요했습니다. '전녀위남'의 술법을 사용하여 한 번도 실패한 적이 없다[屢試而無不效]고 단언하는 이십낭의 말이 바로 교씨가 원했던 공감적 반응인 것입니다. 그 말을 듣고 나서야 교씨는 자기도 유씨 집안의 일원이 되어, 연대감과 소속감을 경험할 수 있다는 희망을 갖게 되었습니다. 그래서 기뻐할 수 있었던 것입니다.

그러나 불행하게도 교씨가 공감적 반응을 경험하기 위해 불러들인 이십낭은 교씨의 결핍을 채워줄 건강한 자기대상이 아니었습니다. 자기감을 고양시킬 수 있는 자기대상은 교씨의 내면에 존재하는 특별함을 찾아주고, 교씨가 추구할 이상과 보편적 가치를 제공하며, 무엇보다 교씨가 유씨 집안의 일원이라는 연대와 소속감을 경험하게 만들어줄 수 있는 사람이어야 합니다. 그러나 이십낭이 사용하는 '전녀위남'의 방법이나 '부록符籙 및 기궤奇詭'는 유아기적 심리 단계에서 요구하는 소망이나 필요에 소원 성취의 환상을 제공하는 수준의 것일 뿐입니다. 교씨는 이십낭이 소원을 이루어줄 전능한 존재라고 생각했지만, 실제는 그렇지 않았습니다.

교씨가 이십낭을 전능한 존재로 여기는 것은 이십낭이 실제 지니고 있는 능력과는 무관합니다. 그것은 이십낭이 자기의 소원을 해결해줄 대상이라 믿고 싶은 교씨의 내면과 필요가 만들어낸 것이기 때문입니다. 교씨는 이십낭이 비논리적 언어와 삿된 물건을 제공해도 그것을 특별한 힘을 지닌 신비로운 것으로 받아들였습니다. 그러나 결과는 참담한 비극이었습니다. 이십낭을 자신의 구원자로 여기고 그에게 헛된 공감을 제공받는 것은 교씨가 원래 소속되고 연대하고자 했던 유씨 집안 사람들로부터 스스로를 점점 더 밀어내는 일이었기 때문입니다.

폐쇄적 자기서사의 왜곡된 투사와 자기파괴적 그림자 서사

어려서 부모를 잃고 언니를 의지해 살던 열여섯 소녀 교씨는 매파에게 쇠락한 가문을 위해 가난한 선비의 아내가 되기보다 재상의 첩이 되겠다고 말할 만큼 당찬 자기서사를 지니고 있었습니다. 그러나 막상 첩이 되자, 스스로를 '한갓 자식 낳는 방편'으로 여기며 불안해합니다. 이는 '첩'을 바라보는 사회적 시선이 교씨가 생각했던 것보다 더 차가웠기 때문입니다. 사람들은 정실의 아름다운 외모는 장강莊姜의 덕으로 받아들입니다.[7] 그러나 첩의 고운 외모는 근실함을 부정하는 징표로 읽습니다.[8] 또 첩이 연주하는 뛰어난 음률은 망국亡國의 노래에 견주고,[9] 빼어난 시도 실절한 앵앵과 창녀인 설도에 비견하는 것[10]이 세상의 시선이었습니다. 그저 평범한 열여섯 살의 여성 교씨에게 이것은 극복하기 어려운 장벽이었습니다.

결국 교씨의 자기감은 바닥으로 떨어지고, 스스로도 첩의 신분에 있는 자기를 수단적 존재로 여기게 됩니다. 더 나아가, 주위 사람들이 모두 자기를 해치려 한다는 박해 강박적 두려움도 가지게 되었습니다. 이러한 두려움이 자기서사를 침투하자 교씨는 이십낭 같은 요인을 요청합니다. 이십낭은 교씨가 원하는 것을 이루어줄 수 있다는 말로 그녀를 다독이고 안심시킵니다. 그리고 이십낭의 말대로 교씨는 아들을 낳습니다. 그러자 교씨는 이십낭이 자신을 구원해줄 수 있는 존재라고 여기게 됩니다.

이십낭에게 의존한 뒤로 교씨의 인간관계는 이십낭과 그녀를 추천한 납매의 무리들을 중심으로 좁아집니다. 좁이진 인간관계는 자기서사를 점점 폐쇄적으로 만듭니다. 원래 교씨가 아들을 낳으려 했던 목적은 유씨 집안 사람들에게 당당한 구성원으로 인정받고, 그들과 한 가족이 되어 안착하는 것이었습니다. 그러나 이십낭 무리와 교류하는 과정

---

7 “위나라 장강은 아름다운 눈에 고운 미소를 지녔었지요. 하지만 그 덕성은 고금에 드문 바였습니다.” (김만중, 1999)

8 “비록 소실을 구하더라도 의당 근실한 여자를 구했어야 마땅하지. 그런데 지금 저런 절색가인을 구해 왔구려. 비단 낭자에게 이롭지 못할 뿐만 아니라, 그 성행도 필시 착하지 않을 듯하네.” (김만중, 1999)

9 “양태진은 금강보라는 기롱을 면치 못하고 마침내 마외역에서 죽임을 당하여 후대 사람들의 조롱거리가 되었지요. 그러한 망국의 노래는 본디 취할 만한 것이 아니랍니다.” (김만중, 1999)

10 “낭자가 노래한 시를 살펴보건대, 앵앵은 실절한 여인이었고 설도는 창녀의 몸이었소. 그 시가 비록 공교롭다고 하나 그 행실은 매우 비천한 것이지요.” (김만중, 1999)

에서 교씨는 원래의 목적을 잊게 되고, 이십낭이 주는 위안에 갇혀 폐쇄적 자기서사를 갖게 된 것입니다.

일반적으로 사람은 위안을 받을 때 자기감이 고양되고, 자기서사가 공고해집니다. 그러나 교씨는 이십낭에게 위안을 받을수록 자기서사가 약화되고, 자기감은 더욱 떨어지며, 박해 강박만이 점점 더 강해집니다. 이미 아들 장주를 낳았기에 유씨 가문에서 내쳐질 염려가 없는데도 사씨가 임신을 했다는 말을 듣고는 그 아기가 아들이면 자신은 무색한 존재가 될 것이라고, 근거 없는 근심으로 괴로워합니다. 교씨는 이러한 불안을 이십낭을 추천했던 납매와 의논하고, 낙태 약을 사서 사씨에게 해를 끼치려 하지만 계획은 실패합니다.

사씨가 무사히 아들을 낳자 이번에는 사씨의 아들 때문에 자기 아들은 쓸모없는 존재가 될 것이며, 사씨가 한림에게 참소하면 자기 신세가 별 볼 일 없어질 것이라고 다시 근심을 만들어냅니다. 박해 강박과 불안이 이전보다 심해진 것입니다. 이에 교씨는 다시 이십낭을 불러들입니다. 그리고 "나의 앞날에 닥칠 화복禍福을 알 수 없어 근심인데, 그것을 해결할 수 있는 방법을 이십낭은 분명 잘 알고 있을 것"이라며 이십낭에게 자신의 운명을 맡깁니다. 이십낭이 교씨에게 알려준 것은 "간악한 음모와 사특한 계교"일 뿐이지만, 교씨는 그것이 자신을 구원해줄 특별한 능력이라고 생각하는 것입니다(김만중, 1999).

이십낭류의 인물을 자신의 구원자라 믿고, 그들이 행사하는 삿된 계교를 특별한 능력이라 여기는 것은 종교의 기원을 정신분석적으로 논할 때 사용하는 투사 개념과 유사합니다. 루드비히 포이에르바흐Ludwig Feuerbach는 인간이 '의식적 혹은 무의식적 필요에 의해 하나님을 그리워한다'고 했고, 프로이트는 종교가 "인간의 무기력과 연약함에 의해 생겨난, 오래되고 강력하며 가장 긴급한 인류의 소원 성취"를 의미하며, 종교의 핵심적 동기는 소원 성취적 환상이라고 했습니다(장정은, 2015). 문제는 이러한 성격의 종교에 몰두하는 경우 사람들은 실제와의 관계를 무시하게 된다는 점입니다.

정신분석학에서는 프로이트가 종교를 "실제에 대한 객관적 인식을 포기하고, 보호와 안전의 욕구를 성취하기 위한 인간 내적 필요의 투사물"로 보고 있다고 설명합니다. 종교가 인간을 보호하는 역할도 하지만 종교로 인해 인간은 자기의 필요를 지속시키고 성취시키고자 현실을 왜곡할 수도 있다는 것입니다. 프로이트와 마찬가지로 종교를 투사로 보는 관점 중에는 종교의 긍정적 역할을 논하는 학자도 있습니다. 대표적으로 코헛은 종교가 긍정적 자기대상이 될 수 있다고 주장했습니다(장정은, 2015). 이 또한 투사 개념을 부정하지 않습니다. 코헛의 자기대상은 긍정적 투사체이기 때문입니다.

교씨가 이십낭을 구원사로 바라보는 것은 프로이드가 지적한 부정적이고 현실 왜곡적 투사의 결과로 이해할 수 있습니다. 왜곡적 투사의 대상은 신에 가까운 능력을 지닌, 이상화된 자기대상처럼 요청하는 인물의 소원을 성취해줍니다. 정확히 말하면 소원을 성취할 수 있다는 헛된 환상을 제공하는 것입니다.

왜곡된 투사체인 이십낭은 교씨의 소원을 이뤄주고, 그녀를 구원해줄 수 있다는 헛된 환상을 제공합니다. 그런데 이십낭이 교씨를 '구원'하기 위해 사용한 계책이란 "남자를 고혹하는 방술"과 "남을 저주하여 제거하는 방법"이었습니다(김만중, 1999). 고혹과 저주의 대상은 유한림과 사씨입니다. 이 방법은 교씨에게서 유씨 가족들을 끊어내고 밀어내는 결과를 가져오는 것으로, 교씨의 결핍된 자기서사를 보충하고 강화하고 통합하는 대신 축소하고 약화시키고 분열시킵니다.

교씨는 이십낭이 알려준 고혹의 기술로 한림의 마음을 흐리게 한 후, 다시 이십낭에게 사씨 모자母子를 저주하여 제거해달라고 합니다. 객관적으로 보면 한림과 사씨는 교씨가 자기의 지지자로 삼아야 할 사람들입니다. 교씨의 자기서사가 유한림의 가족서사 내지 가문서사의 일부가 되려면 그들과 연대하고 서사적 통합을 이루어야 하기 때문입니다. 그런데 교씨는 한림과 사씨가 자기의 존재 기반임을 잊고, 스스로 자기 뿌리를 잘라달라고 이십낭에게 천금을 주며 부탁하고 있습니다.

만약 이십낭이 교씨의 긍정적 자기대상이라면, 교씨의 자기서사가 유씨 가문 사람들의 서사와 일치하고 통합될 수 있는 방법을 제안했을 것입니다. 그러나 이십낭은 오히려 교씨가 유씨 집안 사람들과 멀어지도록 이끕니다. 이십낭류의 인물은 타인의 자기서사가 분열되고 폐쇄적이 되도록 조장하고, 그것을 이용해 자기의 이익을 도모하는 인물이기 때문입니다. 이십낭과 같은 유형의 인물은 스스로 비뚤어진 자기서사를 지녔을 뿐 아니라 다른 사람의 자기서사를 악인서사로 유도합니다. 즉 요인서사를 지닌 인물인 것입니다.

이십낭은 "교씨로부터 많은 금은을 받은 터여서, 간악한 음모와 사특한 계교를 만들어내지 않은 것이 없었고", 다시 저주하는 방법을 제안하여 교씨에게 "후한 상"을 받습니다(김만중, 1999). 이십낭은 교씨의 자기서사가 자신과 같은 요인서사를 지닌 사람들 안에 머물도록 만듦으로써 지속적으로 '천금'의 이익을 얻을 수 있게 하는 것입니다.

요인서사를 지닌 이십낭류의 인물은 위협적 가정假定과 확신적 위안을 교차·대립하는 수사修辭를 사용하여 교씨형 인물의 불안을 가중시킵니다. 그리하여 교씨형 인물이 자신에게 더욱 의지하게 만들어 궁극적으로는 자기의 이익을 도모하는 것입니다. 이십낭은 앞서 교씨의 배 속에 있는 아기가 딸이라 단언하여 교씨를 꾀고, 동시에 자신은 한 번도 실패한 적 없는 '전녀위남'의 방법을 알고 있다고 위안을 주며 아들을 낳고 싶다면 자신이 말하는 방술을 사용하라고 합니다. 이 말은 자기의 방술을 사용하지 않으면 딸을 낳게 된다는 뜻입니다. 이러한 위협적 가정은 교씨의 근거 없는 두려움을 확대하여 이십낭의 제안을 따르게 만듭니다.[11]

또 사씨의 득남으로 더욱 불안해진 교씨가 사씨 모자를 저주해 없애주기를 청할 때에도, 저주를 하여 사씨 모자가 병들면 교씨가 혐의를 쓰고 화를 당하게 될 것이라고 위협하다가 곧장 더 나은 계책이 있다며 안심시킵니다. 이 좋은 계책이란 교씨의 아들이 병들었을 때를 이용해, 사씨가 교씨 모자를 해치려고 저주한 것으로 참소하라는 것입니다. 이십낭은 이것이 '뜻을 이루지 못하면 어쩌나'라는 교씨의 근심을 없애줄 가장 확실한 묘책이라고 단언합니다(김만중, 1999). 이십낭이 구사하는 화술은 자극적 위협으로 교씨의 내면을 더욱 약화시킨 후, 극단적 확신과 환상적 성취를 제공하여 위안을 느끼게 하는 방식으로 구사됩니다. 이로써 교씨가 더욱 이십낭에게 의지하도록 만드는 것입니다.

이에 교씨는 자기의 생각과 판단이나 다른 사람의 합리적 제안보다는 이십낭의 의견을 따르게 됩니다. 때문에 아들 장주가 병이 나자, 의원을 부르자는 한림의 말은 따르지 않고 이십낭이 일러준대로 아들의 병을 이용해 사씨를 참소하기에 몰두합니다. 그리하여 납매와 동청에

---

11 위협적 가정이 대상에게 두려움을 느끼게 하여 특정한 목적을 이루도록 한다는 것은 언어의 주술성이 강조된 고대가요의 수사적 특징이기도 하다. 이러한 수사의 특징은 「구지가」의 "若不現也, 燔灼而喫也."라는 구절에서 잘 나타난다.

게 사씨의 필적을 구해 저주하는 글을 조작하게 하는 것입니다. 이제 교씨는 가문을 일으키기 위해 재상의 첩이 되기를 원했던 당당한 자기서사의 주인공이 아닙니다. 교씨는 자기서사를 주재하지 못하고 이십낭 같은 요인이 지시하는 대로 움직이는 인물이 되었습니다. 요인서사에 장악당한 교씨는 실체 없는 위안을 얻기 위해 아들의 고통과 목숨도 아랑곳하지 않습니다. 자신이 사씨 모자를 저주하려던 이유가 아들을 지키려 했던 것이었음을 망각한 것입니다.

요인서사는 잠재적 자기서사이거나 자기서사의 일부라고 볼 수 있습니다. 이십낭의 요인서사는 교씨의 자기서사가 소환한 서사이기 때문입니다. 이십낭을 선택하고 불러들인 것은 교씨 자신입니다. "남쪽 지방 출신이며 기이한 재주가 많고 맞추지 못하는 것이 없다"는 납매의 말을 들었을 때 교씨는 이미 이십낭이 어떠한 내력과 자기서사를 지닌 인물인지 감지할 수 있었습니다. 이 말에 "기뻐하며 즉시 이십낭을 불렀다"라고 했습니다(김만중, 1999). 이는 이십낭을 통해 일어날 일들의 공모자가 되기를 자원한 것입니다.

공모의 결과는 자기파멸임을 이미 살펴보았습니다. 동기상응同氣相應이라는 말처럼, 인물은 자신이 필요로 하는 대상을 선택하고 소환하여 관계를 맺습니다. 그 과정에서 대상의 자기서사는 인물의 자기서사에 영향을 미치고, 인물은 대상의 자기서사를 자기서사의 일부로 수용하게 됩니다.[12] 자기서사의 수용은 공명을 통해 이루어지는데(정운채, 2015), 공명을 경험한 사람은 대부분 처음보다 확대되고 강화되고 통합

12 프로이트도 「애도와 우울증(Mourning and Melancholia)」에서 외부 환경의 그림자가 내면에 드리워진다고 하여, 외부 환경과 타인의 인지가 인물의 성격과 내면으로 들어옴을 이야기했다(지그문트 프로이트, 2014).

된 자기서사를 지니게 됩니다. 그러나 경우에 따라 요청한 대상의 자기서사가 원래의 자기서사를 약화시키고 분열시키며 파괴하기도 합니다. 이는 요인서사를 지닌 인물이 대상으로 기능할 때입니다. 요인서사를 지닌 대상과 관계를 맺는 경우, 인물의 자기서사는 파괴되고 소멸되는 것입니다.

요인은 인간 내면의 자기파괴적 그림자이고, 요인서사는 자기서사를 소멸시키는 그림자 서사입니다. 카를 융Carl G. Jung은 "누구나 내면의 그림자를 지니고 있고, 그것이 사람의 의식 안에서 통합되지 못할 때 그림자는 더 짙어지고 어두워지며, 마침내 그것은 무의식적 장애물이 되어 사람이 추구하는 좋은 의도를 좌절시킨다"고 말한 바 있습니다(카를 융·캘빈 홀·욜란데 야코비, 2014). 마찬가지로 우리의 자기서사에도 그림자 서사가 존재합니다. 그림자 서사는 충분한 공감적 반응을 경험하지 못하고, 적절한 좌절을 극복할 만한 건강성을 지니지 못한 자기서사에서 활성화됩니다.

그림자 서사가 등장하는 시점은 자기감이 결핍되어 '자기'의 무의식적 그림자가 인물 내면에서 작동하는 순간입니다. 그림자 서사는 자기서사가 부정적으로 변화하도록 매개하는 서사입니다. 그것은 선인서사로 이동하려는 자기서사의 좋은 의도를 좌절시키고, 자기서사를 악인서사의 방향으로 유도합니다. 그림자 서사는 인물이 맺어가는 관계의 양상을 비이성적이고 비합리적으로 유도하여, 인물이 맺는 관계의 성격을 폐쇄적으로 바꾸고 인물의 자기서사를 축소시킵니다. 그 결과 인물의 자기서사는 그림자 서사와 함께 소멸합니다. 그림자 서사인 요인서사는 매개서사라는 점에서 자기서사 스펙트럼의 끝에 있는 악인서사와 구분됩니다.

그림자 서사가 작동하면 대상과 상황에 대한 왜곡은 더욱 심해집니다. 그림자 서사는 인물의 내면에 있는 자기서사의 어두운 측면으로, 인물이 대상을 바라보는 투사의 성격에 영향을 미칩니다. 투사는 인간 내면의 소원과 필요에 의해 만들어진 환상인데,[13] 자신이 대면하는 대상이 요인이어도 인간은 내적 필요에 의해 그를 신이한 능력을 지닌 조력자라는 환상으로 바라볼 수 있습니다. 교씨가 이십낭에게 가졌던 환상이 대표적 사례입니다. 실제로 인물을 구원할 능력이 없는 대상인 이십낭을 자신의 구원자로 생각하고, 그녀가 자신의 소원을 성취해줄 수 있다고 여기는 것입니다.

반대로 대상이 진정한 조력자여도 내적 욕망으로 인해 그를 장애물이나 파괴자로 여길 수도 있습니다. 긍정적 인물이 자기의 존재 의미를 빼앗아갈 것이라는 환상을 지니는 것입니다. 앞서 보았듯 교씨가 유한림의 첩으로 들어와 아들을 낳으려 했던 것은 유한림과 사씨를 비롯한 가문 사람들의 인정을 받기 위해서였습니다. 그들의 인정이 있어야 교씨가 원했던 안정된 지위와 소속감을 경험할 수 있기 때문입니다. 그들에게는 교씨의 불안한 자기서사를 강화시켜줄 힘도 있었습니다.

그런데 유한림과 사씨를 자신의 파괴자와 적대자로 바라봄으로써 교씨의 박해 강박은 악화됩니다. 악화된 박해 강박은 그림자 서사를 더욱 어둡게 하고, 그로 인해 대상에 대한 투사의 왜곡은 심해집니다. 이렇게 투사의 왜곡은 그림자 서사가 지속적으로 작동하는 동기를 제공하여, 결과적으로 왜곡의 악순환이 발생하게 만듭니다. 그림자 서사가

---

13 장정은(2015)이 존 호트(John F. Haught)가 종교를 투사의 결과로 보는 주장을 인용하는 부분에서 투사의 개념을 유추한 것이다.

만들어내는 왜곡의 악순환은 자기서사가 소멸되어서야 멈추게 됩니다.

긍정적 자기대상을 적대자로 바라보는 투사의 왜곡은 궁극적으로 자기서사를 파괴하고 소멸시킵니다. 긍정적 자기대상에 대한 왜곡은 연쇄적으로 순환하며 인물의 자기서사를 스펙트럼의 극단에 있는 악인서사에 가까워지게 하는데, 이러한 순환이 멈추려면 대상이 죽거나 인물이 죽어야 하기 때문입니다. 교씨는 사씨가 자신을 참소해 죽이려 한다고 생각하여 아들을 낳으려 했습니다. 그러나 사씨를 향한 왜곡된 투사는 아들을 낳은 후에도 사라지지 않고, 다시 사씨의 아들이 자기 아들의 안정을 해칠 것이라는 잘못된 환상으로 이어집니다. 왜곡이 계속되면서 교씨가 긍정적 대상과 맺는 관계는 축소되고 요인들과의 관계는 확대됩니다. 처음에는 이십낭에게만 의지했지만 차츰 동청 무리와도 손을 잡는 것입니다.

요인들과의 교류가 깊어질수록 교씨의 자기서사는 그림자 서사인 요인서사에 더욱 지배당하고, 점점 악인서사에 가까워집니다. 그리하여 처음에는 이십낭이 제안하는 삿된 일들에만 동참하다가, 종국에는 동청이 제안하는 잔인한 일들에도 참여하게 되는 것입니다. 예를 들어 이십낭은 장주의 병을 이용하여 사씨를 모함하자는 정도였다면, 동청은 교씨에게 아들 장주를 죽여서 사씨를 축출하라고 지시합니다. 처음에 교씨는 이에 반대했지만, 동청이 납매를 통해 장주를 죽게 하자 바로 동청이 지시했던 대로 아들의 죽음을 이용해 사씨를 참소합니다.[14]

사씨를 내친 후에는 동청의 제안에 따라 유한림까지 몰락시키고자

---

14 "교씨도 역시 놀랐다. 고함을 지르며 뛰쳐나가 살펴보니 이미 목숨을 구할 수가 없었다. 교씨는 큰 소리로 울부짖었으나 속으로는 동청이 한 일임을 알고 있었다. 하지만 그 계책을 완수하게 하려고 급히 한림에게 고했다." (김만중, 1999)

합니다. 이제 가난한 선비의 아내가 되기보다 재상의 첩이 되고자 했던 교씨는 완전히 사라지고, 스스럼없이 동청 같은 인물의 짝이 되기를 바라는 교씨만 남은 것입니다. 교씨는 자기의 지지 기반인 유한림과 자기를 도와줄 수 있었던 사씨뿐 아니라 자기가 원래 바랐던 아들과 원래 되고자 했던 자기서사도 잃어버렸습니다. 왜곡된 투사의 결과, 교씨의 자기서사는 회복될 수 없는 극단의 상황에 이르게 된 것입니다.

조력자 서사와 요인서사의 사이에서

요인은 인간 내면에 존재하는 자기서사의 어두운 그림자가 인격화된 것입니다. 인간의 자기서사에 희미하게 존재하던 그림자 서사가 특정한 계기로 인해 자극될 때, 우리 내면에 요인이 등장합니다. 「사씨남정기」는 악인형 인물을 본격적으로 등장시켰다는 점뿐 아니라, 인간 내면의 그림자 서사를 소설적 상상력을 통해 캐릭터화하고 있다는 점에서 의미를 지닙니다. 작품이 그려내는 요인형 인물은 자기서사의 그림자인 요인서사가 작동하는 마음 상태에 대한 성찰이기 때문입니다.

대부분의 인간은 연약하고 유동적인 자기서사를 지녔습니다. 자기서사는 어린 시절에 완성되어 고정되는 것이 아니라, 평생에 걸쳐 인물이 관계 맺는 사람과 경험하는 환경에 의해 수시로 변화합니다. 코헛의 용어를 빌리면, 인간 내면의 '자기'는 경험하는 모든 것에 의해 자기감과 자기애가 고양되기도 하고 결핍되기도 하는 것입니다. 이때 주어지는 경험이 긍정적 대상이라면 자기감은 고양되고 자기서사는 강화됩니다. 그리고 이것이 궁극의 단계에 이르면 선인의 자기서사에 가까워집니다.

반대로 경험하는 관계가 부정적이라면 자기감은 결핍되고 자기서사는 분열됩니다. 이것이 궁극의 단계에 이르면 악인의 자기서사에 가깝게 됩니다. 선인과 악인의 자기서사는 실재하는 것이라기보다 인간이 상정한 관념입니다. 문학은 이러한 관념적 자기서사를 절대적 선인과 절대적 악인으로 인격화하기도 합니다. 그러나 현실적인 인간의 자기서사 스펙트럼은 그 사이에 존재합니다. 그 사이에서 고난을 만나 방향을 잃었을 때, 자기서사 중의 어두운 부분인 요인서사가 강화되며 자기서사를 악인서사로 유도하는 것입니다.

자기서사에는 그림자 서사인 요인서사만 존재하는 것은 아닙니다. 요인서사와 같이 특정한 사건으로 자극받아 활성화되는 서사에는 조력자 서사도 존재합니다. 조력자 서사도 요인서사와 마찬가지로 매개적 성격을 지닌 서사입니다. 차이는 요인서사가 자기서사를 악인서사로 매개하는 것과 달리 조력자 서사는 선인서사의 방향으로 자기서사를 유도한다는 점입니다. 문학 작품에서는 조력자 서사도 인격화하여 조력자형 인물로 형상화합니다.

조력자는 선인이 고난을 당할 때 등장하여 인물을 구원합니다. 가문에서 축출당한 사씨가 무뢰한에게 겁박당할 위기에 처했을 때, 시부모인 유소사와 최씨 부인의 혼령이 현몽하여 위기를 피할 방법을 알려주고, 사씨가 극한 상황에서 죽음을 선택하려 했을 때는 아황과 여영이 나타나 생명을 구해줍니다. 이처럼 조력자는 인물의 자기서사가 흔들리고 약해질 때 그것을 지지해주는 역할을 합니다. 요인서사가 인물의 자기서사를 분열로 가게 하는 것과 대조적입니다. 조력자가 알려주는 방법과 약물은 인물과 주변 사람들을 살리는 것입니다. 이것은 요인이 인물과 주변 사람들의 생명을 해치게 하는 방책과 요약을 제공하는 것과 전연 다릅니다.

자기서사에는 조력자 서사가 존재하는데도 많은 경우 사람들은 조력자 서사를 자극하기보다는 요인서사를 자극하게 됩니다. 요인서사에 쉽게 유혹당하는 것입니다. 인지이론에서는 인물이 주변의 자극들을 선택적으로 받아들이고 해석하며 자기 경험으로 체계화하는 인지적 틀을 '인지도식'이라 하고, 이러한 인지도식은 인물의 마음 깊은 곳에 있는 핵심 신념과 관련이 있다고 말합니다(김정욱·한수정, 2000). 인지이론이 상정하는 핵심 신념은, 앞서 말한 투사의 왜곡 정도를 결정하는 내면의 필요와 욕망에 해당합니다. 인물이 지닌 핵심 신념의 성격에 따라 외부 대상을 바라보는 투사의 성격이 달라지기 때문입니다.

상식적 핵심 신념을 지닌 인물은 외부 대상을 왜곡해서 투사하지 않습니다. 상황에 대한 객관적 통찰이 가능한 것입니다. 상식적 핵심 신념을 지닌 인물은 고난이 발생했을 때 그것을 극복할 수 있는 합리적 조력자 서사를 활성화하여 문제를 해결하려 노력합니다. 반대로 부정적 혹은 역기능적 핵심 신념을 지닌 인물은 외부의 자극을 왜곡해서 투사합니다. 이때 활성화되는 것이 요인서사입니다. 요인서사가 활성화되면 외부의 자극은 과장되게 해석되고 박해 강박은 강화됩니다. 때문에 상황에 대한 통찰은 불가능해지고, 결과적으로 불합리하고 자기 파괴적인 해결 방안을 모색하게 되는 것입니다.

인물의 자기서사에서 요인서사를 자극하는 역기능적 핵심 신념은 개인이 관계 맺는 사회적 환경의 내면풍경과 무관하지 않습니다. 사회 공동체의 내면에 존재하는 자기서사를 우리-자기서사라고 할 수 있는데(김수연, 2016b), 정당한 절차와 노력이 아니라 부당한 편법과 뇌물로 사회적 지위를 얻을 수 있다는 우리-자기서사가 작동하는 사회, 실제로는 능력도 없고 자질도 없지만 허황된 거짓말로 허세를 부려서 능력과 자질이 있는 것처럼 속인 사람이 오히려 인정받고 재물도 얻을 수 있다는 우리-자기서사가 기능하는 사회, 내면보다는 외모가 성공의 중요한 가치로 기능한다는 우리-자기서사가 팽배한 사회, 진실된 행동보다 유려한 말솜씨가 위기를 극복하고 더 큰 기회를 얻을 수 있게 한다는 우리-자기서사가 힘을 발휘하는 사회, 자신의 행복을 얻기 위해서는 다른 사람의 행복과 심지어 목숨까지 짓밟아도 된다는 우리-자기서사가 수용되는 사회, 그리고 "아랫목 신에게 잘 보이는 것보다는 차라리 부뚜막 신에게 잘 보이라는 말"(『논어』 「팔일」)[15]이 진리처럼 통용되는 우리-자기서사를 지닌 사회는 구성원들의 역기능적 핵심 신념을 자극하고 고착화시켜 자기서사의 그림자가 깨어나 활약하게 합니다.

「사씨남정기」는 악인형 인물이 본격화된 소설로 평가받습니다. 그러나 엄밀히 말하면 요인형 인물이 본격적으로 구체화된 작품입니다. 요인형 인물의 구체적 제시는 17세기 말 조선 사회의 풍경을 반영합니다. 「사씨남정기」가 창작될 즈음의 조선은 '인심이 예전 같지 않아 간사하게 속이는 일이 갖가지로 나오는 사회'였습니다.[16] 인심이 점점 간사하게 변한다는 것은 원래는 삿되지 않던 개인들의 자기서사가 점차 요인서사에 잠식되고 있음을 이야기합니다. 때문에 개인의 요인서사를

---

15 조(竈, 부뚜막신)는 왕의 총애를 빙자하여 호가호위(狐假虎威)하는 실세를 말하며, 오(奧, 아랫목신)는 실세들을 부리는 어리석은 왕을 말한다. 이에 공자는 "하늘에 죄를 지으면 용서를 빌 곳이 없다[獲罪於天, 無所禱也]"라고 대답했다.

16 "주강(晝講)에 나아갔다. 참찬관 이만원이 말하기를, '형관(刑官)은 나라의 중임이며 백성의 고락이 여기에 걸려 있습니다. 인심이 예전과 같지 않아서 간사하게 속이는 일이 갖가지로 나오므로 큰 송사나 큰 옥사는 갑자기 결정할 수 없는데, 형조 판서 정유악은 일찍이 형조 판서를 맡았을 때 모든 큰 송사를 반드시 하루 이틀 안에 결정했으니, 경솔하게 결정한 것이 심합니다. 이제 와서 다시 제수한 것은 크게 민정에 맞지 않으므로 송자(訟者)가 기꺼이 좇으려 하지 않으니, 계칙(戒飭)이 있어야 하겠습니다.'" (『숙종실록』, 1691. 6. 4)

그저 개별 구성원의 성품 탓으로 돌릴 수 없는 것입니다. 그것은 사람들을 둘러싼 사회적 환경이 변했음을 보여주며, 당시 조선이 백성들의 요인서사를 자극하는 우리-자기서사를 지닌 사회였음을 말해줍니다.

이러한 점을 고려할 때 「사씨남정기」의 요인형 인물에 주목하는 것은 개인의 요인서사를 활성화시키는 사회에 대한 통찰을 제안하는 일이 될 것입니다. 상식적 서사가 작동하는 사회에서는 사람들이 작품에서 묘사하는 요인서사를 보며 요인서사가 일어나는 상황에 대해 객관적 통찰을 시도하기 때문입니다. 따라서 「사씨남정기」의 요인서사는 현재 우리가 상식적 서사가 기능하는 사회에 살고 있는지에 대한 성찰적 물음을 제안한다는 점에서 새롭게 이해될 수 있을 것입니다.

2. 〈비밀의 문〉, '사도세자 이야기'를 반복 재연하는 한국인의 그룹자기

'임오화변'의 슬픈 그림자

1762년 7월, 조선 제21대 왕인 영조가 아들인 사도세자를 폐서인하고 뒤주에 가두어 죽게 한 사건이 발생합니다.[17] 역사서에서는 이것을 '임오년에 일어난 변란 혹은 옥사'라 하여 '임오화변壬午禍變' 또는 '임오옥壬午獄'이라 부릅니다. 이 사건은 조선 왕조 500년 역사에서 가장 끔찍한 사건으로 꼽힙니다. 왕이 세자를 죽게 한 국가적·정치적 비극일 뿐

17 세자의 이름은 이선(李愃)이다. 사도(思悼)는 이선이 죽은 후 영조가 '슬프게 생각한다' 혹은 '그리워하고 애도한다'는 의미로 내린 시호(諡號)이다.

아니라 아버지가 아들을 죽인 인륜적 참극이기 때문입니다.

군신 관계는 전통사회를 이끌어가는 질서의 기본이고, 부자 관계는 인륜의 바탕입니다. 양자는 오늘날 한국 사회에서도 중요한 의미를 지닙니다. 우리는 여전히 부자와 군신(조직의 상하)이 서로의 벼리가 되어주고, 지지자가 되어야 한다고 믿기 때문입니다. 무엇보다 조선 왕조에서 가장 훌륭한 리더십을 발휘한 군주라고 평가받는 영조가 군신 관계는 물론 부자 관계를 파기하는 사건에 직접 개입했다는 것은 시간이 지나도 풀리지 않는 의문으로 남아 있습니다.

임오화변을 둘러싼 의문은 오늘날까지 끊임없는 논쟁을 야기해왔습니다. 정병설과 이덕일의 논쟁이 대표적입니다. 정병설(2012)은 사도세자의 아내 혜경궁이 쓴 『한중록』을 근거로, '임오화변'을 사도세자 개인의 정신적 문제에서 비롯된 것으로 이해했습니다. 사도세자의 강박증 등이 사건의 발단이 되었다는 것입니다. 반면 이덕일(2011)은 『영조실록』 등의 역사 기록을 중심으로, 이 사건을 조정의 주류 계파인 노론이 주도한 정국 분쟁의 결과로 해석합니다. 이덕일은 혜경궁의 친성 식구들도 노론 계열이기 때문에 『한중록』의 기록을 무조건 신뢰할 수 없다는 입장입니다.

이 밖에 영조의 콤플렉스가 아들에 대한 억압으로 이어지고, 결과적으로 임오화변을 낳았다는 주장도 있습니다. 영조는 숙종의 후궁인 숙빈 최씨의 아들입니다. 그런데 최씨는 천민에 가까운 궁중 무수리 출신이었습니다. 거기에 영조가 숙종의 아들이 아닐지 모른다는 소문까지 있었습니다. 어머니의 신분과 혈통에 대한 혐의로 인해 영조는 콤플렉스와 열등의식을 지니게 되었고, 그것이 아들에 대한 파괴적 시기심으로 이어져서 임오화변이 발생했다는 것입니다(서정미, 2016).

임오화변은 학계뿐 아니라 일반 대중 사이에서도 뜨거운 쟁점입니다. 이것을 증명하듯, 드라마와 영화, 서적 등 다양한 미디어를 통해 임오화변의 서사적 재연이 수십 년 동안 반복해서 이루어지고 있습니다. 역사 드라마만 보아도 1988년 MBC에서 방영한 〈조선왕조 오백년 한중록〉, 같은 해 KBS에서 방영한 〈하늘아, 하늘아〉, 1998년 KBS에서 방영한 〈대왕의 길〉, 2007년 MBC에서 방영한 〈이산〉, 2014년 SBS에서 방영한 〈비밀의 문: 의궤살인사건〉을 꼽을 수 있습니다. 같은 소재를 반복해서 다루면 식상하다는 평가가 나오기 마련이지만, 임오화변을 다룬 작품들은 제작될 때마다 많은 사람들의 호응을 받았습니다. 특히 2014년에는 드라마와 동시에 영화 〈사도〉도 제작되었고, 6백만 명이 넘는 관객을 동원하며 흥행했습니다. 이것은 오늘날의 대중이 여전히 임오화변을 해결되지 못한 한국 사회의 문제로 인식하고 있음을 시사합니다.

18세기에 일어난 임오화변에는 21세기를 사는 한국인과 한국 사회의 모습이 겹쳐져 있습니다. 영조는 아들 사도세자에게 국가의 안정을 위해 뒤주에 들어가라고 명령했고, 아들은 그 말에 순응해 뒤주에 들어갔습니다. 그리고 죽었습니다. 아버지이자 임금인 영조는 기성세대이자 동시에 지배 계층이라는 이중적 이미지를 지닙니다. 이것을 '힘 있는 아버지'라고 부를 수 있을 것입니다. 20세기 이후 지금까지 한국의 젊은 세대와 노동자 계층은 경제 성장이라는 신조 아래 '힘 있는 아버지'에게 '가만히 있으라'는 말을 수없이 들어왔습니다. 심지어 '힘 있는 아버지'가 힘없는 자식을 때리고 가두고 죽이는 것도 목도했습니다. 사회 전체가 하나의 커다란 뒤주인 것입니다.

임오화변은 해결하지 못한 채로 뒤주에 갇혀버린 사건입니다. 한국인은 계속해서 뒤주의 뚜껑을 열고 그 안에 갇힌 이야기를 끌어내어 이어가려고 합니다. 비극적으로 정지된 이야기는 한국인에게 계속해서 우울과 단절의 트라우마를 제공하기 때문입니다. 현대의 한국인이 계속해서 임오화변을 서사적으로 소환하고, 뒤주 속 이야기에 생명을 불어넣으려고 하는 현상은 뒤주가 되어버린 사회에서 벗어나고자 하는 내적 욕망의 표현으로 읽을 수 있는 것입니다.

이 절에서는 임오화변을 소환하는 현대인의 내면풍경에 초점을 맞추려 합니다. 그동안의 관련 연구는 영조와 사도세자, 그리고 사도세자의 아들인 정조를 중심으로 임오화변을 해석했습니다. 그것이 심리적이든 정치적이든 모두 지나간 사건으로 바라본 것입니다. 그러나 임오화변이 정말 그저 지나간 사건일까요? 그렇다면 왜 임오화변을 소재로 하는 드라마와 영화는 매번 새롭게 만들어지는 걸까요? 새로운 드라마나 영화가 만들어질 때마다 뒤주 이야기는 어떠한 사건으로 새롭게 탄생하나요? 그리고 그것은 무엇 때문인가요? 이 글은 이러한 질문을 다룰 것입니다.

뒤주 이야기의 핵심에는 사도세자가 있기에, 뒤주 사건을 통해 재연되는 서사를 '사도세자 이야기'라고 부를 수 있습니다. '사도세자 이야기'의 반복적 재연은 과거의 사실을 전달하기 위함이 아니라 현재적 의미를 수행하기 위함입니다. 즉 이 글의 목적은 현대 한국 사회가 지닌 깊은 우울의 원인이, 한국이라는 공동체가 건강하게 성장하는 데 필요한 '자기대상'적 존재의 결핍임을 폭로하고, 정지된 '부자서사'의 연속과 단절된 '부자 관계'의 재건을 시도하려는 데 있음을 드러내는 것입니다. 이러한 논의를 위해 정신분석학적 성찰 방법과 문학치료학의 서사이론을 참고하여 글을 전개해나가고자 합니다.

'자기'와 '자기서사'

정신분석학의 초석을 다진 프로이트는 '자기self, das Selbst'를 독자적 개념으로 강조하지 않았습니다. 그러나 그가 제안한 개념 중 '자기'를 함축하는 것들이 없지 않습니다. 프로이트의 정신분석학은 3단계로 구분되는데(앨런 시걸, 2002), 제1단계(1890~1920년대)의 무의식unconscious(의식이 접근할 수 없는 내용을 담고 있는 가장 깊은 층), 제2단계(1920~1937년)의 원본능id, 제3단계(1937년 이후)의 자아ego가 그것입니다.[18] 무의식, 원본능, 자아는 모두 볼 수 없는 내면을 개념화한 것으로, 인간 내면의 총체 혹은 체계로 이해할 수 있다는 점에서 '자기'와 연결되기 때문입니다.

이 중 자아는 마음을 구성하는 3중 구조, 원본능-자아-초자아의 하나로, 방어를 통해 현실을 대변하는 기능을 합니다(Freud, 1923). 자아가 방어 체계를 지녔다면 그 체계는 형성과 발달의 과정을 거치게 됩니다. 이것은 외부 대상과의 관계 속에서 단계적으로 발달하는 '자기'와 유사하게 이해할 수 있습니다.

정신분석학에서 '자기'를 '자아'와 구분하기 시작한 것은 자아심리학자의 아버지로 알려진 하인즈 하트만Heinz Hartmann부터입니다. 그는 「정신분석학과 발달심리학Psychoanalysis and developmental psychology」(1950)이라는 글에서 '자기'가 자아와 초자아와 원초아로 이루어진 정신적 구조물

---

18 프로이트는 또한 1918년 이전 초기 저술에서 '자기'를 '인격(person)'과 결부시켜, 인격의 부분이기도 하고 전체이기도 한 개념으로 사용했으나, 1918년 이후 심리 구조를 공간 구도로 설명하기 시작하면서 '자기'를 '자아(ego)'의 구조 이론 안에 함축된 개념 중 하나로 파악하기도 한다(윤순임, 2001).

이라고 보았습니다. 그는 프로이트의 욕동이론을 포기하지 않으면서도, 인간 심리와 외부 환경의 상호 관계로 시각을 넓히는 과정에서 '자기'의 개념을 발견한 것입니다. 즉 인간의 심리가 외부 환경에 적합하도록 설계되어 있으며, 갈등과 무관하게 작동하는 잠재적 자아 능력(언어지각, 대상이해, 사고능력을 포함하는 심리적 생존 능력)이 존재하여, 그것이 주변 세계에 적응하도록 도와준다는 것입니다(스테판 미첼·마거릿 블랙, 2002).

'자기'를 하나의 심리적 시스템으로 구체화한 것은 대인관계 정신분석학을 태동시킨 해리 스택 설리반Harry Stack Sullivan입니다. 설리반은 인간의 성격을 오랫동안 반복되는 대인관계 상황의 유형이라고 보았고, 그것이 인간의 삶을 결정한다고 했습니다(Sullivan, 1940). 특히 설리반은 아이가 불안할 때 경험하는 양육자와의 관계를 '나쁜 어머니(불안한)', 불안하지 않을 때 경험하는 양육자와의 관계를 '좋은 어머니(불안하지 않은)'로 나누고, 양육자와의 관계에 따라 불안이 형성하는 체계를 '자기 체계'라고 보았습니다.

자기 체계는 불안을 다루는 정신작용이므로, 가능한 한 안전을 유지하기 위해 익숙한 유형의 경험들을 선택적으로 조정합니다. 따라서 '안전에의 욕구needs for security'는 자기 체계를 보수적으로 만듭니다. 그러나 각 시기마다 새롭게 부상되는 욕구들로 인해 자기 체계가 느슨해지기도 하는데, 이때 경험하는 관계에 따라 새롭고 건강한 대인관계적 통합이 가능합니다. 설리반이 주장하는 '자기' 개념의 핵심은 이 자기 체계가 불안을 극복하기 위해 만들어진 환상의 구조물이라는 데 있습니다. 불안에 직면할 때 자기 체계는 인간으로 하여금 안전작용들security operations에 숨고, 익숙한 과거의 행동 유형으로 돌아가게 만든다는 것입니다. 이처럼 자기 체계는 외부 대상과의 관계에 따라 사람의 행동 유형을 결정합니다. 사람들은 자기를 내면에 있는 대상으로 지각하지만, 사실 인간은 타인과의 관계적 맥락에서 그때그때의 기억과 기대를 통해 자기를 부분적으로 구성해나갈 뿐이라고 설리반은 말합니다. 즉 인간이 자기를 단일한 존재로 경험하고 있지만, 사실은 상호작용하는 타인들에 의해 형성된 다양한 '자기 조직'들로 구성되어 있다는 것입니다. 그리고 그러한 자기 체계가 인간을 인간답게 만드는 핵심이라고 주장합니다(스테판 미첼·마거릿 블랙, 2002).

자기 개념을 정신분석학의 중요한 개념으로 자리매김한 것은 프로이트의 정신분석학을 자기애 발달이라는 측면에서 새롭게 해석한 하인즈 코헛입니다. 자기애 개념은 프로이트도 제시한 바 있습니다. 프로이트의 자기애는 모든 리비도libido(사람이 내재적으로 갖고 있는 성욕 또는 성적 충동)적 에너지가 유아 자신에게로 향하는 자기몰두적 자기애입니다. 자기몰두적 자기애로 인해 자신을 전능하다고 느끼는 유아가 욕구의 좌절을 경험하면, 자기에게 몰두하던 에너지(자기애적 리비도)를 외부(보통은 부모)로 돌려 대리 만족을 추구하게 됩니다. 자기애적 리비도가 대상 리비도로 전환되는 것입니다.

프로이트는 자기애적 리비도와 대상 리비도가 반비례한다고 보았습니다. 자기에 대한 사랑과 타인에 대한 사랑이 상반된다는 것입니다. 이와 달리 코헛의 자기애 개념은 환자의 입장에서 환자의 관점으로 환자의 경험을 이해하려고 노력하는 공감적 침잠empathic immersion과 대리적 성찰vicarious introspection에 근거해서 도출한 개념입니다. 코헛은 자기애가 프로이트식의 자기몰두가 아닌 환경과의 관계 속에서 자신을 경험하는 방식의 결과라고 보았습니다. 그리고 자기애가 어떠한 발달 과정을 경험하는가에 따라 '자기'의 내적 견고성이 결정된다고 주장했습니다(스테판 미첼·마거릿 블랙, 2002).

관계 중심적 자기애를 강조한 코헛은 자기가 심리 장치의 구성 요소가 아닌 마음속에 존재하는 구조(앨런 시걸, 2002)라고 보고, 자기가 긍정적 확장을 이룰 때 자기감이 고양된다고 했습니다. 여기서 자기의 긍정적 확장은 내적 견고성과 연결되고, 자기감의 고양은 자기애의 발달과 관련이 있습니다. 코헛은 자기가 긍정적으로 확장되고 내적 견고성을 지니기 위해서는 '자기대상self-object'이 필요하다고 말합니다. 자기대상은 '자기감'을 고양시켜주는 존재이고, 자기는 자기감을 고양하고 유지시켜주는 자기대상과의 관계 속에서만 규정될 수 있다는 것입니다. 즉 자기감의 고양이란 응집력 있는 자기cohesive self를 만들어주는 것입니다. 자기대상은 '공감적 반응'을 통해 자기감을 고양시키고 응집력 있는 자기로 만들어줍니다. 다시 말해 자기애 발달단계에 적절한 자기대상이 제공되어야 자기감이 고양되고 응집력 있는 자기가 형성되는 것입니다(Kohut, 1984).

코헛은 공감적 반응을 통해 자기감을 높여주는 자기대상을 세 가지로 구분했습니다. 거울 자기대상, 이상화 자기대상, 쌍둥이 자기대상이 그것입니다. 원래 코헛은 자기대상 이론을 아동과 부모의 관계를 중심으로 설명했습니다. 그가 말하는 거울 자기대상은 아동의 내적 힘과 거대성, 그리고 완벽성을 확인시켜주는 반응이고, 이상화 자기대상은 아동의 자기감 유지와 향상을 위해 부모가 제공해야 하는 이상적 롤모델의 기능이며, 쌍둥이 자기대상은 아이에게 환영받고 있다는 감각과 자신이 가족의 일원이라는 느낌을 제공하는 부모의 역할입니다(Kohut, 1984). 그러나 코헛도 인정했듯 자기대상의 역할은 성인이 된 후에도 지속적으로 필요합니다. 자기는 평생 동안 자기대상과의 관계 속에서 유동적으로 변화하는 존재이기 때문입니다.

코헛은 후기로 넘어오면서 자기감을 높이는 자기대상의 범주를 사람뿐 아니라 사회적·문화적·종교적 현상으로까지 확대시켰습니다(Kohut, 1984). 현대의 자기심리학자인 로버트 스토롤로우Robert D. Stolorow도 자기대상을 "자기 경험의 유지, 회복, 그리고 변형에 속하는 일종의 심리적 기능"으로 확대해 해석합니다(Stolorow, 1994). 예술이나 종교도 자기대상으로 기능할 수 있다는 것입니다. 이를 통해 본다면 문학 작품도 당연히 인간의 자기감을 긍정적으로 변화시킬 수 있는 자기대상이 될 것입니다.

문학 작품이 인간의 자기감을 변화시킬 수 있다는 점에서 자기심리학은 문학치료학과 연결됩니다. 1999년 정운채가 제안한 문학치료학은 인간도 서사를 지닌 문학 작품이라고 바라봅니다. 정운채(2008)는 인간 내면에 작동하는 서사를 '자기서사self-epic'라고 명명하고, 자기서사가 구현된 것이 인생이라고 주장했습니다. 그리고 문학의 작품서사가 인간의 자기서사에 영향을 미쳐서, 왜곡된 자기서사를 수정하고 바람직하게 변화시킬 수 있다고 했습니다.

문학치료학이 말하는 자기서사는 인간 활동의 저변에서 작용하는 것이고, 서사적 존재인 인간은 자기서사의 서사적 원리에 따라 삶을 꾸려갑니다. 자기서사가 형성되고 변화하는 핵심은 인간관계입니다. 정운채(2005)는 인간관계의 주체에 따라 자기서사를 네 가지 영역으로 나누었습니다. 순응을 주안점으로 두는 자녀서사, 선택을 주안점으로 두는 남녀서사, 지속을 주안점으로 두는 부부서사, 양육을 주안점으로 두는 부모서사가 그것입니다. 이러한 구분은 인생의 국면을 중심으로 설정한 것이지 생물학적 개념을 기초로 규정한 것이 아닙니다. 인생의 국면에서 사람이 타인(대상)과 관계를 맺는 방식이 건강하면 자기서사가 건강해지고, 결과적으로 현실의 삶도 건강해질 것이라고 문학치료학은 말합니다(정운채, 2005).

정운채의 자기서사는 코헛이 말한 자기와 자기감이 결합된 개념이라 할 수 있습니다. 코헛의 자기처럼 정운채의 자기서사도 고정된 것이 아니고, 관계를 맺는 대상에 따라 유동적이고 변화 가능한 것이기 때문입니다. 또한 코헛의 자기감과 같이 자기서사는 결핍을 문제의 핵심 원인으로 생각한다는 점에서 일치합니다. 코헛은 자기대상이 결핍된 자기감에 공감적 반응을 통해 생명력을 불어넣는다고 말했고(Kohut, 1977), 정운채는 작품서사가 '서사의 공명'을 통해 결핍된 자기서사를 보충·강화·통합하여 건강하게 변화시킨다고 주장했습니다(정운채, 2012a). 여기서 자기서사를 변화시키는 작품서사는 자기심리학에서 말하는 자기대상의 역할을 하는 것입니다.

개인뿐 아니라 사회와 집단에도 자기와 자기서사가 있습니다. 코헛은 공동체의 자기를 그룹자기group self라고 했습니다. 정운채는 한국 사회가 오랜 시간 주변과 관계 맺어온 경험과 그 양상들이 공동체의 자기서사를 형성하고, 문학치료는 '인간의 성장뿐 아니라 사회의 변화'에까지 나아가는 것을 궁극적 목적으로 한다고 말했습니다(하은하, 2013). 정운채가 말한 공동체의 자기서사를 김수연(2016)은 '우리-자기서사' 즉 '우리서사uri-epic'라고 명명했습니다. '우리'는 한국인이 자신을 포함한 공동체를 가리킬 때 사용하는 고유한 호칭입니다. 지금까지 살펴본 자기심리학의 자기와 그룹자기, 문학치료학의 자기서사와 우리서사는 모두 대상과 관계 맺는 과정과 양상에 대한 개인과 집단의 내면풍경을 설명하는 데 도움이 되는 개념들입니다.

다음 절부터는 역사적으로 한국의 그룹자기가 겪어온 자기애 발달 과정에서 정지되고 단절된 장면들을 살펴보고, 그 지점에서 만들어진 한국-그룹자기의 자기감 결핍을 역사적 트라우마라는 측면에서 고찰할 것입니다. 그런 다음, 이러한 관점에서 '사도세자 이야기'가 현재까지 반복적으로 재연되는 까닭이 무엇인지를 살펴보고자 합니다. 결과적으로 '사도세자 이야기'의 작품서사가 자기대상으로 기능하여 한국-그룹자기의 결핍된 자기감을 고양시키고, '우리서사'를 보충·강화·통합하는 역할을 함을 밝힐 것입니다. 즉 '사도세자 이야기'의 반복적 재연은 단절된 한국-그룹자기의 자기서사, 특히 집단의 부모서사와 자녀서사 사이의 파탄된 관계를 새롭게 정립하려는 '부자서사'의 재건 노력이라는 관점에서 이야기를 전개해나가고자 합니다.

한국-그룹자기의 자기애 단절과 뒤주 트라우마의 탄생

인간의 내적 본질인 '자기self'는 자기애 발달 과정에서 자기대상에게 단계마다 필요한 공감적 반응을 제공받음으로써 '응집력 있는 자기'가 됩니다. 만약 특정 시기에 공감적 반응을 제공하는 자기대상이 부재하거나, 자기대상에게 공감의 경험 대신 거절당함의 경험을 제공받으면 자기감은 결핍됩니다. 자기감이 결핍되면 자기는 상처받고 갈등하며, 자기애의 발달은 상처 입은 장면에서 진행이 멈춥니다. 이후 다시 자기의 성장이 이어지지만, 상처 입은 순간은 자기애의 단절 지점으로 남게 됩니다. 자기감의 결핍이 충분히 치유되지 않으면 자기애의 단절 지점은 내면의 트라우마로 남게 되고, 상처 입은 자기는 어른이 되어서도 유사한 경험에 유연하게 대처하지 못하게 됩니다. 결과적으로 자기감은 더욱 결핍되고 자기는 더욱 나약해집니다.

공동체의 그룹자기도 마찬가지로 자기감의 결핍으로 인해 자기애의 발달 과정이 정지되며, 자기애 단절의 지점에서 사회적·역사적 트라우마가 발생합니다. 공동체의 내면 상처가 충분히 치유되지 않으면 시간이 지나도 유사한 상황에 대처할 능력을 갖추지 못하고 상처만 깊어집니다. 그 결과 그룹자기감은 더욱 결핍되고 그룹자기는 더욱 약해집니다. 자기감의 결핍을 치유하기 위해서는 공동체에 공감의 경험을 제공하는 자기대상이 필요합니다.

현재 한국의 그룹자기감은 상당히 결핍되어 있습니다. 이것은 공감적 자기대상이 부재하기 때문입니다. 개인에게 중요한 자기대상이 부모이듯, 공동체에게 중요한 자기대상은 정치적 리더입니다. 특히 가부장적 특성이 강한 한국 사회에서 정치적 리더는 공동체의 '아버지'로서의 역할을 합니다. '임금과 스승과 아버지가 같다'는 뜻의 '군사부일체君師父一體'라는 말이 한국 사회에서의 리더의 성격을 잘 드러냅니다. 그렇기 때문에 한국의 그룹자기감을 고양시키기 위해서는 부모가 자식에게 하듯, 국민에게 공감적 반응을 제공하는 리더가 자기대상으로서의 역할을 해야 합니다.

'자기대상적 리더'에는 동시대를 살아가는 리더는 물론이고 현재에 여전히 영향을 미치는 역사적 리더의 삶(리더의 자기서사)도 포함됩니다. 자기대상으로서의 역할을 할 수 있는 리더는 공동체의 내적 힘과 거대성·완벽성을 확인시켜줄 수 있는 거울 자기대상적 리더, 그리고 공동체가 존경하고 믿고 따를 수 있는 이상화 자기대상적 리더, 공동체와 삶을 공유하고 연대하여 소속감을 경험하게 해줄 수 있는 쌍둥이 자기대상적 리더여야 합니다. 역사적으로 한국인은 자기대상적 리더 혹은 리더의 자기서사를 통해 자기애 발전 과정에서 맞닥뜨리게 되는 좌절 및 자기감 결핍을 극복해왔습니다. 대표적 거울 자기대상적 리더로는 고려 후기의 문인 이규보가 「동명왕편」에서 그린 주몽을 들 수 있고, 이상화 자기대상적 리더로는 관객수 1,700만 명의 기록을 세운 영화 〈명량〉의 주인공이기도 한 충무공 이순신이 대표적입니다. 또 쌍둥이 자기대상적 리더로는 고소설 「춘향전」의 이몽룡을 꼽을 수 있습니다 (김수연, 2016).

이와 반대로 한국-그룹자기가 오랜 시간 극복하지 못할 만큼 한국인의 내면에 커다란 상처와 좌절을 심어준 리더의 자기서사도 있습니다. 그것이 이 글 서두에서 언급한 임오화변과 관련된 이야기입니다. 임오화변의 비극성은 단순히 과거에 '아버지가 아들을 죽이고, 왕이 세자를 죽인 사건'에 멈추지 않고, 한국인이 현재까지도 극복하지 못하는, 그래서 비슷한 상황이 등장할 때마다 계속해서 한국인을 좌절하게 만들고 있는 트라우마를 탄생시킨 데 있습니다. 임오화변이 한국-그룹자기에 남긴 트라우마는 '뒤주 트라우마'라고 할 수 있습니다. 사도세자가 한여름 더위에 8일간 뒤주에 갇혀 있다가 죽었기 때문입니다. 그 뒤주를 영조가 직접 가져오라고 한 것인가에 대해서는 논란이 있지만, 아들에게 뒤주에 들어가라고 명령한 것만은 분명합니다. 그날의 상황에 대해 사도세자의 아내인 혜경궁은 다음과 같이 묘사하고 있습니다.

> (혜경궁이) 숭문당에서 휘령전으로 나가는 건복문 밑으로 가니 아무것도 보이지 않고, 다만 영조께서 칼 두드리시는 소리와 경모궁(사도세자)께서 "아버님, 아버님, 잘못했으니, 이제는 하라 하시는 대로 하고, 글도 읽

고 말씀도 들을 것이니, 이리 마소서." 애원하시는 소리가 들리더라. 그 소리를 들으니 간장이 마디마디 끊어지고 눈앞이 막막하니, 가슴을 두드려 아무리 한들 어찌 하리오. 당신(사도세자) 용력과 장한 기운으로 (영조가) 뒤주에 들라 하신들 아무쪼록 아니 드시지. 어찌 마침내 들어가시던고. 처음은 뛰어나가려 하시다가 이기지 못하여 그 지경이 되시니 하늘이 어찌 이토록 하신고. 만고에 없는 설움뿐이라(혜경궁 홍씨, 2010).

사도세자는 체격도 건장하고 체력도 좋아서, 영조가 뒤주에 들어가라고 했어도 충분히 저항하고 뒤주에 들어가지 않을 수 있었습니다. 그렇지만 아버지 영조의 명령이기 때문에 순종한 것입니다. 당시의 상황을 기록한 다른 글들은 사도세자가 뒤주에 들어가라는 영조의 명령이 정말 자기를 죽이려는 것이 아니라, 벌을 주기 위한 것이라고 생각했다고 기록하고 있습니다. 설마 아버지가 정말로 자식을 죽게 하려고 뒤주에 가둔 것이라고 생각하지 못한 것입니다. 그러나 아들이 뒤주 안에서 8일간 갇혀서 죽어가는 모습을 지켜보면서도 영조는 그를 살리기 위해 어떠한 행동도 하지 않았습니다. 이것은 아버지/왕이 아들/세자의 죽음을 적극적으로 기획하고 조장했다는 혐의를 낳게 했습니다. 『임오일기』(이광현 기록), 『모년일기』(권정침 기록), 『현고기』, 『대천록』, 『은파산고』, 『이재난고』 등에서 당시에 존재했던 혐의가 기록되어 있습니다. 이 기록들을 중심으로 당시의 상황을 재구성해보면 다음과 같습니다.

3~4시 무렵 소주방의 뒤주가 들어왔는데, 그것은 크기가 작아서 쓸 수 없었다. 그래서 다시 어영청 곧 군대에서 쓰는 큰 뒤주를 들여왔고, 영조는 여기에 들어갈 것을 명령했다. 사도세자는 "아버지, 살려주옵소서."

하고 애원하면서 뒤주에 들어갔다. 세자는 처음에는 답답해서 뒤주 판을 발로 차고 뛰쳐나오기도 했다. 세자가 다시 뒤주에 들어가자 영조는 더 두꺼운 널판을 대고 큰못으로 못질을 하고 동아줄로 뒤주를 꽁꽁 묶게 했다. 뒤주 위에는 풀을 덮어 속을 더욱 무겁게 한 다음, 군졸로 하여금 지키게 했다. …… 사도세자는 뒤주에 든 뒤에도 자신이 죽으리라고 생각하지 않았다. 사도세자는 "임금의 뜻은 단지 나를 힘들게 하려는 것뿐이다.", "마땅히 나를 구하러 오는 사람이 있을 것이다."라고 말했다. 그러나 영조는 더욱 엄하게 뒤주를 봉쇄했고, 사도세자는 심지어 자기 오줌을 받아 마시며 연명할 정도로 괴롭게 지내다가 뒤주에 들어간 지 8일째 되는 날 마침내 숨을 거두었다. …… 영조는 세자를 뒤주에 가둔 후 계속 세자의 죽음을 확인하고자 했다. 8일째 오후에 뒤주 안에서 아무 소리가 들리지 않자, 영조가 직접 뒤주에 귀를 대보고 구멍을 뚫어 시신을 만져 본 뒤에야 시신을 꺼내 안치했다고 한다(혜경궁 홍씨, 2010).

그런데 이후 영조는 조선의 왕 중에서 가장 정치를 잘한 인물로 평가되고, 사도세자는 미치광이에 살인마로 묘사되었습니다. 영조가 정치적 공익을 위해 부득이 미치광이 아들을 죽였다는 것입니다. 대한민국 정부 수립 이후 한국 사회에서 영조는 세종대왕에 버금가는 민족문화를 부흥시킨 군주로 평가되며 집중적인 조명을 받았습니다. 특히 영조의 '탕평책(당파 간 정치 세력의 균형을 꾀하려 한 정책)'은 그의 리더십을 평가하는 중요한 근거였는데, 실질적으로 영조는 당파적 분쟁을 해결하는 탕평의 정치를 실천하지 못한 군주였습니다.

그럼에도 그의 정책은 실제보다 더 긍정적으로 평가되었고, 그 작업에 국가가 적극 나섰습니다. 군부독재 시절에 만들어진 국정 교과서에서 상당한 비중을 할애하며 영조의 정책을 고평하는 내용을 수록한 것입니다. 한국의 경우 교과서는 입시에 직결되기 때문에 그 수록 내용은 사람들의 인식에 커다란 영향을 미칩니다. 사람들 사이에서 영조가 훌륭하다는 '신화'가 강화될수록 사도세자가 죽게 된 원인은 세자 개인의 문제적 성품 탓으로 귀결됩니다. 결과적으로 임오화변은 '아버지의 명령에 저항할수록 뒤주는 더욱 굳세게 봉쇄되고 아들에게는 미치광이라는 이름만이 붙여질 것'이라는 두려움을 탄생시켰습니다.

이것은 아버지가 자식을 죽음의 상자로 몰아넣어도 자식이 아버지의 명령에 저항할 수 없게 하는 트라우마로 작용합니다. 고주몽의 탈출과 건국의 서사가 우리의 자기감을 높여주는 것과 반대로, 사도세자의 순응과 죽음의 서사는 우리의 자기감을 저하시킵니다. 아들 사도세자의 삶을 미치광이와 살인마의 서사로 매도해버린 아버지 영조의 서사를 극복하는 것이 쉽지 않기 때문입니다. 사도세자가 죽던 날의 이야기는 한국-그룹자기의 자기애 발달이 정지된 지점입니다. 한국인은 이후로 그날의 좌절을 극복하는 서사를 가져본 경험이 없습니다. 그 뒤의 많은 지도자가 백성을 속이고 죽이며 사익을 도모해도 훗날 '건국의 아버지'로 일컬어지거나, 국가의 경제를 살리고 '한강의 기적'을 이룬 경제 영웅으로 신화화 되었습니다. 좌절 극복 서사의 부재, 이것이 오늘날까지 지속되는 '뒤주 트라우마'의 진정한 비극입니다.

'사도세자 이야기'의 반복적 재연을 통한 '부자서사'의 재건 시도

임오화변은 한국 역사상 유례없는 '왕가의 비극'이고, 그 핵심에는 '사도세자의 이야기'가 있습니다. 아버지의 명령을 거역하지 못하고 끝내 뒤주에 갇혀 죽어야 했던 사도세자의 삶은 한국인에게 아픈 상처가 되고, 극복하기 어려운 트라우마가 되었습니다. 그런데 이렇게 아픈 기억을 한국인은 지속적으로, 그리고 의도적으로 재연하고 있습니다. 초기의 재연은 사도세자의 이야기가 아니라 그의 아내인 '혜경궁의 이야기'에 초점을 두었습니다. 사도세자의 아내 혜경궁 홍씨는 자신의 삶을 기록한 『한중록』을 남겼는데, '한중록'은 '한 많은 삶에 대한 기록'이라는 뜻입니다. 이 책은 현대 한국인이 임오화변을 재연하는 기본적 자료가 되었습니다.

『한중록』의 핵심 서사는 혜경궁의 한스러운 삶입니다. 그녀는 어린 나이에 궁에 들어와 성격이 괴팍한 시아버지와 남편 사이의 갈등, 그리고 남편의 죽음을 지켜봐야 했습니다. 그녀는 고통스러운 삶이지만 아들을 지키기 위해 치열하게 살아남았습니다. 그러나 왕위에 오른 아들은 아버지의 원수를 갚기 위해 어머니의 친정 가족을 몰살했습니다. 『한중록』의 부제가 '읍혈록泣血錄'인 것처럼, 혜경궁의 일생은 피눈물을 흘리는 삶이었습니다. 많은 역사 드라마가 『한중록』의 증언을 빌려 당시를 회상하고 재구성했습니다. 임오화변을 본격적으로 다룬 사극 〈조선왕조 500년 한중록〉을 비롯하여, 〈하늘아 하늘아〉와 〈대왕의 길〉 모두가 기본적으로 『한중록』을 기반으로 삼아 만들어진 것입니다. 이 드라마들은 대체로 좋은 평을 받았는데, 이것은 방영 당시의 시청자들이 혜경궁의 증언에 공감하고 그녀의 말을 진실로 받아들였다는 뜻이 됩니다.

그런데 2000년대 이후로 접어들면서 역사 드라마가 임오화변을 재연하는 시각에 약간의 변화가 나타납니다. 즉 남편을 잃은 아내가 아닌, 아버지를 잃은 어린 아들의 목소리에 귀 기울이게 된 것입니다. 아내 혜경궁은 자신을 서사의 주인공으로 내세운 반면, 아들은 아버지를 서사의 주인공으로 부각시킵니다. 사도세자의 아들 정조는 11세에 할아버지 영조의 명으로 아버지 사도세자가 죽게 되는 상황을 목도합니다. 그는 할아버지에게 아버지를 살려달라고 호소했으나 막을 수 없었습니다. 정조는 임오화변 후 사도세자의 아들이 아닌 큰아버지 효장세자의 아들이 되어 왕위에 오릅니다(혜경궁 홍씨, 2010).

그러나 정조는 왕위에 오르자마자 자신이 '사도세자의 아들임'을 천명합니다(『정조실록』 권1, 정조 즉위년[1776] 3월 10일[신사]). 임오화변 이후 사도세자를 호명하는 것은 금기였는데, 정조가 과감히 그 금기를 깬 것입니다. 정조는 임오화변과 관련하여 몇 가지 조치를 취하며, '그날' 뒤주를 가져왔다는 의심을 받고 있는 외조부 홍봉한과 자신의 대리청정을 반대한 외조숙부 홍인한 등을 처단했습니다. 뒤주 사건을 막지 않았다는, 혹은 뒤주 사건의 기획을 도왔다는 이유로 자신의 외가인 풍산 홍씨 집안을 풍비박산 낸 것입니다(혜경궁 홍씨, 2010).

정조가 행한 일들은 노론에 대한 견제로 해석됩니다. 이러한 해석은 사도세자가 친소론, 반노론의 인물이기에 정파적 대립에 희생되어 죽임을 당했다고 이해하는 입장입니다. 정조가 왕권을 강화하고 노론을 억제하기 위해 아버지 사도세자를 신원伸冤했다는 것입니다. 이러한 시각을 그린 대표적인 드라마가 〈이산〉입니다. 정조를 화자로 소환한 드라마 〈이산〉에 대해 윤석진(2013)은 "아버지 사도세자의 비극적 죽음을 가슴에 묻은 세손 이산이 권력 투쟁에서 살아남아 임금의 자리에 올라 펼치는 개혁정치"라고 요약했습니다.

이 작품은 아버지를 잃은 유년시절의 상처를 정치적 개혁으로 승화하려 했던 정조를 카리스마적 군주로 그렸습니다. 드라마 속 정조는 끔찍했던 어린 시절의 트라우마를 말끔히 치유한 정신력으로 새로운 정치를 이루고자 했습니다. 그는 뒤주 사건을 아버지 사도세자가 부패한 정치에 희생당한 일이라고 시청자들에게 이야기합니다. 드라마 〈이산〉의 흥행은 한국인이 이러한 시각에 동의하고 있음을 말해줍니다. 이전과 달라진 〈이산〉의 임오화변 재연 양상은 한국인이 뒤주 사건을 '남편을 잃은 아내'의 이야기가 아닌 '정치적 희생양이 된 사도세자'의 이야기로 이해하기 시작했음을 보여줍니다.

한국인에게 뒤주 사건은 '사도세자 이야기'의 재연을 통해 매번 새롭게 탄생합니다. 사람들이 시대에 따라 '사도세자 이야기'를 새롭게 서사화하는 것입니다. 새로운 화자를 소환하고 새로운 은유를 제안하며 '사도세자 이야기'는 반복적으로 재연됩니다. 그리고 '사도세자 이야기'가 반복적으로 재연될 때마다 뒤주 사건의 진실은 조금씩 달라집니다. 뒤주 사건에 대한 새로운 해석과 진실을 듣고자 할 때마다 사람들은 새로운 화자를 호명하고 그의 목소리를 되살리며 그가 전달하는 '서사'를 경청하는 것입니다. 뒤주 사건을 전달하는 화자로 1980～1990년대는 혜경궁을 선택했고, 2000년대는 정조를 선택했습니다. 그리고 그것이 호응을 얻었습니다.

물론 화자의 선택과 소환이 항상 대중의 자발적 요구에 의한 것은 아닙니다. 특정한 계층이나 권력이 의도한 것일 수도 있습니다. 그러나 화자의 목소리에 대중이 적지 않은 호응을 보낸다는 것은 그러한 의도와 요구가 수용되는 사회적 맥락이 존재한다는 것을 의미합니다. 그런데 최근에는 혜경궁과 정조 외에 또 다른 화자의 목소리로 뒤주 사건의 진실을 전해 듣고자 하는 욕망이 발견됩니다. 바로 사건 당사자인 사도세자입니다. 2014년에 방영된 드라마 〈비밀의 문〉은 뒤주 사건을 전달하는 화자로 사도세자를 선택하고, 그의 목소리로 서사를 재구성했습니다(동 시기에 제작되어 2015년에 개봉한 영화 〈사도〉는 두 당사자인 영조와 사도세자를 화자로 삼고 있습니다). 사도세자의 소환은 그 자체로 사도세자를 호명하지 말라고 한 '오랜 금기'를 깨고 '비밀의 문'을 연 것입니다.

〈비밀의 문〉은 조선 20대 왕인 경종의 죽음, 경종의 동생인 영조의 왕위 등극과 관련한 '진실'을 담고 있는 '맹의猛毅'라는 문서로 인해 벌어진 살인사건을 중심으로 극이 전개됩니다. '맹의'는 '굳은 의지'라는 뜻인데, 여기서는 '경종을 시해하고 영조를 왕으로 만든 사람들의 동맹 결의문'의 성격을 지닙니다. 이것의 존재는 영조의 왕위 정통성에 대한 치명적 약점이자 영조를 가두는 올가미입니다. 영조를 왕으로 옹립한 노론은 맹의를 빌미삼아 전횡專橫을 하고, 맹의에 옥죄인 영조는 노론의 꼭두각시가 될 수밖에 없는 상황입니다.

사실 '맹의'의 존재 자체는 선악을 따지기 어렵습니다. 정치판에서의 '맹의'는 일종의 밀약으로, 정치판의 밀약은 어느 시대에나 존재했고 지금도 존재할 것이기 때문입니다. '밀약'은 엄밀히 말해 음모이지만, 정치적 권력을 다투는 이들에게 맹의는 부득이하면서 중요한 전략이 됩니다. 맹의의 선악 평가는 그것이 지향하는 가치가 권력 집단의 사적인 이득을 추구하는 것인가, 아니면 국민 전체의 안전과 행복을 추구하는 것인가에 따라 달라집니다. 〈비밀의 문〉이 문제 삼고 있는 것은 맹의가 특정 권력 집단의 기득권 유지를 위한 것이며, 그것을 지키기 위해서는 백성들을 죽여도 된다고 여기는 권력층의 태도입니다.

〈비밀의 문〉에서 사도세자는 맹의 자체를 문제 삼는 것이 아니라 권력 집단이 맹의를 지키려는 속셈을 비판합니다.[19] 사도세자는 조정의 대신들이 학문적 허세 속에서 떠벌이는 그럴듯한 공리공담空理空談, 즉 '백성은 하늘이다'라는 유가적 관념을 반복하는 것을 비난합니다. 그의 주장은 간명합니다. 관리라면 일개 백성의 목숨도 자기 목숨처럼 여겨야 한다는 것입니다. 이것은 공리공담이 아닌 실천의 문제입니다. 학식, 학덕, 정치적 노련함, 그 모든 것에 앞서서 정치인이 갖추어야 할 자격은 바로 '백성의 목숨을 자신의 목숨만큼 귀하게 여기는 마음'입니다. 대의大義를 위해서일지라도 백성의 목숨은 함부로 할 수 없는 것입니다. 그런데 겨우 자신들의 권력을 지키기 위한 밀약서 한 장 때문에 백성을 죽이는 그들을 보며 사도세자가 그동안 참고 있었던 목소리를 내고 만 것입니다.

그러나 〈비밀의 문〉에서 사도세자는 정적政敵을 모두 무너뜨릴 수 있는 '맹의'를 손에 넣고서도 그것을 이용하지 않습니다. 오히려 자신의 정적인 아버지 영조 앞에서 영조의 가장 큰 약점이 될 수 있는 맹의를 불태웁니다. 사도세자가 진정 하고자 하는 것은 정적을 해치우는 것이 아니기 때문입니다. 그의 목표는 노론의 조선을 소탕하고 소론의 조선을 만드는 것이 아닙니다. 그에게는 노론의 조선, 소론의 조선이 따로 있지 않습니다. 그에게 조선은 오직 백성의 조선일 뿐입니다. 백성의 목숨을 소중하게 생각하는 조선, 그것이 그가 추구하는 정치의 기본인 것입니다.

그에게는 노론의 생명, 소론의 생명, 양민의 생명, 천민의 생명이 똑

---

19 〈비밀의 문〉 제5회, 2014년 10월 6일 방영. "증좌보다 사람의 목숨을 날린 게 분해. 또 다른 목숨을 날릴까 그것이 두렵고. …… 사람 목숨을 휴지 쪽만큼도 귀이 여기지 않는 자들이 빈청에 줄줄이 버티고 앉아서 정치하고 있는 거라고. '백성을 하늘로 알고 섬겨야 한다.' 이런 공허한 문구를 늘어놓겠다는 게 아니야. 적어도 백성의 목숨이 자신의 목숨만큼은 귀해야 되는 거 아닌가? 그래야 정치할 자격이라도 주어지는 거 아니냐고?"

같이 소중합니다. 때문에 그들 중 누구도 함부로 죽일 수 없는 것입니다. 또한 한쪽을 죽여서 얻은 세상은 곧 또 다른 쪽의 죽음을 요구하게 될 것입니다. 그에게 이러한 형국은 전쟁일 뿐, 진정한 정치가 아닙니다. 때문에 그는 “아버지, 당신은 이제 나의 정적입니다.”라고 말하며 본격적으로 정치에 뛰어들 것을 선언하기 직전, 정적인 아버지 영조 앞에서 맹의를 불태운 것입니다.[20]

사도세자의 정치는 아버지의 세계로부터 벗어나야 하는 숙명을 지녔습니다. 아버지 시대의 정치는 전쟁, 즉 죽이는 정치였기 때문입니다. 고구려의 건국주 주몽이 자신을 품어준 알을 깨고 나와 자신의 새 세상을 만들었던 것처럼, 사도세자는 자기를 낳고 길러준 아버지의 세상에서 독립함으로써 진정한 정치를 하게 됩니다. 이후 사도세자는 노련한 정치력을 펼쳐 보이는데, 이는 친소론의 입장에서 정적인 노론을 치기 위한 전략이 아닙니다. 단 한 명의 백성이라도 그 생명을 헛되이 죽게 하지 않기 위한 치자治者의 노력일 뿐입니다. 때문에 사도세자는 죽일 수 있었던 노론의 영수 김택마저도 죽이지 않습니다. 뿐만 아니라 강경 노론 민백상에게 자신이 추진하고자 하는 개혁을 설명하고 동참해주기를 부탁하기도 합니다. 그 사람이 그 직책에 합당하다면 노론이든 소론이든 구분하지 않고 자신의 정치에 동참해주기를 희망했던 것입니다.

---

20 〈비밀의 문〉 제14회, 2014년 11월 4일 방영. “저는 상대의 약점 따위를 쥐고 그걸 이용하는 비열한 정치는 하지 않을 생각입니다. 아버지. 당신은 이제 나의 정적입니다. …… 소자가 원하는 건 정치지 전쟁이 아닙니다. 지금 이 자리에서 소자가 맹의를 쥔 채 아버지께 적이 되겠노라 선언을 했다면, 남은 것은 오직 전쟁뿐입니다. 맹의를 쥐고 아버지께서 아버지의 손으로 죽인 신하와 백성의 수만큼, 아니 그 이상을 소자도 이 손으로 죽여 없애야 이 싸움을 끝낼 수 있을 것이기 때문입니다. 죽이는 정치가 아니라 살리는 정치, 전쟁이 아니라 진짜 정치를 하고 싶습니다.”

극의 후반부에서 사도세자는 평민도 공부를 하고 과거를 볼 수 있게 하려는 소망을 실현하기 위해 노력합니다. 양반이나 평민이나 모두의 생명이 동등하듯, 공부를 하고자 하는 그들의 욕망도 존중받아야 하기 때문입니다. 그러나 기득권층의 입장에서 볼 때 평민에게 과거시험의 문을 열어주는 것은 자신들의 밥그릇에 대한 위협일 뿐입니다. 때문에 이 문제에 대해서는 노론과 소론을 막론하고 합심하여 반대합니다.

결국 사도세자의 기지로 일부 백성이 과거를 보고, 이들은 노론 자제들보다 뛰어난 성적을 거두지만 관직에는 오르지 못합니다. 이에 사도세자는 스스로 관복을 반납할 수밖에 없었던 평민 급제자들을 모아 관서지방에 '서재書齋'를 만들고 마음껏 공부하도록 합니다. 후일 자신이 왕위에 올랐을 때 그들을 등용하기 위한 준비인 것입니다. 그러나 서재에 모여 공부하는 이들은 역당으로 몰리고, 서재를 지키던 검객 나철주는 사세에 몰려 부득이 궁을 공격하게 됩니다.

억울하게 역모죄로 몰린 '서재'의 사람들은 새 시대를 앞당기기 위해 영조를 죽이고 사도세자를 옹립하고자 합니다. 그러나 사도세자는 그것을 허락하지 않습니다. 그는 나철주를 죽이며, 자신도 곧 그를 따라가겠노라고 말합니다. 스스로 죽음을 선택한 것입니다.[21] 사도세자는 자기를 지지하는 이들이, 그리고 자신이 세울 새로운 조선이 앞 시대의

---

21 〈비밀의 문〉 최종회(24회), 2014년 12월 9일 방영분. "뭘 주저하니? 그 칼로 이 아비를 베라. 권력은 그렇게 잡는 것이다. 이 아비가 가고 네가 남는 것이야. 아비가 먼저 죽고 자식이 남는 것이다. 그게 순리야. 자, 그러니까. 그러지 마. 어서 칼을 잡아.", "너무 힘겨워 마십시오, 아바마마. 이제는, 이제야말로 소자가 가야 하는 것입니다. 저들의 뜻대로 소자가 아버지를 해하고 용상의 주인이 된다면 그것은 또 다른 택군의 시작일 뿐입니다. 용상이 정적의 죽음 위에 세워지는 것을 막아야 합니다. 학살을 지휘한 손으로 미래를 가리키는 일이, 그 일이 얼마나 힘들고 고단한 일인지는 다른 누구보다 아바마마께서 더 잘 알고 계시지 않습니까."

전철을 밟지 않기를 바랐습니다. '정적의 죽음 위에 세워진 왕위'는 그것이 아무리 그럴듯한 명분을 주장한다 해도 올바르지 않다는 것입니다. '학살을 지휘한 손으로 미래를 가리키는 일'은 힘들고 고단할 뿐 아니라 불가능합니다. 그것은 이전 시대의 답습일 뿐입니다.

〈비밀의 문〉은 사도세자의 죽음이 새 시대를 열기 위한 이선李愃 그 자신의 선택이라고 말합니다. 물론 정치적 외압이 없었던 것은 아니나, 그것은 사도세자가 충분히 극복할 수 있었던 상황이었습니다. 실제로 노회한 노론과 맞서서 몇 차례 정치적 승리를 경험하기도 했으며, 심지어 자신이 왕위에 오를 수 있었던 계기도 적지 않았습니다. 그러나 사도세자는 그것을 거부했습니다. 즉 그의 죽음은 이전 시대의 전쟁 같은 방식으로 얻을 수 있는 권력을 거부하고 진정한 정치를 구현하기 위한 선택인 것입니다. 그 선택은 이후 그의 아들 정조가 이룬 개혁의 밑거름이 됩니다.

그는 아들에게 유언으로 '아비를 위해 크게 복수해달라' 했는데, 이때의 큰 복수 중 하나는 사도세자가 평민 학자들을 위해 만들었다가 중단된 '서재'를 궁중의 학술연구소 '규장각'으로 부활시키는 것이었습니다. 우리가 알고 있듯, 정조는 뛰어난 인재라면 그가 누구든 신분의 구애 없이 발탁하여 규장각에서 독서하고 공부할 수 있게 했습니다.

〈비밀의 문〉은 뒤주 사건에 대한 사도세자의 기억을 재연했습니다. 〈비밀의 문〉 속 사도세자는 혜경궁의 기억 속에 있는 '광인'도, 정조의 기억 속에 있는 '정치적 희생양'도 아닙니다. 그는 자기 아버지 시대까지의 정치를 청산하고, 백성의 목숨을 소중하게 여기는 세상을 만들기 위해 고민하고 실천했던 '개혁 군주'였습니다. 이러한 사도세자에 대한 기억은 사실 뒤주 사건을 혜경궁이나 정조의 이야기가 아닌 '사도세자의 이야기'로 재해석하고, 그의 기억으로 이전 기억을 수정하고 재건하고자 한 2014년 한국인의 욕망을 반영합니다.

1980～1990년대에는 혜경궁을 화자로 소환하여 뒤주 사건을 광인 남편과 괴팍한 시아버지의 대립, 아들 정조와 친정의 대립 사이에서 비극적 삶을 산 혜경궁의 이야기로 해석하게 했고, 그것이 수용되었습니다. 2000년대에는 정조를 화자로 소환해서 뒤주 사건을 사도세자의 이야기로 바라보게 했습니다. 하지만 서사의 비중은 어린 시절 정치적으로 희생된 아버지의 죽음을 목도한 아들 정조가 트라우마를 극복하고 뛰어난 군주로 성장하는 이야기에 놓였고, 그것도 대중에게 크게 지지받았습니다.

그러나 2014년 드라마 〈비밀의 문〉에 등장하여 스스로 뒤주 사건을 전달하는 사도세자 이선은 미치광이 살인마도, 무력한 정치적 희생자도 아닙니다. 그는 현실에 대한 냉철한 판단과 미래에 대한 뚜렷한 비전을 지닌 진정한 리더입니다. 그는 자신의 정치철학을 당당히 제시하며, 그것을 실천하고자 합니다. 그가 추구하는 정치의 핵심은 '일개 국민의 생명'이라도 소중히 여기는 것입니다. 이를 드러내는 것이 한국인이 '사도세자 이야기'를 다시 한번 재연한 이유입니다. 또한 그것은 손상된 한국-그룹자기의 부자서사를 재건하는 길이기도 합니다.

'사도세자 이야기'가 반복적으로 재연되는 이유는 세 가지입니다. 첫째는 뒤주 사건에 대한 기존의 해명이 충분하지 않아서이고, 둘째는 기존 해명이 한국-그룹자기가 듣고자 하는 진실이 아니기 때문이며, 셋째는 기존 해명이 한국-그룹자기의 손상된 자기서사를 치유할 수 없기 때문입니다. 뒤주 사건은 뒤주에 갇힌 당사자가 어떠한 말도 하지 못한 채 죽는 것으로 끝이 납니다. 미완의 사건입니다. 그런데 그날 이후 사도세자를 호명하는 것은 금기가 되었습니다. 자연스럽게 뒤주 사건을 사도세자 이야기로 말하는 것도 금기가 되었습니다. 그래서 뒤주 사건은 혜경궁과 정조의 목소리를 통해 전달된 것입니다.

그러나 혜경궁이나 정조가 전달하는 사건의 전말을 통해서는 뒤주 사건으로 정지된 사도세자와 영조의 부자서사를 깨울 수 없습니다. 사도세자는 다시 뒤주의 문을 열고 나와 자기 자신의 목소리로 자신의 진심을 이야기해야 합니다. 그래서 죽음으로 멈춰버린 아버지 세대와의 진짜 정치 대결을 이어가야 합니다. 그래야 영조와 사도세자의 부자서사는 다시 진행될 수 있고, 두 세대 사이에 생긴 깊은 상처가 치유될 수 있습니다.

사도가 이야기하는 뒤주 사건이 중요한 이유는 사도세자의 죽음으로 끝난 미완의 서사가 실패의 서사, 좌절의 서사로 오인되면서 한국-그룹자기에 트라우마로 작용하기 때문입니다. 트라우마를 치유하기 위해서는 미완에서 정지된 장면을 재연해야 합니다. 정지된 장면의 재연은 새로운 서사를 진행하여 왜곡된 결과를 바꿀 수 있는 기회를 주기 때문입니다. 한국인은 역사적으로 사도세자와 유사한 상황을 경험해왔습니다. 한국 초대 대통령 이승만은 한국전쟁 당시 국민에게 피난 가지 말고 '가만히 있으라'고 명령했습니다. 지도자를 아버지처럼 믿고 따르는 전통에 길들여졌던 한국 국민은, 그가 자신들을 구해줄 것이라 믿었기에 그 말을 따랐습니다. 그러나 그가 '가만히 있으라'고 명령한 이유는 수많은 피난민이 몰리게 되면 자기의 피난이 어려워질 것을 걱정해서였습니다.

그 일이 있고 60년도 더 지난 2014년에도 상황은 다르지 않았습니다. 300여 명의 학생이 타고 있는 세월호에서 선장은 학생들에게 '가만히 있으라'고 말했습니다. 그리고 그 자신은 배에서 빠져나왔습니다. 같은 시간 한국의 지도자들은 어떠한 노력도 하지 않았습니다. 그 사건에 의문을 품고 문제를 제기하는 국민에게 여전히 '가만히 있으라'를 반복할 뿐이었습니다. 그리고 다시 2016년, 대규모 지진이 일어나던 순간 교사들이 학생들에게 '가만히 공부하고 있으라'고 말했다는 뉴스 보도까지, 일련의 사건은 우리가 왜 닫혀 있는 뒤주의 문을 열어야 하는지를 보여줍니다.

우리는 이제까지 '가만히 있으라'는 가부장적 지도자의 말을 따라왔습니다. 매번 속으면서도 혹시나 하는 마음으로, '이번에는 안 그러겠지'라는 희망으로, '국가의 지도자인데 설마 그럴 리가 있겠는가'라는 믿음으로, 그리고 '한 번만 더 믿어주자'는 아량으로 속아주었습니다. 그 결과 한국인의 상처는 더욱 커지고 좌절은 더욱 깊어졌습니다. 이제 어른들의 '가만히 있으라'는 모든 자식 세대에게 두려운 문구가 되었습니다. 이러한 두려움은 미완의 뒤주 사건이 우리의 내면에서 지금도 여전히 강하게 영향을 미치고 있음을 말해줍니다.

해결되지 못한 뒤주 사건은 한국-그룹자기의 세대 사이에 존재하는 부자서사를 파괴할 뿐 아니라, 자녀서사를 시작부터 왜곡되고 결핍되게 만듭니다. 아버지의 명령으로 뒤주에 갇혀버린 자녀서사는, 시간이 오래될수록 뚜껑을 열 수 있다는 생각조차 하지 못하게 될 것입니다. 그렇기 때문에 아버지 세대의 명령에 순응하다가 뒤주에 갇혀 죽지 않기 위해서 우리는 사도세자 이야기를 다시 한번 재연하여 새로운 결말을 만들어야 합니다. 그것이 '사도세자 이야기'를 반복적으로 재연하기를 요구하는 한국인의 내면풍경입니다.

부자서사의 치유적 콘텐츠 발견을 위하여

이 절에서는 사도세자 이야기를 소재로 하는 드라마가 반복적으로 만들어지는 이유를 한국-그룹자기의 심리 측면에서 밝히고자 했습니다. 사도세자 이야기의 반복 재연은 한국인이 지니고 있는 세대 간 내적 갈등의 성격을 이해하고 그것을 치유하는 데 유용하기 때문입니다. 정신분석은 '해석과 공감'을 통해 정신적 증상의 제거와 성격 구조의 재조정이 가능하다고 주장합니다(Stolorow, 1994). 이때 해석과 공감의 대상은 자기분석학에서 자기애의 단절 상황이라고 말하는 부분입니다. 이 부분을 문학치료학에서는 자기서사 형성의 원초적 장면이라고 말합니다.

자기분석학적 상담에서 내담자는 상담자와의 상담 과정에서 자기애의 단절 상황을 재연하며 그 사건에 대한 새로운 해석을 발견합니다. 그리고 공감을 통해서 그 장면으로 인해 왜곡된 정신적 증상을 제거하고 새롭고 건강한 성격으로 재조정할 수 있게 됩니다. 문학치료학은 문학의 작품서사에 대한 해석과 공명을 통해 독자의 자기서사 중 왜곡된 부분을 진단하고 건강하게 수정·보완·통합합니다. 그렇다면 사회 전체의 자기서사가 왜곡되고 상처받았을 때는 어떻게 해야 할까요? 어떠한 방식으로 상담하고 재조정할 수 있을까요? 이것이 자기분석학과 문학치료학이 협업을 해야 하는 이유입니다.

자기분석학이 말하는 그룹자기도 개인의 자기처럼 자기감의 결핍으로 상처입고, 자기애 발달단계가 정지될 수 있습니다. 그 결과는 개인의 자기감 결핍보다 심각하고, 해결 또한 상당히 어렵습니다. 그룹자기에 대한 상담적 치료가 쉽지 않기 때문입니다. 이때 문학치료학의 자기서사 개념을 적용하면 해결안 논의의 가능성이 발견됩니다. 그룹자기의 내면을 대중적 작품서사를 통해 진단하고 해석하며, 그들의 욕망을 이해하고 공감하는 방안을 모색할 수 있기 때문입니다.

프로이트는 환자가 기억하지 못하고 표현하지 못하는 환자 자신의 내적 세계가 정신분석적 상담의 과정에서 무의식적으로 드러난다고 말했습니다(Freud, 1958). 마찬가지로 그룹자기가 의식 세계에서 기억하지도 표현하지도 못하는 내적 세계는 작품서사에 대한 반응에서 무의식적으로 드러납니다. 한국-그룹자기가 지속적으로 사도세자 이야기를 요구하는 것을 통해 공동체의 내적 세계를 읽을 수 있는 것도 이 때문입니다.

임오년(1762)의 뒤주 사건은 250여 년 전에 끝나버린 '과거의 사실'이 아닙니다. 그것이 만든 뒤주 트라우마는 지금도 한국인의 내면에서 한국-그룹자기의 자기감을 떨어뜨릴 기회를 엿보고 있습니다. 특히 '아버지=왕'의 서사가 만든 뒤주 트라우마는 오늘날에도 작동하는 가부장적 리더와 국민의 관계에 커다란 영향을 미칩니다. 한국인은 리더의 명령에 '왜'라고 질문하는 것에 익숙지 않습니다. 리더의 명령에 의문을 품거나 저항하는 것은 미치광이의 말처럼 무시되거나 부정됩니다. 리더들은 일방적으로 명령하고, 구성원들에게 '가만히 따르라'고 말합니다. 국민은 리더의 명령이 옳은지 그른지, 혹은 자기의 생명을 위협하는지 아닌지도 모른 채 일단 순응합니다. 주위의 언론까지 그 리더가 훌륭한 사람이라고 말하고 경제를 살릴 것이라고 선전하면 국민은 더욱 그의 명령과 정책이 자신의 생명을 해칠 것이라고 생각하지 못합니다. 이것은 250년 전 뒤주 사건의 반복입니다.

반복된 사도세자 이야기의 재연은 임오화변이라는 과거의 사건을 그저 전달하는 것이 아니라, 그때부터 지금까지 점점 더 왜곡되어가는 한국-그룹자기의 부자서사를 재건하고 재조정하려는 노력입니다. 사도세자 이야기의 재연이 수행하는 현재적 의미는, 지금의 한국 사회가 지닌 깊은 우울의 원인이 '한국이라는 공동체가 건강하게 성장하는 데 필요한 자기대상적 존재'의 결핍임을 폭로하는 데 있습니다. 한국인에게 필요한 자기대상은 가부장적 권위와 힘을 내세우는 리더가 아니라, 그룹자기감을 제고하고 공동체의 자기서사를 통합할 수 있는 리더입니다. 사도세자 이야기를 반복해서 재연하도록 욕망하는 대중의 심리에는 자기대상적 리더에 대한 바람이 담겨 있습니다. 다시 말해 자기대상적 리더가 뒤주의 뚜껑을 열고, 그동안 가부장적 리더가 자기 욕망만 생각하고 자기 이익만 내세우는 과정에서 파괴시킨 부자서사를 회복하기를, 그리하여 단절된 부자 관계를 재건하기 위해 노력해주기를 바라는 것입니다.

뒤주 사건에 갇힌 사도세자의 이야기는 조선의 자기서사가 정지된 장면입니다. 그 이후 뒤주의 문은 여전히 닫혀 있고, 현재까지도 그 정지된 장면에서 단절된 자기서사가 이어지지 못하고 있습니다. 그리고 세대와 세대 사이에서 그날의 장면이 반복되고 있습니다. 치유되지 못한 채 단절만을 반복하는 것은 자녀 세대의 국민을 더욱 좌절하게 만듭니다. 그러한 좌절의 한쪽에는 뒤주 속 목소리를 통해 상처를 정면으로 바라보고자 하는 욕망이 있습니다. 사도세자를 화자로 하여 그날을 재연하는 것은 정지된 장면을 이어가고 상처를 치유하고자 하는 간절한 소망의 발현입니다.

이 절에서는 드라마로 매번 새롭게 태어나는 뒤주 사건과 반복적으로 재연되는 사도세자 이야기를 통해 한국이라는 공동체가 지닌 내적 갈등의 본질이 부자서사의 파괴임을 확인하고, 그러한 사건을 서사적으로 재연하려는 공동체의 욕망이 존재함을 살폈습니다. 그리고 그 욕망이 궁극적으로 단절된 부자서사의 재건을 시도하고 있음도 확인했습니다. 지금의 젊은 세대와 국민은 더 이상 뒤주에 갇혀 있지 않겠다고 말합니다. 너무도 힘들고 답답한 뒤주 속에서 자기 이야기, 자기 목소리를 꺼내고 싶어 합니다. 자식이자 국민의 대표였던 사도세자를 뒤주에 가둔 임오화변을 이제는 제3자의 목소리가 아닌, 갇힌 자의 목소리로 듣고 싶은 것입니다. 그래서 스스로 한국-그룹자기의 부자서사를 건강하게 회복하고자 합니다. 그것이 사도세자를 화자로 소환한 이유입니다.

앙리 베르그송Henri Bergson(2008)은 '과거를 현재로 연장하면서 미래를 개방하는 기억의 운동'이 '지속duration'이라고 했습니다. 우리의 기억은 과거의 현재적 소환이고, 그것은 미래를 여는 출발점입니다. 우리의 현재적 삶이 어떠한지, 우리가 어떤 미래를 소망하는지에 따라 우리가 기억하는 과거는 달라집니다. 마찬가지로 우리가 어떠한 과거를 기억하느냐에 따라 우리의 현재와 미래도 변화하게 됩니다. 우리는 특정한 사실을 저장하거나 추모하는 데 기억 공간을 사용합니다. 권력을 가진 자는 자기에게 유리한 기억을 보관하는 공간으로 공적 기록물(역사서, 교과서, 언론)을 활용합니다.

그러나 다수의 힘없는 대중은 허구의 옷을 빌린 이야기 전승과 서사적 재연물 속에 자기의 기억을 은밀히 숨깁니다. 때로는 권력이 대중적 서사 전승마저도 규제하고 억압하려 하지만, 그래도 서사 전승의 힘은 쉽게 약해지지 않습니다. 그렇기 때문에 소설이나 드라마와 같은 대중적 서사물에서 재연되는 과거 사건의 변주와 해석은 과거와 현재와 미래를 잇는 '지속'의 공간으로도 읽힙니다. 그러므로 갇혀 있는 과거의 목소리를 깨우고 귀 기울이는 작업은 한국-그룹자기의 오늘을 성찰하고 내일을 기획하려는 노력이라고 볼 수 있습니다.

3. 「배비장전」, 제주 기생 애랑의 자기서사와 하위 주체의 서사적 정체성

하위 주체로서의 제주와 제주 기생

제주濟州의 오래된 다른 이름 중 하나는 영주瀛洲입니다. 영주는 한漢나라 때 동방삭東方朔이 지었다고 알려진 신화·지괴서 『십주기』에 나오는 10개의 선계仙界 중 하나입니다. 중국 도교 경전집인 『중화도장』의 「십주삼도十洲三島」에서도 영주를 소개하고 있는데, 한무제가 서왕모에게 들은 이야기를 동방삭에게 전해 기록하도록 했다고 되어 있습니나. 영주는 십주 가운데 두 번째로 등장하는데, 동해 큰 바다 가운데 있으며 지방은 4천 리나 되고, 대략 중국의 회계군會稽郡과 마주 대하는 곳으로 서안西岸에서 70만 리 떨어진 곳에 있습니다.

그곳에서는 신선들이 먹는 지초芝草가 나고, 크기가 천 장丈이나 되는 옥돌도 납니다. 옥례천玉醴泉이라는 이름의 샘에서는 술맛 나는 물이 솟고, 그 샘물을 몇 승升만 마시면 바로 취하면서 장생長生하게 됩니다. "영주에는 신선의 집이 많고, 풍속은 절강의 오吳 땅 사람들과 비슷하며 산천이 중국과 같다."(『중화도장』 29, 「십주삼도」, 張繼禹 篇, 華夏出版社)고 했습니다. 영주는 산천의 형세와 인간의 풍속이 당시 최고의 문명지인 중국의 강남과 유사하면서도 장생하는 신선들이 사는 곳이니 참으로 완벽한 유토피아입니다.

사람들은 제주를 오랜 세월 지상의 선계로 상상된 영주에 비견하며 예찬했습니다. 옛사람들은 제주의 절경을 꼽아 노래하는 「영주십경瀛洲十境」을 문학적 전통으로 만들고 향유했습니다(김치완, 2012; 손기범, 2006). 19세기 제주 문인 이한우李漢雨는 사람들이 별경別境이라 하는 제주의 기이함을 담기에 자신이 지은 「영주십경」이 턱없이 부족하다 고백하면서[詩成十境景多疑, 只畵葫蘆未畵奇. 奇在世人難見處, 人稱別境畵於詩] 제주를 높이고 있습니다(이한우, 1998).

그러나 수평적이고 계세적인 가치관이 지배했던 신화 세계 속 영주와 달리 수직적이고 단절적인 질서가 지배하는 실제의 인간계에서 제주는 “육로로 천 리, 수로로 천 리, 이천 리 되는 먼 길”(김기형 역주, 2005)의 절해고도絶海孤島입니다. 인간계의 이천 리는 신선계의 4만 리보다 멀고 험해서, 일기가 화창하고 서풍이 솔솔 불면 물이 흐르는 쪽으로 돛을 달아 하루 안에도 갈 수 있지만 불행하게 중간에 심한 바람을 만나면 안남·미안마로 표박하여 구미로 가기도 쉽고, 만일 더 불행하면 쪽박 없는 물도 먹고 고기의 배로 이사도 하게 됩니다(김기형 역주, 2005). 정말로 불행하여 풍랑을 만나면 “순식간에 무섭게 밀려오는 파도와 비바람이 크게 일어나 동서남북을 분간할 수 없는데, 집채 같은 큰 물결이 돌바위를 쾅쾅 부숴내며, 바람을 따라 여기서도 우러렁 콸콸, 저기서도 왈랑왈랑, 키다리 꺾어지고 용총줄과 마룻대는 동강나고, 고물이 번듯하니 이물이 숙여지고, 이물이 번듯 들리니 고물로 기울어져 뒴벙뒤뚱 조리질하듯 하니, 무인도의 난파선과 다름없이” 되고 맙니다(김기형 역주, 2005).

이러한 곳이기에 그곳으로 부임 가는 이들은 “북당에 계시는 머리가 허옇게 센 부모와 규중의 젊은 아내는 천 리나 떨어진 섬으로 나를 보내고, 이제나 올까 저제나 올까 하며 부귀해져 돌아올 줄 알고 날마다 기다릴 때, 한숨인들 적었겠으며 눈물인들 없겠는가? 슬프다, 이 내 팔자. 부모 처자 길이 이별하고 물에 빠져 죽은 외로운 넋으로 죽게 되었으니, 애달픈 이 내 사정 누구를 보고 하소연할까?”(김기형 역주, 2005)라고 탄식하지 않을 수 없는 것입니다.

목숨을 걸고 위험한 수로를 건너야 하는 절해고도이기에 조선 시대 제주는 중죄인의 귀양지가 되었습니다. 귀양지로서의 제주는 더 이상 예전의 유토피아적 신선계가 아닙니다. 1840년부터 9년간 제주도에서 귀양 생활을 한 추사 김정희는 귀양지 제주에 대해 “비로소 삼신산이 별세계가 아닌 것을 알았노라.”라고 읊고 있습니다. 또한 “성은으로 죽지 않으면 그것이 곧 신선이다[始識神山非別處, 聖恩不死卽神仙].”라고 하여, 귀양지 제주에서의 ‘불사하는 신선’이라는 것이 임금의 은혜로 겨우 목숨을 부지해 사는 것임을 폭로하고 있습니다(김정희, 1988).

추사는 자신이 제주에 온 것을 “하늘에서 내려온 것[前身本自來天上]”이라 말했는데, 천상은 임금이 있는 곳이고 제주는 임금의 은혜가 미치는 가장 먼 곳이기에 자연스럽게 소외처로서의 이미지가 겹쳐집니다. 제주는 동아시아의 오랜 유토피아이자 장생불사의 신선이 사는 낙원입니다. 그러면서 동시에 멀고 위험하고 임금의 은혜가 가장 희미한 소외처이기도 합니다. 이러한 이중적 이미지로 인해 제주는 현실적 공간의 위계에서 하위 주체의 지위에 놓이게 됩니다.

제주의 이중적 지위에서 비롯되는, 낙원樂園의 자부심과 절해絶海의 격절감은 제주 사람들의 서사에 초월적 자유와 저항적 풍자를 교직시켰습니다. 제주에 새겨진 이 이중의 서사는 주로 남성들의 삶과 목소리로 드러나는데, 남성 문인은 한시와 유기遊記 등을 통해 제주의 낭만적 초월성과 현실적 풍자를 드러냈습니다. 그러나 초월과 풍자라는 이중적 제주의 서사는 제주 여성의 삶과 몸에 더욱 치열하게 새겨져 있습니다. 제주 여성의 삶은 제주가 지닌 이중성뿐 아니라 여성이 지닌 이중성에도 노출되기 때문입니다. 그동안 고전연구에서 제주 여성이 지닌 삶의 서사는 진지하게 주목받지 못했습니다. 여성 주인공의 이야기도 대개는 남성들의 시각을 통해 남성의 삶의 일부로 이야기되고 전달되었기 때문입니다. 가장 대표적인 인물이 「배비장전」의 제주 기생 애랑입니다.

「배비장전」에 대한 논의는 상당수 축적되어 있으나, 대부분 배비장의 자기서사 변화에 초점을 둔 허위의식의 폭로와 풍자로 귀결되었습니다.[22] 그리고 폭로와 풍자는 주로 배비장과 제주목사 그리고 방자라는 남성인물들 간의 '(속이기) 놀이'를 중심으로 이해되었습니다. 작품에서 애랑의 서사가 차지하는 비중이 적지 않음에도, 애랑의 삶은 남성이 주체가 되는 풍자 놀이의 수단적 혹은 부분적 참여자로 독해되었던 것입니다.

이러한 독법은 작품서사에서 애랑의 목소리를 거세하고 그녀의 자기서사를 지워버리는 결과로 이어집니다. 이러한 독법이 타당성을 얻는 것은, 애랑의 서사 대부분이 애랑이 '주체'가 아닌 '대상'으로 읽히도록 그리고 있기 때문입니다. 이것은 당시의 서사적·창작적 환경 때문

22 작품해석론은 배비장의 자기서사 변화에 초점을 둔 풍자에 대한 논의가 많고, 응용론은 콘텐츠 활용 부분에 논의가 집중되어 있다. 콘텐츠 활용도 주제적 맥락에서는 배비장의 허위의식을 풍자하는 내용을 확대·재생산하는 방향이 지배적이다.

일 터입니다. 그러나 작품에 새겨진 흔적이 희미하고 미약해도 애랑을 독자적 삶의 서사를 지닌 주체로 읽으려 노력해야 하는 것은, 그녀가 이중적 하위 주체인 제주 여성을 일정 부분 대변하고 있기 때문입니다.

애랑의 자기서사에는 19세기에 낙원이자 절해인 제주에서 살아갔던 한 여성의 삶이 새겨져 있습니다. 애랑의 자기서사는, 같은 기생이지만 남원 기생 춘향의 자기서사와 다릅니다. 제주와 남원은 모두 호남좌도 관할에 있지만, 전라감영이 있는 남원과 부속 도서인 제주 사이에는 거리 및 공간의 차이로 인한 위계가 존재하기 때문입니다. 그러나 제주에 사는 애랑의 자기서사는 다른 서사의 부속이 아니고, 수단도 아니며, 단순한 배경도 아닙니다. 그녀의 삶은 그녀의 처지에서 진지하고 치열하게 마주했던 서사적 선택들의 결과입니다.

애랑의 자기서사를 발견하는 것은 서사적 정체성의 확립과 관련이 있습니다. 인간은 누구나 자기만의 인생 서사가 있고, 그것을 운영해가는 방식에 따라 삶이 달라집니다. 자기가 어떠한 서사를 지니고 있는지, 그 서사적 정체성을 확인하고 자기서사를 주체적으로 만들며 변화시켜나가는 사람은 자기 자신에 대한 애정과 신뢰, 즉 자기감이 고양됩니다.[23] 서사적 정체성의 확인은 사회적 정체성의 혼란이 가져오는 자기비하와 열등감을 극복하는 계기가 되기도 합니다. 때문에 애랑에게

---

23 이와 관련한 논의로 에릭 에릭슨(Erik Erikson)의 『청년 루터(Young Man Luther)』(2013)가 있다. 에릭슨은 어린 시절의 루터가 사실은 정체성 혼돈과 환경에 대한 불신이 가득한 내면을 지녔으나 『성경』 연구를 통해서 실존적 정체성을 발견한 결과, 결핍되었던 사회적 정체성을 회복할 수 있었으며 그 결과 종교개혁까지 이룰 수 있었다고 밝히고 있다. 필자는 에릭슨이 제안한 '실존적 정체성'이란 『성경』의 서사가 제공하는 것이기에 이것을 서사적 정체성의 하나로 볼 수 있다고 생각한다. 서사적 정체성은 인간 내면에는 사회가 제공하는 사회적 정체성과 다른 측면의 정체성이 존재하며, 그것이 외부 환경이 주도하고 규정하는 사회적 정체성의 결핍을 충족하고 회복할 수 있다고 본다.

자기서사를 복원해주고, 애랑의 지위를 자기서사의 주체로 회복시키는 독법의 제안은 작품을 이해하는 데 새로운 관점을 제공할 뿐 아니라, 오늘날 자기 삶의 주도권을 주장하기 어려워 사회적 정체성의 결핍을 경험하는 하위 주체들이 '서사적 정체성'을 발견하고 확인할 수 있게 하는 시각을 제안하고 공유하는 작업이 될 것입니다. 서사적 정체성의 회복은 사회적 정체성의 혼란으로 인한 자기감 결핍을 극복하고, 견고하고 응집력 있는 '자기'를 발견하고 형성하는 데 기여할 것입니다. 이를 위해 먼저 남성들의 자기서사 사이에서 애랑이 어떻게 객체/대상이 되는지 살펴보고, 또 그녀가 이것을 어떻게 극복하여 자기서사를 발견하는지 고찰하고자 합니다.

남성들의 풍자 놀이에 '선물'이 된 애랑의 '몸'

「배비장전」[24]은 서울 서강西江에 살던 선달, 즉 하급 무반 출신의 배걸덕쇠가 제주의 예방 비장으로 내려와서 겪게 되는 이야기입니다. 배비장은 제주에 가기 전 자신이 주색에 빠질 것을 걱정하는 부인에게 하찮은 여자로 인해 신세를 망치는 일은 하지 않겠다고 굳게 다짐합니다. 제주에 도착해서도 망월루에서 전임 비장 정무장이 수청 기생 애랑에게 재물은 물론 의복을 벗어주고 보검도 내어주며, 종국에는 이빨까지

24 「배비장전」은 신재효의 조선 후기 가사체 작품 「오섬가」에 관련 대목이 있고, 1843년 송만재의 「관우희」에 애랑에게 유혹당하여 뭇사람의 웃음거리가 된 배비장 이야기가 나온다. 이로 보아 늦어도 19세기 전반 이전에 창작된 작품임에는 틀림이 없다. 그러나 현존 「배비장전」의 이본은 1916년 신구서림 간행 구활자본과 1950년 국제문화관 간행 김삼불본뿐이다. 여기서는 신구서림본의 대본을 번역한 『한국고전문학전집』 수록 「배비장전」을 인용 텍스트로 삼았다(김기형 역주, 2005 해제 참조).

빼어주면서 애절하게 이별하는 모습을 보고 더욱 큰소리로 자신은 기생에게 미혹되지 않을 것이라 호언합니다.

이에 배비장을 수행하던 방자가 배비장에게 내기를 제안합니다. 배비장이 애랑에게 반하게 되면 배비장이 타던 말을 달라는 것입니다. '배비장 속이기'는 이렇게 방자와 비장 간의 계약으로 시작되었습니다. 방자가 제안한 계약을 상층에 대한 풍자라고 볼 수도 있으나, 배비장이 하급 무인이라는 점 때문에 방자의 풍자는 「춘향전」의 방자와 이도령 사이에서 발생하는 만큼의 긴장감은 끌어내지 못합니다. 그렇다면 이것은 본토인과 제주인의 대결로 읽을 수 있습니다.

그러나 곧이어 서울에서 부임한 제주목사 김경이 이 대결에 가담하고 방자의 편에 섬으로써 다시 그 성격이 약화됩니다. 김경이 배비장 속이기에 가담한 것은 배비장을 혼내주려는 뜻보다는 한바탕 놀아보려는 의도가 강합니다. 따라서 배비장 속이기는 본토인 대 제주인의 대결 및 제주인의 본토인 풍자라는 프레임 안에서, 다시 남성 대 남성 사이의 놀이라는 성격이 부각되는 '풍자 놀이'가 됩니다.

그렇다면 방자가 제안한 풍자 놀이에서 애랑은 어떠한 역할을 할까요? 방자와 배비장의 시각에서 볼 때, 애랑의 일차적 역할은 놀이의 수단이자 물화된 지점입니다. 방자는 배비장에게 내기를 제안하며, "나리께옵서 상경하시기 전에 저 계집에게 눈을 뜨지 않으시면 소인의 여러 식구가 댁에 가서 고용살이 밥을 먹겠습니다. 하지만 만일 나으리께서 저 계집에게 반하시면 타시고 있는 말을 소인에게 주옵소서."라고 말합니다(김기형 역주, 2005).

방자와 배비장의 내기/놀이에서 애랑은 그저 존재하는 물건 혹은 지점 같은 것으로, 중요한 것은 배비장의 마음이 그 물건에 움직이는가 아닌가 혹은 그 지점에 도달하는가 아닌가입니다. 배비장은 내기를 통해 품삯을 주지 않아도 되는 고공雇工 여럿을 얻을 수 있고, 방자는 내기를 통해 배비장의 말을 얻을 수 있습니다. 두 사람 사이의 계약에서 애랑은 매우 중요한 존재처럼 느껴지지만, 사실은 어떠한 개입도 하지 못한 채 계약의 내용 및 항목의 일부가 되어버린 비인격적 수단이자 공간일 뿐입니다.

방자와 배비장이 애랑을 선택 의지가 없는 수단 혹은 지점으로 바라보는 시각은 가부장적 사회의 상하적 남녀관계에서 통용되었던 여성의 도구성에 대한 인식을 드러냅니다. 특히 여성을 도달할/지배할 지점으로 인식하는 것은 영토성 개념과 연결됩니다.[25] 애랑을 도구적이고 영토적인 존재로 바라보는 시각은 배비장과 방자가 계약 이전에 말없이 공유하고 전제하고 있는 여성에 대한 인식을 보여줍니다.

우리는 그동안 방자와 애랑 그리고 제주목사가 한 편을 이룬, 배비장을 속이기 위한 '공모'에 집중해서 「배비장전」을 독해했습니다(윤미연, 2006). 그러나 이들의 공모보다 더욱 깊고 오래된 암묵적 공모가 방자와 배비장 그리고 제주목사 사이에 존재해왔던 것입니다. 이것이 목사와 배비장만의 공모이고 반대편에 혹은 애랑의 편에 방자가 섰더라면 상하 계층의 문제이거나 본토인과 제주인의 대립이라는 측면으로 작품

---

25 가야트리 스피박(Gayatri Spivak)은 『하위주체연구』를 통해 여성의 도구성에 대해 강조하고 있다. 스피박은 영토성 개념에서 여성의 도구성이 두드러지게 나타난다고 보았다. 그는 영토성이 '공동체를 이어주는 유대의 연줄'임을 강조하고, 친족으로 대표되는 공동체의 연대는 여성의 교환에 의해 정초되고 공고히 된다고 지적했다(가야트리 스피박, 2004). 여성 교환에 대해 급진적 의견을 제시했던 게일 루빈(Gayle Rubin)은 여성 교환이라는 개념은 남성이 여성에게 특정한 권리를 지니고 있고, 여성은 자신에게 남성과 동등한 권리가 있지 않다는 것을 명시하는 표기법이라고 정의했다(게일 루빈, 2015).

을 이해할 여지가 있습니다. 그러나 제주 출신의 하층 인물 방자가 목사와 배비장과 같은 의식을 지니고 애랑을 도구화하고 지점화/영토화하는 내기를 제안했다는 것에서 계층 대결이나 지역 대결로만 해결할 수 없는 제주 기생 애랑에 대한 또 다른 배제를 발견할 수 있는 것입니다.

애랑에 대한 방자와 배비장과 제주목사의 암묵적 공모, 즉 애랑을 도구적·지점적·영토적 존재로 바라보는 시각의 공유는 배비장 속이기로 꾸며진 남성들의 풍자 놀이의 결말에서 노골화됩니다. 배비장 속이기에 제대로 넘어간 배비장은 종국에 알몸으로 궤 속에 들어가게 되고, 동헌 한마당 가운데를 바닷속인 줄 알고 두 눈을 꼭 감고 헤엄치듯 빠져나옵니다. 한참을 그렇게 헤엄쳐 가다가 동헌 대청에 머리를 박고는 눈을 떠보니, "동헌에는 목사 앉아 있고, 대청에는 삼형후, 전후좌우에는 기생들과 육방 관속, 군로배가 있다가 일시에 두 손으로 입을 막고 참는 것이 웃음이었다."라고 했습니다(김기형 역주, 2005).

이렇게 조롱거리가 됐지만, 배비장을 바라보는 목사와 동료들의 시선은 비난과 비판이 아니라 미안함과 다독임이었습니다. 목사는 속아 넘어간 배비장을 안쓰러워하며 "이 일로 혐의 두지 말고 애랑을 첩으로 들여 있는 동안 잘 지내소."라고 말하고, "여러 동료들도 위로가 분분" 했습니다(김기형 역주, 2005). 특히 목사는 풍자 놀이의 대가로 배비장에게 그가 원했던 애랑을 허락하는데, 이 장면에서 애랑은 목사가 배비장에게 건네는 선물이 됩니다.

목사가 배비장에게 선물한 것은 구체적으로 애랑의 몸입니다. 배비장에게 애랑은 처음부터 육체로 다가온 존재이기 때문입니다. 배비장이 애랑을 처음 만나는 장면을 보면 그에게 애랑이 어떠한 이미지로 다가왔는지 알 수 있습니다.

> 우연히 수포동 숲속을 바라보니, 양쪽 기슭에 피어 있는 복숭아꽃 어린 곳에 붉은 입술과 가는 허리의 한 미인이 어리락 비치락 온갖 교태를 다 부리며 봄 경치를 희롱할 때, 월계꽃이 핀 명월궁에 월하선녀가 거니는 듯, 깊은 밤에 양대에서 무산선녀가 노니는 듯, 상하 의복 활활 벗어 넓고 편편한 큰 돌 위에 접어놓고, 모래펄에 내려앉은 기러기의 본을 받아 물에 풍덩 뛰어드니 …… 어연간 물 밖으로 선뜻 나서, 맑은 물 한 줌을 옥수로 탐스럽게 쥐어, 연적 같은 젖통이를 칠팔월에 가지 씻듯이 뽀드득 뽀드득 씻어도 보고, 맑은 시냇가 옆에 피어 있는 꽃잎이 만발한데, 푸른 연잎을 뚝 뜯어서 흰 이와 붉은 입술로 물어다가 양치질도 하여 보며 …… 한창 이렇게 노닐 때에, 배비장은 그 거동을 보고 어깨를 실룩하며 정신을 바로 차리지 못하여, 오래도록 절개를 지켜온 남자는 간 데 없고 도리어 음탕한 남자가 되어 눈을 모로 뜨고 숨을 헐떡이며 쫓기는 듯이 호흡을 통하지 못하고 …… '내가 본디 경성에서 자라 팔도강산 가운데 이름난 경치 좋은 곳은 아니 본 곳 없건만은, 제주 같이 좋은 강산은 보던 바에 처음이라. 술집과 기생집 곳곳마다 미인도 많이 보았건만, 저기 보이는 저 여자 같은 색태는 삼생에 처음 보는 바라. 저 여자를 이미 본 후에 어찌 차마 헛되이 돌아가리.'(김기형 역주, 2005)

배비장에게 애랑은 아름다운 원시적 몸입니다. 배비장에게 포착된 목욕하는 애랑의 몸은 직설적이고 노골적입니다. 이것은 「나무꾼과 선녀」에서 나무꾼이 엿보던 선녀의 목욕 장면과 다릅니다. 선녀들은 가려진 몸이고 상상 속의 육체이지만 애랑의 몸은 적나라하게 현실화되고 있기 때문입니다. 목욕하는 애랑이에 숨을 헐떡인 배비장의 '반함'은 추천鞦韆하는 춘향이에 넋을 놓은 이도령의 '반함'과도 천양지차입니다.[26] 애랑이는 육체로, 몸의 짜릿함으로 배비장에게 다가왔다면 춘향이는 정신으로, 마음의 설렘으로 이도령에게 다가왔기 때문입니다. 「배비장전」에서 강렬하게 드러나는 애랑에 대한 묘사는 제주 기생 애랑을 육체적으로 개방적이고 자유로운 존재로 바라보는 작가의 인식을 반영합니다(현대의 작품들도 제주 여인에 대해 성과 관련하여 개방적이고 자유롭다는 인식을 반영하고 있습니다; 김동윤, 1999).

이와 반대로 본토에서 온 배비장은 자신을 정남貞男 즉 숫총각이라는 말로 묘사하는데, 결혼한 배비장이 정남일리 없기에, 이것은 육체적 엄격성을 강조한 것으로 이해할 수 있습니다. 그러나 육체적 엄격성에 대한 허세적 강조는 오히려 육체에 대한 강렬한 욕망의 표현과 동일합니다. 배비장은 산놀이 행차에서 목사가 직접 기생들을 불러 술을 권하며, 여러 비장과 봄날의 홍취를 즐길 때에도 "가장 청렴하고 고결한 체하고 바위 위에 혼자 앉아 남이 노는 것을 비웃으며" 글을 지어 "꽃 같은 미인은 나와 아무 상관 없고, 술에 취하여 무한히 좋은 강산 풍경을 희롱하며 소나무 아래에 홀로 앉아 술잔을 기울이니 장부의 굳은 절개 이로써 알리로다."라고 노래했습니다(김기형 역주, 2005). 하지만 이 노래

26 이도령이 춘향이를 처음 만나는 장면은 다음과 같다. "눈을 들어 한 곳을 우연히 바라보니, 별유천지 그림 속에 어떠한 일미인이 춘흥을 못이기어 백옥 같은 고운 양자 반분대로 다스리고 호치단순 고운 얼굴 삼색도화미개봉이 하룻밤 찬 이슬에 반만 핀 형용이요, 청산 같은 두 눈썹은 팔자춘산 다스리고, 흑운 같은 허튼 머리 반달 같은 화룡소로 아주 솰솰 흘리 빗어 전반 같이 넓게 땋아 옥룡잠 금봉차로 사양머리 쪽졌는데, …… 섬섬옥수 흩날려서 모란 꽃도 부라질러 머리에도 꽂아보고, 철쭉화도 부라질러 입에도 담뿍 물어보고 …… 맹랑히도 어여쁘다, 섬섬옥수 들어다가 추천 줄을 갈라 쥐고 소소라쳐 뛰어 올라, 한 번 굴러 앞이 높고 두 번 굴러 뒤가 높아 백능 버선 두 발길로 솟아 굴러 높이 차니 …… 비거비래 하는 거동, 진왕녀 난조 타고 옥경으로 향하는 듯, 무산신녀 구름 타고 양대상에 내리는 듯. 한창 이리 노닐 적에 이도령이 바라보고 얼굴 달호이고 마음이 취하여 정신이 산란, 안정이 몽롱, 의사가 호탕, 심신이 황홀하다."(이윤석, 2009).

직후에 애랑을 보게 되고, 순식간에 위에서 인용한 것처럼 "음탕한 남자가 되어 눈을 모로 뜨고 숨을 헐떡"인 것입니다.

이와 같이 육체적 엄격성을 강조하는 남성의 허세가 육체에 대한 욕망의 또 다른 표현임은 『삼국유사』 소재 「노힐부득 달달박박」에서도 발견됩니다. '남백월산의 두 성인인 노힐부득과 달달박박'은 여인을 방안으로 들여 보호한 '부득'이 오히려 여인을 거절한 '박박'보다 육체에 대한 욕망에서 자유로움을 말하고 있기 때문입니다. 그렇기에 육체적 바름[貞]을 고집했던 박박보다 육체를 초월하는 바름을 실천한 부득이 먼저 성불成佛한 것입니다(일연, 2009). 황진이를 박절하게 내치지 않으면서도 유혹되지 않은 서화담 관련 설화도 이러한 생각을 방증합니다(박계홍 편, 1985).

목사는 육체에 대한 욕망을 엄정성으로 위장한 배비장에게 애랑의 몸/육체를 선물함으로써 배비장과의 연대를 유지하고 강화시킵니다. 부계로 이어지고 대표되는 친족 공동체들 사이의 연대가 여성의 교환, 즉 혼인에 의해 공고해지는 것처럼, 목사와 배비장의 유대는 애랑을 교환하는 것으로 긴밀해지는 것입니다. 애랑을 선물하는 과정에서 목사와 배비장의 연대가 더욱 밀착되었다는 것은 작품의 결국에서 목사가 다른 비장들을 제치고 특별히 배비장을 정의현감에 추천하는 장면에서 드러납니다. 이때도 목사는 배비장에게 "그때 잠시 속은 일은 마음에 두지 말고, 애랑을 데리고 부임하는 군에 도임하여 선정으로 백성을 다스려 부디 성은에 보답하소."라고 말합니다(김기형 역주, 2005).

이처럼 목사와 비장 사이가 애틋하고 견고해지는 일련의 과정에서 애랑의 의견은 고려되지 않습니다. 애랑은 연대의 대등한 파트너가 아니라 부계/남성 중심의 연대를 형성하고 유지하는 데 필요한 대상이고 수단이기 때문입니다. 이 부분은 「춘향전」에서 변사또, 혹은 어사가 된 이도령이 춘향에게 수청을 들겠냐고 묻는 부분과 구별됩니다. 변사또의 질문에 대해 춘향이 대등한 주체로서 자기 의사를 표현하는 것은 변사또로 상징되는 부계적 폭력 질서와의 결별을 선언하는 것이자 기존 질서에 대한 전복의 시도가 됩니다. 어사또의 질문에 대해 춘향이 자기 신념을 굽히지 않는 것은 어사와 춘향, 목민관과 남원 주민들의 연대, 즉 춘향이 주도하는 새로운 연대의 형성으로 이어집니다. 그러나 제주 목사와 배비장 사이의 연대에서 주체로서의 애랑은 배제되고 지워지고 고려되지 않는 채 그저 그녀의 몸이 선물처럼 교환됩니다. 이것은 기존의 부권 연대와 남성 연대를 공고히 할 뿐입니다.

「배비장전」은 '배비장 속이기'라는 풍자 놀이를 중심으로, 방자와 배비장과 목사의 암묵적 공모가 전제된 상태에서 구축되는 남성들의 관계 맺기 서사입니다. 공모자들 사이에서 이루어진 놀이이기에, 배비장 속이기 속 풍자는 「봉산탈춤」에서 말뚝이가 양반을 조롱하는 풍자와 다르며, 「춘향전」에서 방자가 이도령을 골탕먹이는 풍자와도 다릅니다. 배비장 속이기가 담고 있는 풍자의 밀도는 「봉산탈춤」이나 「춘향전」에 비할 때 상당히 희박합니다. 풍자 놀이의 결과는 한바탕 실컷 웃는 것이지만, 그 웃음은 일반적인 축제/카니발에서 유발되는 웃음과 달리[27] 기존 질서와의 갈등이나 질서의 전복으로 이어지지 않습니다. 오히려 놀이를 통해 놀이의 주체들, 즉 암묵적 공모자들의 연대가 강화될 뿐입니다.

---

27 미하일 바흐친(Mikhail Bakhtin)은 '카니발적 코미디'라는 개념을 제안했는데, 이러한 카니발적 코미디의 필수 요소인 웃음에는 일탈에 의한 저항성과 전복성이 내포되어 있다(김욱동, 1988; 미하일 바흐친, 2004).

그들의 놀이는 제주 기생 애랑을 자신들의 놀이 대상으로 바라보는 전제된 공모를 근거로 시작되고, 그 놀이를 통해 그들의 관계는 밀착됩니다. 그 과정에서 애랑은 주체로 참여하지 않습니다. 애랑은 놀이의 도구이거나 놀이에 필요한 지점, 즉 달리기의 반환점이나 결승점 같은 공간으로만 소용되었을 뿐입니다. 즉 제주 기생 애랑의 자기서사는 독립되지 못하고 남성들 간에 이루어지는 관계 맺기 서사의 도구로서 역할을 하는 것입니다(문헌 설화 속 재기담에 등장하는 기생의 이야기도 그녀들의 지적 자질을 남성들의 연회를 빛내는 도구로 형상화하고 있습니다; 류정월, 2005).

육체의 '이중적 영토성'과 애랑의 자기서사

육체적 엄격성을 강조하며 허세를 부린 배비장은 애초에 제주 기생 애랑을 자신이 육지에서 만났던 여인들과 비교하며 '천하게' 여기고 있었습니다. 이때의 '천하게 여김'은 아이러니하게도 배비장이 첫눈에 반했던 애랑의 몸에서 기인합니다. 애랑이 보여준 제주 기생의 '육체적 개방성과 자유로움'에 대한 부정적 인식에서 천하게 여김이 비롯된 것이기 때문입니다. 몸의 개방성과 자유로움에 대한 부정적 인식은 절개로 표현되는 정신의 엄격함에 대한 긍정에 선행하고, 제주 기생의 몸에 대한 부정적 선입견은 육지 미인의 아름다움에 대한 긍정에 선행합니다.

배비장은 정비장과 애랑의 이별 사연을 듣고는 거드럭거리며, 자신은 정비장과 같은 부류가 아니라고 큰소리치고는, "서울과 시골을 두루 돌아다니기를 삼십 년 동안 뛰어나게 어여쁜 미인과 나라 안에서 으뜸가는 미인을 많이 보았지만 왼쪽 눈이라도 한 번 꿈쩍였던" 적이 없었다고 말합니다. 그리고 얼굴도 보지 못한 애랑을 '천한 기생'이라 칭하고, 정비장에 대해서는 '천한 기생에게 대혹하여 체면을 손상한 허황한 장부'로 매도하는 것입니다. 육체적 엄격함을 강조하는 배비장의 '근엄한 정신주의적 태도'의 이면에는 제주 여성의 육체에 대한 혐오의 시선이 새겨져 있습니다.[28]

작품에서 노골화하지 않았으나, 애랑에 대한 배비장의 시선은 제주 목사와 방자까지도 동의하고 공유하는 것이라 했습니다. 그리고 이러한 공유와 공모를 전제로 세 사람은 배비장 속이기를 계획하고 지지했습니다. 이 과정에서 그들에게 애랑은 도구이고 지점이고 선물이었습니다. 그렇다면 애랑은 어떠한가요? 이러한 질문이 유효한 것은, 남성들이 공모한 내용이나 그들이 애랑을 바라보는 시선이 어떠하느냐와 애랑이 그들의 공모에 어떻게 대응하고 자기 자신을 어떻게 바라보느냐는 별개의 문제이기 때문입니다.

겉으로 볼 때 애랑은 방자와 비장과 목사의 풍자 놀이에 기꺼이 참여하여 도구가 되어줍니다. 이것은 자기정체성을 포기한 좌절의 모습인가요? 애랑은 스스로 자기서사를 다른 이들의 관계 맺기 서사 속 부속물로 전락시키고 있나요? 왜 애랑은 춘향처럼 자기를 도구화하는 세력들에게 결의에 찬 목소리로 항거하고 거절하지 않는 걸까요? 애랑의 선택은 무엇을 의미하는 걸까요?

애랑은 자기의 이중적 지위에 대한 인식을 바탕으로 자기서사의 성격을 스스로 새롭게 규정하고 선택합니다. 애랑이 선택한 자기서사는

---

28 조선 후기 관료형 남성의 근엄한 정신주의에 숨겨진 혐오의 속성에 대해서는 김대중(2016) 참조. 다산은 부와 가난에 대한 주장을 펼치는 과정에서 기녀에 대한 혐오를 통해 '근엄한 정신주의적 태도'를 드러내고 있다. 물론 다산과 배비장의 근엄한 정신주의는 개념의 영역이나 질적 측면에서 차이가 크다.

춘향의 그것과 같지 않습니다. 춘향은 기존 질서에 항거하기 위해 오히려 기존 질서의 핵심적 윤리인 열녀 서사를 선택했습니다. 기생에게도 정절이 기대되었던 본토의 춘향은 남성들의 근엄한 정신주의를 체화하여, 그것을 수단으로 자기의 사랑을 주장하고 보호할 수 있었기 때문입니다. 그러나 애랑은 제주 기생에게 새겨진 '천한 존재'라는 이름을 부정하지 않고 끌어안으며 자기서사를 구축했습니다. 그것은 자기의 육체가 춘향과는 다른 영토성을 지니고 있음을 애랑 스스로 알고 있었기 때문일 것입니다. 애랑의 서사적 정체성은 작품의 배경이 되는 제주의 이중적 이미지와 무관하지 않습니다. 애랑/애랑의 몸은 성스럽고 낭만적이며 동시에 속되고 현실적이기 때문입니다.

> 호남좌도 제주군은 동쪽으로 일본해협과 서쪽으로 조선해협을 사이에 두고, 연꽃이 물위에 떠 있는 모양으로 남해 가운데 돌출하니, 그 가운데 한라산은 도내의 제일 명산이요, 탐라국의 가장 높은 봉우리라. 수많은 냇물이 흘러들고 수많은 산이 서로 다투어 빼어나니, 산의 정신과 물의 정기로 애랑이가 생겨났다. 애랑이 천한 태생으로 창가娼家에 태어났을망정 자태는 월서시越西施, 얼굴은 양태진楊太眞, 재질은 최앵앵崔鶯鶯, 가무는 조비연趙飛燕과 같아 매우 날씬하고 간드러지며 기이하여, 풍류남자가 한 번 보면 청총靑聰을 머물지 않을 자 없더라(김기형 역주, 2005).

애랑은 신령하고 아름다운 제주군의 "산의 정신과 물의 정기로" 태어난 인물입니다. 때문에 천한 창가의 태생이지만, 월나라 서시와 당나라 양태진, 당 전기의 최앵앵과 한나라의 조비연을 한 데 합친 듯 기이합니다. 이 정도 묘사라면 절묘함이 춘향 못지않습니다. 고소설의 통상적인 서사 문법으로 본다면, 이처럼 신이한 애랑의 짝은 당연히 "문무를 겸비하여 십오 세에 생원·진사, 이십 전에 장원급제, 처음 벼슬에 오름에 한림·주서, 차례로 이조·옥당·승지·당상, 방백으로 제주목사 도임길"(김기형 역주, 2005)에 오른 김경 정도는 되어야 할 것입니다.

그러나 제주의 제일 명기인 애랑이 수청을 들어야 하는 것은 "살이 매우 찐 데다 배 또한 다른 사람보다 특히 불러" 담장의 구멍도 통과하기 어려운 배비장입니다. 이번만이 아니라 이전에도 애랑은 목사가 아닌 "성품이 성기고 어설픈" 정비장의 수청을 들었습니다. 애랑은 정비장과의 이별 앞에서 "소녀는 지방의 천한 기생이요, 나리는 서울의 귀한 손님"이라며 두 사람의 관계를 규정하고 있습니다(김기형 역주, 2005). 아무리 아름답고 신령한 자질을 지녔어도 현실의 애랑은 "지방의 천한 기생"일 뿐입니다. 그것을 애랑은 기꺼이 인정하고 있었습니다.

애랑의 자기서사 구축은 자신의 이중적 영토성을 인정하는 것에서 출발합니다. 애랑은 춘향처럼 자신은 일반 기생과 다르다고, 혹은 기생이 아니라고 말하지 않습니다. 애랑은 시도 능하고 부도 능하고 가무에도 능하고 미색도 제일인 제주 최고의 명기이지만(호방이 신관 목사에게 기생을 점고할 때 애랑을 소개하며 "시능부능가무능에 제일미색 애랑이"라고 외칩니다; 김기형 역주, 2005), 자기에게 주어진 비장 수청의 명령을 거부하지 않습니다. 또한 그녀는 "너희 여러 기생 중에 배비장을 혹하게 하여 웃게 하는 자 있으면 큰 상을 줄 것이니, 누가 해보겠느냐?"는 목사의 놀이 제안에, "소녀가 비록 민첩하지 못하지만 사또 분부대로 거행하려 하나이다."라며 자신이 그 놀이의 도구가 되기를 기꺼이 선택합니다.

심지어 전체적인 놀이의 계획을 구상하며 목사에게 한라산으로 꽃놀이를 가면 자신이 계책을 꾸며 놀이를 성공시키겠다고 말합니다. 이 놀이는 배비장을 유혹하는 것이니, 결과적으로 그의 수청을 드는 일이 된다는 것을 애랑이 모르지 않을 것입니다. 그러나 그녀는 비장이 아닌 목사와의 사랑을 꿈꾸는, 춘향이 지녔던 낭만적 희망을 처음부터 시도하지 않았습니다. 그녀는 자신의 처지에서 선택할 수 있는 항목과 역할들을 판단하고, 그것을 수동적으로 강요받기보다 직접 선택하는 것으로 서사를 주도해가는 것입니다.

애랑이 자기서사를 선택하고 주도해가는 모습은 목사와 한 편이 되어 동지적 공모자의 관계를 이루고 배비장을 적극적으로 풍자하고 조롱하는 것처럼 보입니다. 그동안의 연구가 대개 이러한 시각으로 애랑의 역할을 이해해왔습니다. 그러나 애랑이 스스로 썩 나서서 놀이의 도구가 되기로 자청하고(김기형 역주, 2005),[29] 배비장 속이기의 도구로 자기의 육체를 적극 활용하는 것은 그녀가 그동안 하위 주체로서 살아왔던 삶의 내력을 수렴한 선택입니다. 그녀에게 비장 수청은 그것이 놀이의 역할로 부여받든, 공적인 임무로 주어지든 그녀가 직업적으로 해야 하는 '일/노동'입니다. 그녀의 육체는 자신을 위해, 즉 자신의 사랑이나 이상을 위해 사용되는 것이 아니었습니다. 그녀의 몸은 노동의 수단이었고, 그 대가로 그녀는 재물과 명성을 얻어왔던 것입니다.

그녀의 노동을 비장에 대한 '사랑'이나 관료층에 대한 '풍자'로 읽어

29 "기생 점고를 마친 후에 사또가 분부했다. (목) '너희 여러 기생 중에 배비장을 혹하게 하여 웃게 하는 자 있으면 큰 상을 줄 것이니, 누가 해보겠느냐?' 그 가운데 애랑이 아미를 수그리고 입을 잠깐 열어 공손히 여쭙되, (애) '소녀가 비록 민첩하지 못하지만, 사또 분부대로 거행하려 하나이다.' (목) '오- 네가 능히 배비장의 절조를 꺾으면, 정말로 제주 기생 가운데 인재라 하리로다.' 애랑이 여쭙되, (애) '사또 분부는 소녀의 수단대로 하오리니, 바야흐로 때는 봄바람이 부는 좋은 때라. 사또께서 내일 한라산으로 꽃놀이를 가시면, 소녀가 그 사이에 묘한 계책을 얻어 배비장의 절조를 꺾겠나이다.'"

내려는 시도가 의미 없는 것은 아니지만, 그러한 관점은 그녀의 삶과 일상과 자기서사의 중요한 부분을 가리고 지울 우려가 있습니다. 애랑의 몸을 아름답고 신이하고 낭만적인 풍경으로 이해하려는 해석은 제주 기생의 현실에 대한 미화일 뿐이고, 그러한 미화는 결과적으로 목사와 배비장과 방자의 공모와 마찬가지로 애랑에게 그녀가 원하는 자유와 해방을 주지 못합니다.

「배비장전」에 대한 이해는 애랑이 선택한 자기서사를 미화하기보다 그대로 읽어내려는 입장에서 재시도되어야 할 필요가 있습니다. 그것이 애랑의 선택을 부끄럽지 않게 하는 일이며, 그녀의 선택에 지지를 보내는 방식이 될 것입니다. 이러한 독법은 궁극적으로 애랑을 자기서사의 주도자로 인정하고 애랑의 서사적 정체성 회복을 돕는 데 기여할 것입니다. 애랑은 제주가 그러하듯 신이함과 불우함을 동시에 지녔습니다. 그녀는 빼어난 제주 자연의 정기를 타고났지만, 비장을 수청하는 노동을 통해 현실 생활을 유지해야 하는 하위 주체입니다. 그녀가 선택한 정비장과 배비장, 그리고 그들에 대한 애정은 진정한 사랑이라기보다 성실한 근로의 대상입니다.

그녀는 자신이 수년 동안 수청을 들었던 정비장과 헤어지며 "없는 설움을 적당히 지어" 보이면서 뛰어난 재기로 그에게 재물을 얻어낼 줄 알았습니다. 새로운 묘책으로 배비장을 속여서 마음을 빼앗아야 하는 것도 그녀의 임무와 역할입니다. 서술자는 이러한 애랑에 대해 "원래 간특한 계집"이고 "욕심 많은 마음"을 지녔다고 평합니다. 이로 보면 신령한 정기를 받고 태어났지만, 간특한 도구가 되지 않고서야 자기 삶을 꾸릴 수 없는 것이 애랑의 자기서사라고 볼 수 있습니다. 그렇기에 그녀는 자신의 이중적 지위를 인정하고, 그것에서부터 자기서사의 영역을 구축해나갔던 것입니다.

그녀는 타인/본토의 시선을 기준으로 자기서사에 죄의식의 그림자를 드리우지 않습니다. 애랑의 자기서사는 춘향의 낭만적 자기서사와는 다른 성격을 지닌 제주 기생들의 현실적 일상을 담아냅니다. 춘향의 서사를 모든 기생의 서사라고 일반화시키고, 애랑의 서사도 그 안에서 해석하는 것은 애랑의 자기서사가 지닌 특성과 의미를 지우는 일입니다. 이는 사회적 정체성을 부여받지 못한 그녀가 서사적 정체성마저 지니지 못하게 만드는 일이 될 것입니다.

대등한 육체성과 하위 주체의 서사적 정체성 확인

제주는 불사의 신선이 사는 십주十洲의 하나인 영주로 불린 곳입니다. 동시에 제주는 절해고도이고 죄인들의 유배지이기도 합니다. 제주의 풍경에는 신이함과 비척함이 동시에 새겨져 있습니다. 그러한 제주의 산천 정기를 타고 태어난 것이 애랑입니다. 애랑은 시도 잘하고 부도 잘하고 재기도 빼어나며 미색도 제일이지만, 그녀는 매번 성품이 성기고 어설프거나 지나치게 살이 찌고 배마저 유달리 불룩한 비장들의 수청을 들어야 하는 하위 주체입니다.

그녀의 삶과 역할과 가치는 남원의 기생 춘향과 천양지차天壤之差입니다. 애랑은 젊고 아리따운 사또댁 도령과의 사랑은커녕 제주목사의 수청도 들 기회가 주어지지 않는 처지인 것입니다. 그녀의 뛰어난 자질은 기껏해야 목사와 비장과 방자의 놀이에 동원되는 도구적 존재로 역할을 할 때에야 그 가치를 드러낼 수 있습니다. 그녀는 자신이 태어난 제주와 마찬가지로, 빼어난 기질로도 조선이라는 사회에서 가치를 충분히 인정받지 못하는 이중적 영토성을 내재한 존재라 할 것입니다.

그러나 애랑은 자신의 이중성을 부인하거나 수치스럽게 여기지 않습니다. 그녀는 자신의 삶에 새겨진 도구성과 영토성을 인정하는 것에서 자기서사를 구축해갑니다. 기꺼이 남성들의 놀이와 관계 맺기 서사에 자신이 도구가 될 것을 자원하고, 그 역할을 충실히 수행합니다. 그녀는 타인/본토의 시선에 자기서사를 맞추거나 그들이 강조하는 고매한 정신성에 기죽어 자기 삶을 수치스럽게 생각하지 않습니다. 이것은 그녀가 자신의 이중성을 내재적으로 초월했음을 보여줍니다. 그렇게 함으로써 애랑은 자기 삶의 적나라함에 직면하고, 그곳에서 새로운 서사를 써나가는 것입니다.

에릭 에릭슨Erik Erikson이 제시한 인간의 심리사회적 발달단계에 비춰 본다면, 애랑은 자신의 자질에 대한 신뢰를 바탕으로 '수치심/의심'이 아닌 '자율성'을, '죄의식'이 아닌 '주도성'을 발달시키며 자기서사를 자율적이고 주도적으로 구축하고 있는 인물이라 평가할 수 있습니다(에릭슨은 인간의 심리사회적 발달단계를 8단계로 나누었는데, 그중 2번째 단계가 '자율성 대 수치심/의심'이고 3번째 단계가 '주도성 대 죄의식'입니다; 스테판 미첼·마거릿 블랙, 2002). 애랑이 사회적 정체성이 불완전한 자신에 대해 수치심이나 의심 혹은 죄의식을 지니지 않은 것은 그녀가 지닌 '육체성'에 대한 인식 때문이 아닌가 합니다.

애랑은 본토인 대 제주인, 그리고 남성 대 여성이라는 틀 안에서 이중적 하위 주체로 규정됩니다. 그로 인해 사람/남성들은 그녀의 몸을 빼어나면서도 천한 대상으로 바라봅니다. 그러나 그녀는 자신의 불완전하고 모순되고 이중적인 몸에 대해 다른 사람, 특히 남성의 몸과 다르지 않다고 바라봅니다. 이는 그녀가 자기 몸을 놀이의 도구로 삼고자 하는 남성들의 제안에 기꺼이 자발적으로 참여하는 과정에서 잘 드러납니다. 애랑은 놀이 과정에서 자신의 육체를 남성들이 원하는 방식으로 도구화합니다. 그것은 애랑이 스스로 계획한 묘책이기도 합니다(김기형 역주, 2005). 그런데 그 묘책은 참으로 교묘하게 자기를 놀이의 도구로 삼았던 남성의 육체 또한 놀이 도구로 만들어버립니다. 가슴까지 드러내며 배비장을 유혹한 애랑은 배비장이 알몸으로 궤짝 안에 들어가게 만들고, 결과적으로 자기와 같은 기생들과 제주의 사람들이 모두 바라보는 동헌 한가운데서 그 알몸을 드러내게 만든 것입니다.[30] 애랑을 천한 육체로 보았던 배비장의 몸 역시 놀이의 도구이자 천한 조롱거리가 되는 순간입니다.

'알몸'은 원시적 육체로서, 상하·남녀를 모두 평등한 존재로 만듭니다. 사회적 정체성은 원시적 육체가 아닌 인위적·문명적 육체, 즉 의관으로 규정됩니다. 목사의 의관을 갖추면 목사의 육체가 되고, 비장의 복색을 차리면 비장의 몸이 되며, 기생의 차림을 꾸미면 기생의 몸뚱이가 됩니다. 그러나 원시적 육체로서의 알몸은 누구나 같은 인간이라는 것을 확인시킵니다. 의복이 고상한 것이 되는 인위적 맥락에서야 알몸이 수치스럽고 열등한 것이지만, 알몸끼리 마주할 수 있는 관계에서는 서로의 알몸이 부끄러운 것이 아니라 편안하고 자연스럽고 대등한 것이 됩니다.

30 "함정 같이 잠긴 금거북이 모양의 자물쇠를 툭 쳐서 열어 놓으니, 배비장이 알몸으로 쑥 나서며, 그래도 소경 될까 염려하여 두 눈을 잔뜩 감으며 이를 악물고 왈칵 냅다 짚으면서 두 손을 허우적거리며 갈 때, 한 사람이 나서며, '이리 헤엄쳐라.' 한참 이 모양으로 헤엄쳐 갈 때, 동헌 대청에다 머리를 딱 부딪히니, 배비장이 눈에 불이 번쩍 나서 두 눈을 뜨며 살펴보니, 동헌에는 목사 앉아 있고, 대청에는 삼형수, 전후 좌우에는 기생들과 육방 관속, 군로배가 있다가 일시에 두 손으로 입을 막고 참는 것이 웃음이었다."(김기형 역주, 2005)

애랑의 알몸만이 놀이의 도구가 되었더라면 애랑은 자신에 대한 수치와 의심과 죄의식을 지니게 되었을지 모릅니다. 그러나 애랑은 '간특하게도' 자신의 몸을 천하다 여겼던 배비장을 자신과 같이 알몸이 되게 했고, 그의 알몸도 놀이의 도구가 되게 했습니다. 그렇게 함으로써 풍자 놀이의 주체와 도구의 경계를 허물어버렸습니다. 어느새 주체도 도구가 되고, 도구였던 자신도 주체가 된 것입니다. 이러한 '묘책'은 애랑이 계획한 자기서사의 일부였습니다. 이 서사 전략을 통해 애랑은 의복이 상징하는 사회적 정체성의 결핍을 충분히 보상하고, 하위 주체의 새로운 정체성, 즉 서사적 정체성을 회복하고 있는 것입니다.

이것은 사회적 정체성의 결핍에서 오는 불신과 수치심과 죄의식으로 고통받는, 애랑과 같은 처지에 있는 하위 주체들의 고통스러운 마음을 만져주는 힘이 됩니다. 애랑은 자기 몸이 '천한 것'임을 수용함으로써 수많은 '천한 몸'들과의 연대를 꾀합니다. 그리고 그 '천한 몸'이 사실은 평등한 몸임을 서사적으로 증명하여, 자신은 물론 수많은 '천한 몸들', 즉 하위주체들에게 새로운 정체성 발견의 가능성을 제공하는 것입니다.

하위 주체의 서사적 정체성 회복은 그들의 자기감을 고양하고 그들이 스스로를 견고하고 응집력 있는 존재로 느끼게 합니다. 자기감이 충만하고 응집력 있는 존재는 타인의 시선에 휘둘리지 않기에 외부의 평가에 비장하게 반응하지 않으며, 오히려 유연하고 통쾌하게 자기 목소리를 드러낼 수 있는 것입니다. 때문에 애랑의 서사적 정체성 회복은 장렬하게 절개를 외치던, 그래서 다른 기생들과는 다르다고 자기를 차별화했던 춘향의 항거보다 더욱 강렬하고 생명력 강한 저항의 몸짓이 될 수 있다 하겠습니다.

4. 『임상국부자삼취기』, 육체의 경계 지우기를 위한 패러디와 자기서사 설계

조선 후기 상상력의 위계와 차별

일반적으로 인간의 정신활동은 외부의 힘으로부터 자유롭고 침해받지 않는 절대적 영역이라고 생각합니다. 그러나 물질적 생활뿐 아니라 정신적 활동에서도 사람들은 외부 규율의 지배를 받습니다. 기성세대는 종종 젊은 세대에게 '그런 것은 꿈도 꾸지 마라'라는 말을 합니다. 이 말은 한 시대와 사회에 금지되는 생각과 상상이 있음을 나타냅니다. 달리 말하면, 특정한 생각과 상상에 대한 '그 시대와 사회의 금기'가 존재하는 것입니다. 금기시되는 '특정한 상상력'의 내용을 규정하는 것은 그 시대의 중심 문화와 권력입니다. 문화와 권력이 허용하는 범위에서 사회 구성원들의 상상력의 범위가 정해지는 것입니다.

중심 문화와 권력이 인정한 범위 내의 상상력 안에도 위계와 차별이 존재합니다. 정운채(2015)는 문화라는 권력 체계의 변화가 상상력의 금기 및 허용의 체계 변화를 수반한다고 했습니다. 문화가 바뀌면 권력의 중심이 이동하고, 바뀐 권력의 체계로 인해 이전에 허용되었던 것이 금기가 되거나 반대의 현상이 발생한다는 것입니다. 그 결과 시대마다 허용되는 상상력의 범주가 달라지고, 또 허용되는 정도에 따라 상상력 안에서도 위계와 차별이 존재할 수 있는 것입니다. 이러한 위계와 차별은 오늘날에도 여전합니다.

서양의 문화 권력이 지배하는 이 시대에는 동양의 상상력이 상대적으로 열세한 형편입니다. 정재서(2010)가 지적했듯, 오늘날 사람들은 몇 천 년간 공존했던 『산해경』 속 '인어아저씨'에 대한 상상을 20세기 서양에서 들어온 '인어아가씨'에 대한 상상보다 열등하다고 느낍니다('인어아저씨'라는 말을 들었을 때, 낯설고 어색한 느낌이 들며 눈살이 찌푸려지는 것이 이를 증명합니다). 마찬가지로 고대 동양신화의 소머리 인간인 염제炎帝가 지녔던 신성神性은 사라지고, 서양신화의 소머리 인간 미노타우로스가 지닌 괴물성怪物性이 반인반수에 대한 인상을 지배합니다.

문학 작품에 구현된 상상력에서 우리는 그 작품이 창작되고 향유되던 시기에 존재했던 문화적 위계와 차별적 시선을 읽어낼 수 있습니다. 문학은 상상력을 규율하는 '현재 권력과 미래 권력이 경쟁하는 장'이기 때문입니다(정운채, 2015). 대표적인 사례가 이류교혼異類交婚에 대한 상상력입니다. 이류교혼은 신화시대부터 존재했던, 동양 서사문학의 대표적 모티브로서, 인간과 '인간 외의 다른 종' 사이의 혼인 관계를 의미합니다.

이류교혼은 '이류'의 종류에 따라 명혼冥婚과 인신교혼人神交婚 그리고 이물교혼異物交婚으로 나눌 수 있습니다. 명혼은 인간이 명계의 존재와 혼인 관계를 맺는 것으로, 전기傳奇의 대표적 화소입니다(박일용, 2001). 인신교혼은 인간과 신의 결합으로, 지괴志怪에 자주 등장하며 명혼의 이전 형태라고 이야기됩니다(김수연, 2015a). 이물교혼은 인간과 비인간의 관계 맺음을 의미하는데(이물교혼 설화란, 구전설화에서 "인간과 비인간계의 존재가 성적인 접촉을 매개로 관계 맺는 모티프를 수용한 설화"를 말합니다; 강진옥, 1990), 대부분의 이물은 동물로 상상됩니다. 이 중 문학적 상상력의 위계와 차별을 가장 잘 드러내는 것이 이물교혼 서사입니다. 인간과 교혼 관계를 맺는 동물 중 상상이 너그럽게 수용되는 것도 있고, 그렇지 않은 것도 존재하기 때문입니다. 이것은 이물에 대한 상상의 영역을 당시의 문화와 권력이 규율하고 있었음을 반영합니다.

인간의 교혼 대상으로 허용되는 '이물'은 주로 신이한 동물입니다. 신이한 동물과 인간의 교혼은 대개 자손의 출산으로 이어집니다. 이때 태어난 자손은 위대한 인물로 묘사되는데, 이는 그 자손이 "신이한 동물로 상징되는 초자연적인 힘과 연결된 존재"(강진옥, 1990)라는 믿음을 부여받기 때문입니다. 이물교혼이 신성혼의 성격을 지니는 것입니다. 이러한 이유로 이물교혼은 신화시대가 지난 이후에도 여전히 서사의 핵심 화소로 수용되었습니다. 특히 국가나 가문의 시조설화에서는 이물교혼이 중요한 모티브로 활용됩니다(이물교혼 모티브는 인물과 사건의 신이성을 나타내기 위해서도 사용됩니다. 여우와 인간 사이에서 태어났다는 강감찬 설화와, 김현과 호녀의 관계를 그린 「김현감호」가 대표적입니다).

이물교혼을 핵심 서사로 삼은 시조설화를 특별히 수조獸祖설화라고 부릅니다. 한국형 수조설화에 등장하는 신이한 동물로는 상상의 동물인 용이 대표적이며(「작제건 설화」), 실재하는 동물 중에서는 곰(「단군신화」)과 구렁이(「견훤 설화」) 그리고 잉어(「어씨 설화」)[31] 등이 있습니다. 이들 동물에 대한 상상이 전통 사회의 사람들에게는 관대하게 허용되었던 것입니다.

반대로 한국형 수조설화에서는 거의 볼 수 없는 동물도 있습니다. 대표적인 것이 '개'입니다. 개가 등장하는 이물교혼 서사가 없는 것은 아니나, 그 경우 '개'와 인간의 교혼은 부정적인 것으로 그려집니다. 대표적인 것이 『한국구비문학대계』에 수록된 「남편 행세한 개」 유형의

---

31 물고기가 몸을 스치고 간 뒤 태어난 아이를 시조로 삼았기에 어(魚)라는 성을 부여받았다는 설화가 있다(강진옥, 1990).

이야기들입니다.[32] 이들 서사에서 인간과 교혼한 개는 대부분 죽임을 당합니다. 무엇보다 인간과 개의 교혼은 뛰어난 능력을 지닌 자손의 출산으로 이어지지 않습니다. 『임석재 전집』에는 개와 인간이 교혼하여 자손을 낳는 이야기가 실려 있기는 하지만, 이것은 위대한 자손의 탄생담이 아니라 '오랑캐'의 시조를 조롱하기 위한 이야기입니다(임석재, 1987).

이러한 서사 상황은 개와 인간의 교혼을 신성혼으로 보고 있지 않음을 나타냅니다. 「숙향전」의 삽살개처럼 '개' 자체의 신이성과 초월성을 이야기하는 작품도 있지만, 이물교혼 서사에서는 '개'를 긍정적으로 바라보지 않는 것입니다. 이는 '개'를 인간의 교혼 대상으로 상상하는 것이 금기시되었던 당시 정황을 반영합니다. 한국의 수조설화에서 인간과 교혼하여 위대한 자손을 낳는 신성한 개를 발견하기 어려운 것은 이 때문입니다.

조선 후기 이물교혼 상상력의 위계 질서 속에서 '개'는 금기와 차별의 대상이었습니다. 그런데 그러한 '개'를 조상으로 삼아, 위대한 자손을 낳는 시조설화가 존재합니다. 18세기 이후에 창작되었을 것으로 추정되는 한문소설 『임상국부자삼취기』가 그것입니다. 이 작품은 인간과 개가 교혼하여 뛰어난 자손을 낳고, 그 인물이 조선 명문 중 하나인 임씨任氏 가문의 시조가 되었다고 말하고 있습니다.

---

32 벌교읍 설화 87 「개와 동침한 여자」; 양도면 설화 18 「탈개 버선」; 삼산면 설화 12 「남편 행세한 개」; 이백면 설화 20 「개의 질투」(박계홍 편, 1985). 이들의 공통 줄거리는 다음과 같다. "어떤 여자가 남편 없는 사이에 개와 상관을 했는데, 개에게 버선을 씌워서 어깨에 발톱이 스치지 않도록 했다. 그것을 알아챈 시아버지가 개를 죽이려고 순사에게 신고했다. 순사는 총으로 개를 죽였고 시아버지는 며느리를 쫓아냈다. 나중에 여자는 아이를 낳았는데 반은 사람이고 반은 개였다. 여자의 어깨에 개 발자국이 남은 것 때문에 개와 동침한 사실이 알려지는 경우도 있다."(정운채 외, 2009a).

선행 연구는 『임상국부자삼취기』에 나타나는 인간과 개의 교혼을 "가문의 시조에 관한 신화적 서사"로 보고, 작품이 이러한 서사를 차용한 것은 "계급질서가 무너진 조선 후기에 신분 상승을 꾀하기 위한 다양한 시도의 하나"였을 것이라고 추측했습니다. 이 작품이 "임씨를 자신들의 성으로 받아들인 하층 집단이 자신들의 정체성과 정통성을 강화하기 위해 창작한 가문일대기적 소설일 가능성"을 배제할 수 없다는 것입니다(조재현, 2012). 임씨의 후손이 자기 가문을 높이기 위해 이물교혼을 차용했다는 추정은 대개의 이물교혼이 신성혼의 성격을 지닌다는 전제에서 타당합니다.

그러나 '개'를 시조로 삼는 상상력이 신성한 것으로 받아들여지기 어려웠던 조선 후기의 정황을 고려하면, 이 작품이 차용한 개와 인간의 교혼에 대해 조금 더 논의를 보완할 필요가 있을 것입니다. 가문의 신성성을 담보하기 위해서는 조씨趙氏나 어씨魚氏 설화의 용이나 잉어처럼, 당시에 허용되는 이물을 차용하는 것이 훨씬 수월하고 논란의 여지가 없어 보이기 때문입니다. 이 작품의 작가도 자신이 사는 사회에서 인간과 개의 교혼에 대해 차별적이고 비판적인 시선이 존재했음을 인지하고 있었습니다. 주인공 임자명이 직접 자신과 개의 교혼을 "세상 사람들이 알면 비웃을 것"이라고 걱정하는 대목이 나오기 때문입니다.

하지만 작가는 금기를 깨고 차별에 도전하며, 인간과 개의 교혼을 상상하고 서사화했습니다. 왜 그랬을까요? 인간과 개의 교혼을 시조설화로 차용할 수밖에 없는 내막이 있었을 것입니다. 그러나 그 내막을 증명할 구체적 증거를 발견하기란 쉽지 않습니다. 때문에 여기서 『임상국부자삼취기』의 창작 배경을 완벽하게 규명하지는 못할 것입니다. 그러나 금기된 상상을 공식적 언어인 한자로 서사화해야만 했던 추정 가능한 정황을, 작품이 구축한 서사의 성격을 통해 가늠해볼 수는 있을 것입니다.

발칙한 패러디와 치열한 자기서사

미국 U.C. 버클리 동아시아 도서관에 소장된 한문소설 『임상국부자삼취기』는 명나라 3대 영락제(재위 1402~1424)의 치세를 배경으로 '임홍任弘-임자명任子明-임산추任山秋'로 이어지는 3대의 이야기를 그린 소설입니다. 분량은 86면으로 중편에 해당합니다(한 면에 10행, 한 행에 20자 분량이 필사되어 있습니다). 표제는 '임상국삼취기 단任相國三娶記 單'으로 되어 있고, 권수제는 '임상국부자삼취기任相國父子三娶記'로 적혀 있습니다. 이 작품을 처음 소개한 조재현(2012)의 말대로 이 작품은 "아버지와 아들 모두 세 번의 결혼을 통해 이야기를 전개시켜나가고" 있습니다.

그러나 엄밀히 따져보면 제1대 임홍은 3명의 부인 요씨姚氏, 주씨周氏, 설씨薛氏를 두지만, 서사 전개에 의미를 지닌 혼인은 집안을 이을 자손을 둔 주운화와의 혼사뿐입니다. 요씨는 요절하고, 설씨는 보조적으로 기능하기 때문입니다(설씨는 조선에 있는 주씨에게 임홍의 부고와 유고시遺稿詩를 전해주어 주씨 모자가 중국으로 들어오게 하고 주씨와 자매처럼 지내며 주씨의 아들 임자명을 돌보는 역할을 합니다). 2대 임자명도 3명의 부인 위씨魏氏, 정씨鄭氏, 경씨慶氏를 두지만, 그 외에 1명의 시첩 위자란魏紫蘭이 있고 또 하나의 수첩獸妾이 있습니다. 수첩獸妾은 말 그대로 동물 첩입니다. 서사의 핵심은 삼취三娶에 포함하지 않는 수첩獸妾과의 교혼에 놓여 있습니다. 그들 사이에서 태어난 임산추가 임자명의 서사적 비중을 이어받고 있기 때문입니다(세 부인이 낳은 원元 자 항렬의 아들들은 특별한 사건에 연루되지 않고, 주변 인물로 기능합니다).

이 작품은 조합형 구조를 취하고 있습니다. 모자이크 구성이라고도 하는 조합형 창작 방식은 18세기 후반부터 등장하여 19세기에 성행했습니다. 이 작품의 큰 틀은 건국신화와 삼대록三代錄계 소설에서 흔히 볼 수 있는 3대기 구조(건국신화: 파견자-중계자-실현자라는 3기능 체계; 조현설, 2003)와 가정 및 가문소설의 중심 화소인 일부다처형 결연 구조입니다. 건국신화와 가문소설의 구조적 결합은 한 집안의 기반을 구축하고 세력 확장을 추구한다는 점에서 하나의 가문서사로 통합됩니다.

그러나 이 두 가지 구조를 차용해 만든 이 작품의 가문서사는 단조롭습니다. 반복되는 임홍과 임자명의 서사에서 두드러진 부자 갈등이나 첨예한 혼사 장애가 등장하지 않기 때문입니다. 임홍의 부인들과 임자명의 처첩들은 「구운몽」의 8부인처럼 자매애적 관계를 형성합니다. 그러면서 8부인과 같은 입체적 인물 형상은 부족합니다. 임홍의 부인들은 독자인 임자명을 길러 가문을 유지하는 데 협력하고, 임자명의 처첩들도 자손의 수를 늘려 가문을 확장하는 데 기여할 뿐입니다.

그러나 작품은 이러한 단조로움을 또 다른 서사틀의 차용을 통해 깨뜨려갑니다. 그 첫 번째가 월경서사의 차용입니다. '월경越境'은 국경을 넘는다는 의미입니다. 『임상국부자삼취기』의 작가는 형식적으로 나열한 듯한 혼인 관계들 속에, 일반적 가문소설에서 보기 드문 혼인 관계를 제시합니다. 1대 혼인서사의 핵심이 되는 임홍과 주운화를 명나라 사신과 조선 관리의 딸로 설정한 것입니다. 명나라 제3대 영락제 연간에 우승상 임홍은 자원하여 국경을 넘습니다. 사신이 되어 조선을 방문한 것입니다. 그는 기도箕都(평양)의 방백方伯 주형선周衡善을 만나게 되고 그의 딸 주운화와 혼인합니다.

사실 월경 화소나 중국인과 한국인의 결연이 낯선 것은 아닙니다. 월경은 「최척전」과 「김영철전」 등에서도 사용했던 서사틀입니다(「최척전」과 「김영철전」은 전란으로 인해 부득이 국경을 넘어 타국에서 생활할 수밖에 없었던 조선인의 이야기를 그렸습니다). 중국인과 한국(조선)인의 혼인도 완전히 새롭다고 하기는 어렵습니다. 「최척전」의 최척 아들과 「김영철전」의 김영철도 중국에 머무는 동안 중국 여인과 결혼을 하고 자식도 두었기 때문입니다.[33]

『임상국부자삼취기』의 월경 화소가 흥미로운 것은 기존의 형식을 가져오며 조선 후기 서사에서 흔하게 발견할 수 없는 내용을 첨가하고 있기 때문입니다. 명나라 우승상 임홍과 조선 방백의 딸 주운화 사이에 태어난 아들 임자명이 임홍 집안의 적장자가 된다는 것입니다. 임홍은 홀로 명나라로 돌아간 후 황제의 사혼에 의해 새로이 설씨와 혼인하지만, 그 사이에서 자녀를 하나도 두지 못하고 죽습니다. 결과적으로 조선 부인에게서 태어난 임자명이 명나라 우승상 가문의 유일한 후계자가 된 것입니다.

설씨에게 자식이 있었다면 임자명은 가문의 승계자가 되지 못했을 것입니다. 많은 가문소설이 여러 형제를 두어 다양한 계후 갈등을 사건화하는 것과 달리, 『임상국부자삼취기』는 임자명을 독자로 설정함으로써 어떠한 갈등도 없이, 오히려 위계상 아버지인 임홍의 정부인에 해당하는 설씨의 초대와 환영을 받으며 당당하게 그가 임씨 가문의 주인이 되게 했습니다. 이것은 순수한 혈통을 중시하는 일반적 가문소설의 서

33 「주생전」과 「위경천전」도 임진왜란을 시대 배경으로 하면서 조선에 파병와 있는 중국인의 사연을 소개하고 있다. 물론 「주생전」과 「위경천전」처럼 중국인이 조선에 온 경우는 혼인담이 나타나지 않는다는 점에서 『임상국부자삼취기』의 월경 화소가 지닌 독특함을 말할 수도 있다.

사 문법에서 벗어나기에 새롭다고 할 만합니다.

두 번째는 신화적 인수교혼人獸交婚 화소의 차용입니다. 임홍과 주운화 사이에서 태어나 임씨 가문의 으뜸 어른이 된 임자명은 세 명의 부인에게서 각각 3남 2녀, 2남 2녀, 5남 5녀를 둡니다. 이들은 모두 뛰어난 자질을 지녀 가문은 영화를 누립니다. 이렇게 가문의 완성을 이룬 시점에서 임자명은 중병이 들어 산천을 유람하며 조병調病합니다. 그리고 유람 중 만난 소년의 인도로 기린산麒麟山 추월동秋月洞에서 정공을 만납니다.[34] 정공은 이전 임금인 건문제 때 승의랑承議郎[35]을 지내다, 영락제가 정란을 통해 황위에 오른 후에 벼슬을 버리고 은거한 인물입니다.

정공은 임자명이 올 것을 미리 알고 그의 병을 치유할 방법을 마련해놓았다고 했습니다. 그러고는 아들을 화하花下 청려青藜 선생에게 보내 '창구蒼狗'를 빌려오게 합니다. 그것과 친압親狎하면 만병이 낫는다는 것입니다. 창구는 황제黃帝 때 태어난 것으로서, 지식이 있고 병을 치유할 능력이 있다고 했으니 신성한 동물입니다. 신성한 동물과 인간 사이에 이루어지는 인수교혼은 인물의 신이성을 보장하고 싶을 때 자주 사용하는 것이기에 그다지 새로운 것은 아닙니다.

그러나 『임상국부자삼취기』는 기존의 인수교혼 모티브를 차용하며 다시 전복의 변주를 시도합니다. 당시 문명권의 중심인 명나라의 최고 권력자가 교혼한 신성한 동물을 창구, 즉 푸른 빛깔이 도는 개로 설정한 것입니다. 신화시대라면 개와 인간의 교혼이 크게 문제되지 않습니

---

34 원문에는 '少年日, 我則前朝鄭ㅁ之子'라고 하여, 이름 부분을 일부러 비워두었다.

35 원문은 前朝承儀郎으로 표기되어 있다. 전조(前朝)는 일반적으로 이전 왕조를 뜻하나, 여기서는 명나라 제2대 건문제 치세 기간을 지시하고 있다. 승의랑은 고려부터 시작되어 조선까지 존재했던 정6품 문반직이다.

다. 동양의 고대 신화에는 제곡의 딸이 반호라는 개와 교혼했다는 내용도 보입니다(제곡은 제요와 설과 후직의 조상이자 은殷 왕조의 시조로 알려져 있으며, 서방의 신 소호의 아들이라고도 합니다; 정재서, 2010). 제곡 고신씨가 오랑캐 적장의 목을 베어오는 이에게 공주를 아내로 삼게 하겠다고 선포했는데, 마침 왕이 기르던 반호盤瓠라는 개가 적장의 목을 가져온 것입니다. 제곡과 신하들은 반호가 사람이 아니라는 이유로 공주와의 혼인을 주저했으나, 공주가 신의를 지켜야 한다며 자진하여 반호와 혼인을 했다는 이야기입니다(정재서, 2010).

제곡은 중화를 대표하는 신神 황제黃帝의 혈통이기에, 신화시대에 제곡의 딸과 반호의 교혼은 신성성을 담보한 서사였습니다. 『임상국부자삼취기』의 작가도 이러한 신화를 의식하여 창구를 황제 때 태어난 존재라고 말함으로써 창구의 신성성을 확보하고자 했습니다. 그러나 문제는 신화시대와는 다른 조선 후기의 문화 권력 체계에서 개와 인간의 교혼은 허용보다는 금기에 가까운 상상이었다는 점입니다. 『임상국부자삼취기』와 동시기에 향유된 오랑캐 설화나 「개와 동침한 여자」 계열 설화를 보면, 개와의 교혼을 부정적이고 조롱 섞인 어조로 이야기하고 있었음을 알 수 있습니다. 그럼에도 이 작품은 당시에 차별적 시선으로 바라보는 상상력을 차용하여 주인공과 개의 교혼을 서사화한 것입니다. 이것은 인수교혼 화소가 환기하는 신성성에 새로운 균열을 만든 것이라고 볼 수 있습니다.

『임상국부자삼취기』의 인수교혼 차용이 만든 균열은 수조신화와의 결합으로 심화됩니다. 수조신화는 동물을 조상으로 삼는 시조신화를 가리킵니다. 작가는 임자명과 창구가 교혼한 결과로 태어난 인물이 조선으로 건너가 임씨의 시조가 되도록 했습니다. 병든 임자명은 정공의 말에 따라 '창구(백구)'[36]와 관계를 맺었습니다. 그런데 후일 임자명을 닮은 임산추가 찾아와 자신이 그의 아들이라고 말합니다. 창구의 소생인 것입니다.

명나라 승상으로 세인의 존경을 받는 임자명이 창구, 즉 개와 관계를 맺는다는 것도 흔하지 않지만, 그 사이에서 자식을 낳았다는 것은 파격이라 할 만합니다. 뿐만 아니라 이 소설이 독자를 더욱 긴장시키는 것은 그 창구의 아들이 조선 명문가의 시조가 되었다고 하는 설정입니다. 작품은 결말부에서 임자명이 임산추를 조선으로 보내 외가인 주운화의 집안을 잇게 했고, 조선에 간 임산추가 무공을 세워 벼슬에 오르고 자손도 많이 낳아 종국에는 조선 임씨의 시조가 되었다고 전합니다. 다수의 한국형 수조신화가 용(창녕 조씨)이나 잉어(충주 어씨) 혹은 구렁이(견씨) 등을 시조로 삼는 것(서해숙, 2009)에 반하여, 오랑캐의 시조를 조롱할 때 사용했던 개를 시조로 서사화한다는 것은 이 작품의 상상력이 가져오는 균열의 정도가 심각함을 나타냅니다.

『임상국부자삼취기』는 기존의 화소와 구조를 반복적으로 차용하고 변주하며 하나의 이야기로 조합해낸 작품입니다. 작품 전체가 하나의 패러디인 것입니다. 그런데 이 작품이 시도하는 패러디에는 두 가지 시선이 교차·대립·조정되고 있음을 발견할 수 있습니다. 하나는 이 작품의 패러디를 유쾌하지만은 않게 바라보는 독자의 시선이고, 다른 하나는 그러한 독자의 시선을 의식하면서도 이러한 패러디를 만들 수밖에 없는 창작 집단의 시선입니다.

---

36 처음 화하 청려노인에게 청할 때는 '창구'라 했고, 이후에는 '백구'라 했다. 여기서는 처음 지칭한 창구를 대표 호칭으로 삼는다.

독자의 입장에서 볼 때 이 작품이 시도하는 변주들은 발칙합니다.[37] 처음에는 익숙한 서사의 틀을 단순히 모방하는 것처럼 보이지만, 점차 미묘한 비틀기를 통해 독자가 '당연하게' 여기던 것을 낯설게 보이도록 만들기 때문입니다. 가문소설의 투식인 삼대 구조와 결연담, 시조설화와 수조신화, 월경 화소 등 당시에 존재했던 모든 서사틀을 빌려와서 궁극적으로는 문명국 귀족 가문을 동이족 후손으로 잇게 하고, 조선의 명문가를 창구의 자손으로 계승하게 했습니다. 이것은 당시 문화 권력이 권장한 상상력의 위계를 흐트러뜨린 '발칙한' 일입니다. 독자들은 이 작품의 발칙함을 기특하다고 여기기보다 조소의 대상으로 삼았습니다. 금기에 다가가는 시도였기 때문입니다.

작가는 독자들이 이 작품의 상상력을 발칙하고 불쾌하고 우스운 것으로 생각하고 있다는 것을 알고 있었습니다. 명나라 승상이 조선의 아내와의 사이에 자식이 없어 대를 잇지 못하는 사연에 대해 작가는 황제의 입을 빌려 독자의 목소리를 전합니다. 영락제는 조선 여성 주운화를 잊지 못해 괴로워하는 임홍에게 주운화가 삼종지의三從之義 중 종부從夫의 의리를 따르지 않았으니 중국에 들어오게 할 필요가 없다고 말합니다. 또한 주운화는 중국에서 만 리나 떨어진 외역에 있기에 소식을 통하기 어려우니 홀아비로 살지 않도록 마땅한 혼처를 찾아야 한다고도 했습니다. 그러면서 설씨를 중매합니다.

임홍은 주운화가 무남독녀로 부모를 봉양해야 하기에 부모 생전에는 중국에 들어오기 어렵다고 했으나, 영락제에게 만 리 외역 여인의

---

37 패러디는 원래 원본을 희화화하기 위해 모방하는 것이며, 그 과정에서 원본을 파괴하는 충격을 수반한다. 원본의 파괴는 원본이 사실로서의 진실이 아니라 제도와 규범이 만든 이차적 구성물임을 폭로하는 전복이다(조현준, 2016).

효는 명나라 남편을 따르지 않는 괘씸한 부덕婦德일 뿐이었습니다. 그러한 여인은 중국에 들어오게 할 필요가 없다는 황제의 말은 주운화가 중국의 경계에 진입할 자격이 없다는 뜻과 같습니다. 이것은 조선 여인을 명나라 고관의 정실로 받아들이는 것을 흔쾌하게 여기지 않는 시선들이 있음을 의식한 것입니다.

뿐만 아니라 작가는 창구와의 친압도 세상 사람들이 조롱할 것임을 분명히 인식하고 있었습니다. 창구와 친압을 해야 만병이 치유될 수 있다는 정옹의 말에 대해 임홍 자신의 입으로 '이 사실이 알려지면 세상 사람들이 비웃을 것'이라고 걱정하기 때문입니다. 이를 증명하듯 창구가 낳은 아들 산추가 찾아온 후 임자명과 창구의 관계가 세상에 알려지자 사람들은 그러한 기담奇談을 서로 전하며 비웃었습니다. 이로 인해 임자명은 무척이나 괴로워했습니다. 그리하여 산추를 동국에 보내 외조부모의 후사를 잇게 하는 것을 방도로 삼은 것입니다.

이것은 모두 당시 독자들의 시선을 반영합니다. 그런데 작가는 불편해하는 독자의 시선을 감추지 않고, 오히려 작품의 사이사이에 그것을 삽입하여 다시 독자에게 보여주고 있습니다. 이러한 서사 전략은 작가가 독자에게 자신이 독자의 비판을 분명히 인지하고 있다는 사실, 그러면서도 이러한 이야기를 쓸 수밖에 없는 처지라는 사실을 호소하는 것으로 보입니다. 비난을 감수하면서도 작품을 써야 했던 이유는 이 작품이 작가에게는 단순한 유희가 아니라 생존을 위한 것, 그래서 치열하게 완성해야 하는 자기서사라는 호소인 것입니다.

이처럼 『임상국부자삼취기』는 다양한 서사 양식의 조합을 발칙한 패러디로 바라보는 독자의 시선과, 그러한 시선을 알면서도 치열하게 자기서사를 구성해야 했던 작가의 시선이 교차되는 사이 지점에서 만들어진 작품입니다. 이 작품이 완성하고자 한 자기서사는 작가 개인의 자기서사라기보다 작가가 속한 집단의 자기서사입니다. 집단의 자기서사는 그 집단의 내력과 정체성을 이야기합니다. 그런데 만약 사회 구성원 전반이 집단의 자기서사를 마뜩치 않게 바라본다면 어떨까요? 그러한 시선을 인정하고 동시에 그것에 대응하는 논리를 마련해야 할 것입니다.

이 작품은 패러디를 대응 논리로 삼았습니다. 작가가 속한 특정 집단의 자기서사를 그 집단이 속한 더 큰 사회의 자기서사에 편입하기 위해서 작가는 그 사회가 익숙하게 여기는 서사틀을 그러모은 것입니다. 그리고 그 사이사이에 자신들의 서사를 넣어 변주를 꾀했습니다. 때문에 독자들은 단순한 모방작일 것이라 생각했던, 그래서 그저 그런 가문소설의 아류라고 생각했던 작품에서 뜻밖의 긴장과 놀라움을 경험하는 것입니다. 그렇다면 이 작품은 어떠한 대응 논리로 자기서사를 구축하고 있을까요? 이 작품의 자기서사는 궁극적으로 무엇을 의도하는 것일까요? 이에 대한 논의가 이어져야 할 것입니다.

몸 섞기를 통한 육체의 차이 지우기

『임상국부자삼취기』는 기존의 소설 투식을 모아서 기우며, 특별한 갈등과 드라마틱한 해결을 설정하지 않았습니다. 그래서 다소 단조로운 작품 혹은 18세기 이후 등장한 아류작 중 하나라고 평가할 수 있습니다. 그러나 이것을 뒤집어 생각하면, 작가는 이야기꾼으로서의 기양技癢 때문에 이 소설을 쓴 것이 아니라는 말이 됩니다. 그는 자기가 속한 집단의 자기서사를 구성해 보여야 하는 당위와 목적이 있었고, 그것이 사실적 글쓰기 방식으로 담기 어려운 내용이기에 소설 양식을 택한 것일지 모릅니다. 그래서 이러저러한 소설들을 모아, 그 사이사이에 자기 서사를 끼워 넣은 것입니다.

이렇게 해서 작가가 말하려는 것은 무엇일까요? 이것에 대한 해명은 바로 작품 안에 존재합니다. 이 작품이 반복하는 차용과 변주를 통해 왜 이 작품이 단순한 모방이나 아류가 아닌지를 알 수 있기 때문입니다. 작가는 주류적 상상력의 위계를 인지하고 있으면서도 의도적으로 그것을 위반하고 있습니다. 조선 여인의 아들로 명나라 최고 가문을 잇게 한 것, 창구의 아들로 조선 명문가의 시조가 되게 한 것. 이 두 가지는 작가가 다양한 서사들의 조합을 통해 궁극적으로 보여주고자 했던 지점입니다. 이 지점의 핵심은 '몸 섞기'입니다.

몸 섞기 서사는 원래 신화시대의 대표적 이야기들이었습니다. 신은 인간이나 동물과 몸을 섞어 반신반인 혹은 반신반수를 낳았고, 동물도 인간과 몸을 섞어 반인반수를 낳았습니다. 몸 섞기로 태어난 이들의 '몸 형상'은 부정과 불순이 아닌 경외와 신성의 표지였습니다. 이것은 이 작품에서 등장하는 창구도 마찬가지입니다. 『임상국부자삼취기』에서는 창구가 황제 때 태어났다고 했는데, 이러한 창구와 임자명의 교혼에는 서사적 상상력의 계보가 존재합니다.

첫번째 원형은 중국의 황제 신화입니다. 동양의 고대 신화 중에는 "황제의 후손 농명弄明이 한 쌍의 흰 개를 낳았는데, 그들이 퍼트린 자손이 견융국犬戎國을 이루었다"는 이야기가 전합니다(정재서, 2010). 동양 최고最古의 신화서 『산해경』은 「해경海經」, 「대황북경大荒北經」 장에서 "대황의 한가운데 융보산이라는 산이 있는데 순수가 이곳으로 들어온다. 여기에는 견융이라는 사람이 있다. 황제가 묘룡을 낳고 묘룡이 융

오를 낳고 융오가 농명을 낳고 농명이 흰 개를 낳았는데, 이 암수 한 쌍의 흰 개가 견융으로, 육식을 한다."라고 하여 황제로부터 시작된 견융족의 구체적 계보를 적고 있습니다(정재서, 2010).

견융국 사람들은 황제라는 최고신의 후손이므로 반신반수이기도 하고, 개의 머리에 인간의 몸을 하고 있어 반인반수이기도 합니다. 그들은 인간과 교혼을 하는데, 아름다운 부인이 반인반수의 남편을 지극히 공경하여 임금처럼 대하며, 무릎을 꿇고 음식을 바쳤다고 합니다. 견융족 이야기는 개를 시조로 삼는 것을 성스럽게 바라보는 동양의 대표적 상상력이 반영된 것입니다.[38]

견융국과 관련한 또 다른 신화의 계보는 앞서 언급한 고신씨 제곡과 연관이 있습니다(정재서, 2010). 제곡도 농명처럼 황제의 후손으로, 종종 황제와 동일시되기도 합니다(일반적으로 제곡은 황제의 손자로 알려져 있기에 이를 혼동하여 제곡과 황제를 동일시하는 전승이 발생한 것입니다). 제곡 고신씨가 오랑캐 적장의 목을 베어온 개 반호와 자신의 딸을 혼인시킨 이야기는 앞서 언급했습니다. 그들 사이에서 태어난 자손이 견융국을 이루었습니다(정재서, 2010). 이때 혼인 과정에서 제곡과 신하들은 개라는 이유로 반호와 공주의 혼인을 반대했는데, 이것은 당시 인간과 개의 교혼을 부정적으로 바라보는 문명론적 시선이 나타나기 시작했음을 말해줍니다. 그러나 아직은 신화적 세계관이 우세했기에 신의를 거론하며 반호와 결혼하겠다고 한 공주의 주장이 설득력을 가질 수 있었던

38 이러한 동양적 상상력은 인간과 개의 교혼을 신성시하는 사유의 서사화가 이른 시기부터 존재했음을 알려준다. 이것은 황제로 상징되는 중화와, 견융으로 묘사되는 이민족의 구별 및 차이를 통합시키고자 하는 사유이다. 중화주의가 극단화되면서 동일한 서사가 이민족을 차별하는 근거로 사용되기도 했다.

것입니다.

황제의 자손 계보가 실린 『산해경』과 제곡과 반호의 이야기가 실린 『수신기』 등은 조선 후기에 널리 읽혔습니다. 당시 독서 상황을 고려하면 이러한 신화적 사유가 『임상국부자삼취기』에 나오는 인간과 창구의 교혼 서사에 영향을 주었을 가능성이 적지 않습니다.

견융형 몸 섞기 서사의 원형적 이미지는 시간이 지나면서 변질됩니다. 신화에 나오는 견융족은 황제와 제곡의 후손으로 신이성을 담지한 종족이었습니다. 신화시대에는 자연과 인간의 결합을 신성성의 증표로 여기는 세계관이 허용되었기에 견융을 시조로 하는 민족들이 당당히 자기의 존엄성을 드러낼 수 있었습니다. 그들은 자신들의 수조獸祖를 당당히 드러내어도 되는, 서사적 상상력의 상호 존중 시대에 살았던 것입니다.

그러나 이후 배타적 중화주의가 형성되고 중화와 구분되는 이민족에 대한 폄하의 시선이 등장하면서 수조신화를 바라보는 시각도 예전과 달라졌습니다. 수조에 대한 상상력에도 위계와 차별이 생긴 것입니다. 그 결과 용과 같은 중화적 수조는 더욱 높여지고, 개와 같은 변방의 수조는 부정의 대상이 되었습니다. 그 과정에서 인간과 개의 교혼 서사에 대한 원형적 기억은 무의식적 상상력으로 억압되고, 후대에 만들어진 부정적 이미지가 덧씌워져 유전된 것으로 보입니다.

이는 고대의 신화서 『산해경』과 『수신기』에서 황제의 후손으로 등장했던 견융이 당나라의 『예문유취』에 오면 중화의 신 황제와 혈연관계가 지워진 오랑캐가 되는 것으로 확인할 수 있습니다. 『예문유취』에서는 견융의 시조였던 반호가 오랑캐 견융을 무찌르는 것으로 변주됩니다. 그리고 반호는 황제의 후손인 공주를 아내로 얻는 것이 아니라 인간 미녀를 아내로 얻고 자손을 낳습니다. 반호와 미녀의 후손이 구봉씨이고, 이들이 후에 남만이 되었다는 것입니다(구양순, 연도 미상).

견융형 몸 섞기에 대한 배타적 인식은 중화주의를 시대적 패러다임으로 수용한 조선 후기 사람들에게도 영향을 미쳤을 것입니다. 자료에 따르면 조선인의 사유 속에는 두 개의 견융국이 존재했던 것 같습니다. 하나는 앞서 말한 신화서 속 나라인 견융국이고, 다른 하나는 실제로 국경을 오가는 몽골국입니다. 『계산기정』「몽고관蒙古館」에서 "몽골인은 본래 견융犬戎"이었다고 적고 있기 때문입니다.[39] 몽골이 견융족이라는 것은 용의 자손인 한족漢族이 아니라는 '경계 긋기'입니다. 이것은 『예문유취』에서 '남만은 구봉의 자손이다'라고 말했던 인식과 연결됩니다. 이러한 배타적 구분, 차별적 위계에 대한 언표言表에는 그들을 야만시하고 그들의 정체성과 존재 가치를 왜곡하려는 의도가 일정 부분 들어 있다고 볼 수 있습니다.[40]

이러한 폄하는 실제 몽골국의 시조신화를 근거로 삼은 것입니다. 견융으로 상징되는 개(창구)는 몽골의 시조설화와 관련이 있기 때문입니

39 『계산기정』 제3권, 「관사에 머물다[留館]」 계해년(1803, 순조 3) 12월 27일(무자), "몽골인은 본래 견융(犬戎)이었는데, 부락이 매우 강성하므로 청나라 황제가 그들과 혼인을 맺게 되었다. …… 우리나라 사람과는 언어가 더욱 통하지 않았다. 그들이 입은 갖옷은 지저분하고 그들의 얼굴에는 사나운 기가 흘렀으며, 그들은 광대뼈가 넓은 것이 청나라 사람과는 달랐다. 그리고 그들은 추위도 겁내지 않고 옷을 벗어서 이를 잡는데 잡으면 곧 씹어먹는다고 한다. 몽골 여인은 소변을 볼 때에 사람을 피하지 않는다. 들으니, 의복 제도는 오랑캐 여자와 같고, 머리털을 묶는 법은 우리나라 풍속과 같다 한다. 이날 경박 등 여러 사람을 따라서 그들이 사는 데를 찾아갔는데, 사나운 개에게 저지당했다. 낙타는 몽골의 소산이므로 그를 잘 부리는 자는 역시 몽골 사람이다. 날마다 석탄을 실어 나르느라 길에 줄지어 끊이지 않았다."

40 "이러한 신화들은 훗날 중화주의가 성립되면서 주변 민족을 야만시하고 경멸하는 근거로 작용했다. 견융, 남만, 북적 등은 모두 주변 민족을 표현하는 말들인데, 이들 어휘에는 개라든가 벌레 등의 의미가 포함되어 있다. 이처럼 주변 민족을 동물과 동일시하는 사고의 이면에는 이들 민족의 시조 탄생 신화에 대한 왜곡과 편견이 깔려 있는 것이다."(정재서, 2010)

다. 몽골의 역사와 신화를 기록하고 있는 『원조비사元朝祕史』에는 몽골의 시조신화인 '창랑백록蒼狼白鹿' 이야기가 실려 있습니다(장정해, 2005). 몽골의 건국자인 칭기즈칸의 시조가 "지고한 하늘의 축복으로 태어난 창랑과 그의 아내 백록"이라는 것입니다(유원수 역주, 2004). 이 기록은 『몽고원류蒙古源流』라는 책에도 나오는데, 『몽고원류』는 성해응(1982)과 김정희(1990) 등도 구해 읽었다는 기록이 있는 것으로 보아 조선 후기 식자층에게 알려져 있었던 것 같습니다.

그런데 이러한 몽골의 신화는 돌궐의 빈랑牝狼 신화와 관련이 있습니다(진인각, 1981).[41] 대표적 돌궐 시조신화는 『주서周書』「돌궐전突厥傳」에 나옵니다. 내용의 대략은 전쟁으로 나라가 멸망하고 모든 족속이 죽은 후 버려진 아이를 암이리[牝狼]가 돌보아 낫게 하고, 이후 암이리와 그 아이가 교합하여 자손을 낳아 돌궐족을 이루었다는 것입니다.[42] 돌궐과 몽골의 민간설화에서는 자기들의 시조신을 높이기 위해 랑狼을 휘諱(왕이나 제후 등이 쓰던 이름을 피하는 것)하여 구狗로 불렀다고 합니다. 창랑을 창구蒼狗로 부른 것입니다. 이러한 높임은 북방 계열의 자부심을 드러냅니다.

이들 신화는 창구와 인간의 몸 섞기를 신성시 여겼던 시대의 산물입니다. 그런데 후대로 오면서 창구와 인간의 몸 섞기를 불순하고 부정하고 천한 금기로 바라보는 시선이 등장합니다. 그리하여 예전에는 대등하게 존중하고 존중받던 창구형 시조신화가 후대 중화문화권에서는 창구형 신화를 지닌 민족을 폄하하고 왜곡하는 근거로 사용된 것입니다.

---

41 몽골의 신화 연구자들의 상당수가 돌궐신화 차용설을 지지한다고 한다(장정해, 2005 재인용).

42 『임상국부자삼취기』의 창구에는 몽골의 창랑(창구)과 돌궐의 빈랑(牝狼)의 이미지가 융합되어 있다.

이러한 분위기 속에서도 『임상국부자삼취기』는 '발칙하게' 창랑과 인간의 몸 섞기 서사를 포기하지 않았습니다. 뿐만 아니라 이 작품이 패러디적 변주를 통해 보여주는 '몸 섞기'는 위험하기까지 합니다. 중국과 조선, 그리고 인간과 동물이 몸을 섞은 결과로 태어난 인물이 가문을 이어간다는 상상은 문명과 야만, 중화와 동이, 인간과 동물, 소중화와 오랑캐라는 육체의 구분과 차이를 해체하는 은유로도 읽힐 수 있기 때문입니다.

문명의 핵심인 명나라의 고관 집안이 알고 보면 자신들이 동이라고 폄하했던 조선과의 혼혈로 이어진다고 했으니, 이러한 몸 섞기는 명나라 중심의 중화주의를 해체하려는 상상으로 읽힐 수 있습니다. 또 조선의 명문가도 사실은 창구의 자손이라고 했으니, 이러한 몸 섞기는 명나라에 의해 동이로 폄하되는 것에 저항하기는커녕 망한 명나라의 시체를 떠받들고, 자신도 이족이면서 '창구'로 상징되는 또 다른 이족을 비웃고 조롱하는(여기서 또 다른 이족은 북방계 이민족일 가능성이 높습니다), 조선의 소중화주의를 겨냥한 상상력으로도 읽힐 수 있습니다.

이러한 상상은 당시 문명권의 절대적 패러다임으로 인정받고 있던 중화주의가 사실은 만들어진 순혈주의라고 폭로하는 것과 같습니다. 중화주의는 존재하지도 않고 존재할 수 없는 '순수'라는 관념에 강박된 사유이기에 기본적으로 이질적인 것과 섞이고 그것에 감염되는 것을 부정하게 바라봅니다. 하지만 이 작품의 작가는 이러한 정황을 알면서도 비난을 각오하고 폭로를 시도한 것입니다.

이 작품의 폭로는 '경계적 몸'을 지닌 작가가 자신의 육체에 새겨진 차이와 차별을 재고해달라고 간절하게 요청하는 몸짓으로 이해할 수 있습니다. 이 작품이 그리고 있는 몸 섞기는 금기에 가까운 상상으로,

이러한 금기는 18세기 이후에는 민간 설화에까지 영향을 미칠 정도로 일반화되고 보편화되었습니다. 그럼에도 『임상국부자삼취기』의 작가는 이러한 금기를 깨고 반화반이半華半夷와 반인반수半人半獸의 상상력을 전개했습니다. 여기서의 반인반수는 신성성을 환기하는 신화시대의 상상력과 다릅니다. 이것은 인人이 동이계 혼혈이고 수獸가 북방계 수조신인 창구라는 점에서 반이반적半夷半狄을 연상케 하는 상상력이기 때문입니다. 이러한 상상력은 작가가 대표하는 집단이 이중의 몸 섞기를 수행할 수밖에 없는 처지임을 말해줍니다. 작가는 육체의 위계에서 차별과 금기의 대상이 되는 '경계적 몸'을 지닌 사람 중 하나인 것입니다.

『임상국부자삼취기』의 몸 섞기 서사는 육체에 새겨진 위계와 차별의 경계를 지우는 행위입니다. 중국과 조선, 인간과 동물의 몸을 섞는 이중의 서사는 '경계적 몸'을 지닌 작가가 자기 정체성을 새롭게 구현하고 구축하기 위해 선택한 방법입니다. 그가 선택한 몸 섞기 서사는 중화와 동이, 소중화와 북적 계열로 구분되는 '육체'들을 섞는 것입니다. 즉 중화와 동이, 소중화와 북적 계열의 몸에는 고하高下와 귀천貴賤과 선악善惡의 경계가 그어져 있는데, 이것들을 섞음으로써 육체 간의 경계를 지우고자 한 것입니다.

그럼 육체의 경계 지우기는 누가 소망하는 걸까요? 그것은 바로 경계인입니다. '고하와 귀천과 선악'의 경계에 있는 몸은 '감염'을 부정시하는 사회문화적 풍토 속에서 '하下와 천賤과 악惡' 쪽으로 분류됩니다. 사회는 경계인들의 자기서사에 존재했던 과거의 기억을 공평하고 균형있게 기억해주지 않습니다. 경험했어도 기억해서는 안 된다는 금기를 준수하기 때문입니다. 그렇기 때문에 경계인 스스로가 자신들의 서사 안에 존재했던, 그러나 이제는 드러내는 것이 금지된 서사를 끌어낸 것입니다.

이것은 경계인이 자신들을 강하게 구속하는 '하下와 천賤과 악惡'의 편견을 벗겨 내기 위해, 자신들이 '고高와 귀貴와 선善'과의 교혼 서사를 지니고 있는 존재임을 드러내 말하는 것입니다. 이런 맥락에서 볼 때 그들이 구축하는 자기서사는 단순한 희작이 아니라 치열한 생존서사가 됩니다. 이들에게 '경계의 해체와 경계 지우기'는 자기 집단의 구원을 위한 노력인 것입니다.

그러나 그들의 경계 해체 시도는 아이러니하게도 중화와 소중화 중심의 서사 체계를 더욱 공고히 만드는 데 기여합니다. 이 작품이 보여주는 육체의 경계 지우기가 중화주의적 서사 위계의 해체로까지 나가지 못하기 때문입니다. 반화반이는 임산추의 피가 중국과 조선 모두의 명문가 혈통과 연결되고 있음을 보여주는 것에서 만족하며, 반이반적 또한 사람들의 비난을 완전히 부인할 수 없을 만큼 뚜렷한 창구계 육체를 지녔지만 적어도 부계는 중화와 소중화의 교혼으로 태어난 귀인임을 역설하는 데 그치고 있기 때문입니다.

이것은 작품의 서사가 임산추와 그의 후손을 창구의 자식으로만 보려는 외부의 시선을 거두는 데 집중하고 있음을 보여줍니다. 이로 보면 작가는 경계인의 자기서사를 중화주의적 서사에 편입시키는 것을 목적으로 삼았던 듯합니다. 이 지점을 이 작품의 한계라고 지적할 수도 있습니다. 그러나 오히려 이 지점이 작가의 핵심 고뇌와 작품 창작 의도를 선명히 해줍니다. 즉 작가층은, 중국과 창구 계열 이민족과 조선의 몸을 아우른 존재로서 오랜 시간 조선에서 지냈어도 조선의 질서에 완전히 동화되지 못한 처지를 근심하고, 조선인으로서의 정체성을 만들기 위해 이 작품을 지은 것으로 이해할 수 있는 것입니다.

원나라 계열 향화인의 자기서사 설계 가능성

창구의 자손이 조선 임씨의 시조가 되었다는 『임상국부자삼취기』의 결말은 이 작품을 영사소설影射小說로 바라볼 수도 있게 합니다. 영사影射란 말은 원래 그림자를 쏜다는 뜻인데, 인물을 에둘러 해친다는 의미로 사용됩니다.[43] 루쉰魯迅은 『중국소설사략』 제28편에서 "소설의 인물들은 모두 영사의 대상이다."라고 하여, 영사를 문학의 평어로 사용했습니다.

영사소설의 기원은 당 전기 「보강총백원전」으로 이야기됩니다(이 작품은 구양순의 어머니가 흰 원숭이에게 납치되었다가 구출된 후에 원숭이를 닮은 구양순을 낳았다는 내용입니다. 이것은 구양순을 욕보이기 위해 지은 것이라고 합니다. 즉 서사적 창작으로 사람을 공격하는 것입니다; 정재서, 2007). 한국의 경우, 최치원을 금돼지의 자식으로 설정한 「최고운전」이 이에 해당합니다(「최고운전」의 금돼지 서사도 최치원이 결국은 세상에서 배척당하는 이방인이라는 표지가 됩니다. 때문에 신이성보다는 영사적 성격이 부각되는 작품이라고 볼 수 있습니다; 김수연, 2012). 『임상국부자삼취기』를 영사소설로 읽으면, 이 작품은 임산추가 개의 혈통이라는 것을 드러내어 은근히 그를 욕보이는 것이 됩니다. 왜냐하면 이 작품은 개와의 교혼이 조롱의 대상이 되는 시대 배경 속에서 창작된 것이기 때문입니다(작품에서도 이러한 조롱의 시선이 노골화됩니다. 임산추가 임자명을 찾아왔을 때, 그가 창구의 아들임이 알려지자 주위 사람들이 비웃었던 것에서 알 수 있습니다).

---

43 사(射, 석)가 사람을 에둘러 해친다는 의미로 사용되는 것은 화살을 쏜다는 어석과도 관련이 있지만, 고대 신화서 『산해경』에 나오는 역(蜮, 물여우)의 고사에서 유래한 것이다. 역은 모래를 머금고 있다가 사람에게 쏘는데, 여기에 맞은 사람은 병들어 죽게 된다고 한다(정재서 역주, 2007).

그러나 『임상국부자삼취기』는 단순히 영사소설로 읽기에 난해한 점이 있습니다. 일반적으로 영사소설은 특정한 개인을 조롱의 대상으로 삼는 데 반해, 이 작품은 한 가문 전체를 향해 '그림자를 쏘고' 있기 때문입니다. 만약 이 작품이 임산추를 비하하는 데 목적을 두었다면 임자명과 창구의 관계를 중심으로 작품을 전개하면 됩니다. 그런데 임홍과 주운화의 혼인을 시작으로 3대에 걸친 이중의 몸 섞기를 보여준 것은 단순히 이 작품이 임산추나 그를 시조로 하는 조선 임씨 가문을 조롱하기 위해 창작되었다고 보기 어렵게 합니다.

오히려 이 작품은 영사의 대상을 타인이 아닌 자기 가문으로 삼고 있다는 인상을 강하게 전달합니다. 이것은 자기 가문에 대한 타인의 영사적 시선이 존재함을 인정하고, 그것을 적극적으로 자기서사 안에서 발화하는 것입니다. 이러한 변주 또한 작가가 창구와 연결된 자기서사를 지닌 사람이며, 자신의 서사를 부정할 수도, 포기할 수도 없는 처지에 있음을 나타냅니다. 때문에 오히려 세상의 조롱을 적극 인정하고 그것에 대답하는 서사를 창작하는 방식으로 작품을 구축한 것이라 볼 수 있습니다.

그렇다면 중국인과 조선인의 결합, 조중朝中 혼혈 아들과 창구의 결합, 인구人狗 혼혈 아들의 조선인 되기로 이어지는 몸 섞기를 상상할 수밖에 없는 작가는 어떤 성격의 계층과 연결될 수 있을까요? 우리 역사상 중국과 조선과 창구 계열 민족의 혈통이 결합된 조선인은 누가 있을까요? 자신의 몸에 대한 세상의 조롱을 체감하면서 그것을 부분으로 삼는 새로운 자기서사와 자기 정체성을 만들어 조선의 질서에 동화되기를 바랐던 이들은 누구일까요?

조선에 들어와 산 지 오래되었으나, 조선인으로서의 정체성을 인정받지 못한 사람들 가운데 '향화인'이 있습니다. '향화向化'란 '향국투화向國投化'의 준말로, 일반적으로는 귀화한 야인이나 왜인을 가리킵니다. 이국에서 조선에 건너온 이들을 향화인이라고 부르는 것은, 이적의 영역에 속하는 사람들이 소중화인 조선의 덕에 감화되었다고 생각하는 화이관을 반영한 것입니다(이옥빈, 2015). 그런데 향화인 중에는 야인과 왜인 외에 원나라 계열의 사람들도 존재합니다. 원명교체기를 전후로 고려와 조선으로 건너온 중국인들이 그들입니다(백옥경, 2009 참조).

이들은 야인이나 왜인과 달리 상당한 학문적 소양을 갖춘 인물들입니다. 이들은 한반도로 이주해서 과거에 합격하고, 정치·군사·외교 면에서 비중 있는 역할을 담당했습니다. 특히 고려말 대원외교나 조선 초 대명외교에서 활약했습니다. 이로 인해 조선 조정에서 이들을 우대했는데, 일례로 다른 향화인은 조선의 천인 계층과 혼인 관계를 맺게 한 것(백옥경, 2008 참조)과 달리 원나라 계열 향화인은 양반 가문과 혼인을 맺도록 주선했습니다(백옥경, 2009).

그럼에도 이들은 3대가 지나도 완전히 조선인으로 동화되지 못하고, 조정에서 관직 생활을 하면서도 외국인으로 대하는 시선들로 인해 정체성에 대한 고민이 상당했던 것으로 알려져 있습니다. 그들이 사향賜鄕을 적극적으로 요청한 것은 자기 정체성을 확보하려는 노력의 하나였습니다.[44]

최근 연구에 따르면 조선 시대 내내 원나라 계열의 향화인이 상당수

44 "우군 동지총제 이현(李玄)에게 임주(林州)로 본향을 삼게 했다. 이현이 상언하기를, 신의 증조 대도로 총관 백안은 지원(至元) 병술년에 황제의 이모[皇舅] 제국대장 공주를 받들고 왔는데, 자손 대대로 내려오면서 국은을 받았습니다. 그러나 지금껏 본국에 적(籍)을 두지 못했으니, 바라건대, 다른 귀화인의 예에 의하여 사향(賜鄕)해 주소서. 하여, 그대로 따랐다."(『태종실록』, 6년 12월 9일 기사 「원나라 백안의 자손 우군 동지총제 이현에게 임주로 본향을 삼게 하다」.)

존재했으며, 그들은 일정한 공동체를 이루고 살았다고 합니다(이옥빈, 2015). 원나라 계열 향화인은 창구 계열 시조신화를 지닌 사람들입니다. 이옥빈은 '대원大元'이라는 본관을 사용하는 원나라 계열 향화인들이 조선 전기부터 17세기 초까지 자신들의 정체성을 유지하며 조선 사회의 아웃사이더로 살아왔다고 했습니다. 명나라 유민과 여진계 야인 및 왜인 향화인에 비해 원나라 계열 향화인에 대한 자료는 매우 적어 확인하기 어렵지만, 현재까지 확인된 자료들을 바탕으로 추정해볼 때 원나라 계열 향화인들은 17세기 초까지도 여전히 완전한 조선인으로 동화되지 못한 채 살아왔던 것 같습니다. 그들이 별도의 공동체를 이룰 수밖에 없었던 것은 이러한 정황을 반영합니다.

그러나 17세기 이후 향화인 사회에 해체의 조짐이 나타나고, 이로 인해 부득이 조선인 사회에 섞여 들어갈 수밖에 없는 상황이 발생했습니다(이옥빈, 2015). 중국에서 넘어왔으나 17세기까지 자의든 타의든 '대원'이라는 본관을 사용해야 했던 원나라 계열의 향화인들이 소중화 조선에 편입하기 위해서는 자신들이 창구 계열의 민족임을 인정하면서 조선이 허용하는 가문으로 조상의 내력을 조작하고 윤색하는 과정이 불가피했을 것으로 보입니다. 조선의 다른 가문들처럼 그들도 족보를 만들고 시조 혹은 중시조의 설화를 지어야 했을 것입니다. 이때 그들이 취할 수 있었던 방법들 중 하나가, 조선으로 이주한 중시조가 창구로 상징되는 원나라 계열임을 감출 수는 없더라도 그의 이전 시조는 황제와 연결되는 중화의 자손이며, 더군다나 모계는 소중화 조선과도 연계되어 있다고 말하는 것이었을 터입니다.

『임상국부자삼취기』는 이러한 상상력이 만들어낸 원나라 계열 향화인 집단의 자기서사 중 하나일 가능성이 적지 않습니다. 원나라 계열 향화인의 대표 성씨로서 조선의 명문이 된 임씨 가문을 선택하여[45] 그들의 권위를 빌리고,[45] 그 가문의 이주 서사에 자신들의 창구 계열 시조 설화를 삽입하는 방식을 통해 조선이 금기시하는 자신들의 육체를 조선 사회에서 허용하는 육체로 서사화하려 한 노력의 일환으로 이 작품을 읽을 수 있는 것입니다.

---

45 고려 말 이주하여 조선의 개국공신으로 활약했던 임언충은 원나라 계열 향화인의 대표 인물이다(백옥경, 2009).

46 임씨는 고려 때 귀화한 중국계 가문이다. 임씨 중 가장 큰 계파인 장흥 임씨의 시조는 황제(黃帝)의 여덟 번째 아들인 우양(禺陽)이다(성씨이야기 편찬실, 2014).

제3장

치유적 콘텐츠 기획을 위한 고전서사의 장소 읽기

공간의 발견

1. 표류지에 대한 옛사람의 공간 상상력

조선 사람의 표류기

경계를 넘어 제 살던 공간을 벗어나 다른 국가, 다른 지역에서 일정 기간 머물게 되는 경우가 있습니다. 특히 자신이 사는 나라를 떠나는 경우, 대개는 월경을 미리 계획하거나 최소한 언제 어디로 갈지를 생각합니다. 그런데 예상하지 못한 상황으로 인해 의도치 않은 순간에 어디로 가는지도 모른 채 경계를 넘게 되는 경우도 발생합니다. 그 대표적인 것이 '표류'입니다. 표류는 바다를 떠돈다는 말이니, 정해진 방향도 없고 언제까지 떠돌아야 하는지 기약도 없습니다. 그저 가다가다 육지를 만나면 그곳이 머무는 곳이 될 것입니다.

한국 고전문학사에도 표류의 경험을 기록한 작품들이 존재합니다.

최부崔溥의 「표해록」(1488, 중국)과 장한철張漢喆의 「표해록」(1771, 유구), 그리고 이방익李邦翼의 기행가사 「표해가」(1797, 중국)가 대표적입니다. 앞의 두 작품은 전형적인 실기문학의 특징을 보이고, 마지막 작품은 장르가 가사인 만큼 표류자의 심정을 드러내는 서정성에 주목하고 있습니다. 이들은 장르는 다르지만 작품 모두 표류자가 보고, 듣고, 느낀 생생한 사실을 기록의 중심에 두고 있습니다. 그렇기 때문에 한데 묶어 표류문학이라 부를 수 있을 것입니다.

작품들이 주목하는 것은 표류 당시 조선이라는 나라의 권외, 즉 바다 밖에 존재하는 국가와 사람들, 그리고 그들의 생활 및 표류자 자신의 구체적이고 사실적인 정서입니다. 표류자들은 목숨을 잃을 뻔한 일도 겪었으나, 지나고 보면 그 시대에는 얻기 힘든 소중한 경험을 한 것이라 하겠습니다. 조선 사회에서 사행이 아니고서는 국경 너머, 바다 건너 세상을 접할 기회가 거의 없었기 때문입니다.

표류기를 남긴 이들은 조선 사회에서 예외적인 인물들입니다. 대부분의 조선 사람들에게는 바다 건너에 무엇이 있는지 눈으로 직접 확인할 기회가 거의 없었습니다. 그러나 항시 바라보는 저 푸른 바다의 수평선 너머에도 분명 어떤 세상, 어떤 생명체가 존재하리라는 생각은 지녔던 듯합니다. 그리고 그러한 생각은 사행서 혹은 표류기가 전하는 중국이나 일본과는 다른, 미지 공간에 대한 이미지를 만들어내기도 했던 듯합니다. 그러한 이미지를 만드는 데는 간간히 조선으로 표류해온 파란 눈과 노란 수염의 서양인[1]이나, 임진왜란 때 명군 원병에 끼어온 아

1 벨테브레이(Jan Jansz Weltevree)는 32세 때인 1626년 조선에 표류해 와 살게 된 최초의 서양 백인이다. 네덜란드인인 그는 귀화하여 박연이라는 이름으로 살면서 조선의 여인과 혼인하여 자손을 두고 살았다. 그에 대한 기록은 『한거만록』「박연」에 나온다(임형택, 2012).

프리카 흑인 용병 등에 대한 소문이 기여했습니다. 그들의 이야기가 바다 너머 세상에 대한 조선인의 상상력을 자극했기 때문입니다.[2]

그렇다면 당시 조선인들은 바다 밖 세상을 어떻게 기대하고 있었을까요? 그리고 바다로 떠내려가게 되면 어떠한 세상과 어떠한 사람들을 만날 것이라고 상상했을까요? 조선 후기 바다 밖 세상에 대한 조선인의 상상은 당시 사람들이 지닌 세계관과 맞닿아 있기에, 그 시대를 이해하는 데 흥미로운 지남指南이 될 것입니다. 이를 위해 먼저 한문 단편이 표류지와 표류지 사람들에 대해 어떠한 시각을 지니고 있는지 살펴보고, 그러한 시선이 어떠한 맥락에서 형성된 것인지 고찰하고자 합니다.

조선 후기 한문 단편 속 표류지 이미지

한문 단편은 다른 문학 장르에 비해 사실적이라는 평가를 받습니다. 한문 단편 모음집에 붙은 '실사와 허구 사이'라는 부제는 한문 단편 서사가 지닌 성격과 범주에 대한 기본 인식을 반영합니다. 그렇기 때문에 한문 단편이라 분류되는 서사에는 작품의 허구성 정도와 상관없이 적어도 당대인들이 그 내용을 사실로 믿었던 정황이 존재합니다. 같은 이유로 한문 단편에서 그리고 있는 표류지 관련 기록은 앞서 본 「표해록」과 같이 실기적 성격이 강할 것이라 기대되는 것입니다.

이러한 기대에 크게 어긋나지 않는 작품이 『청구야담』에 실린 「장생

2 『명사』에 네덜란드 사람이 부리던 흑인 노예에 대한 기록이 있다. 이에 대해 이유원은 『임하필기』 39권 「이역죽지사」 「양흑귀노」에서 "명사에도 하란이 부리던 오귀가 있네[明史荷蘭役鬼烏]"라고 노래했다. 또 선조 31년 무술년(1598) 5월 26일조 기사에는 '해귀(海鬼)'라 불리는 흑인 용병에 대한 기사가 나온다.

이 과거 보러 갔다가 대양을 표류하다[赴南省張生漂大洋]」와 『동야휘집』의 「만 리를 표류하고 열 사람 모두 돌아오다[漂萬里十人全還]」입니다. 이 두 작품은 모두 18세기 장한철의 표류 사건을 소재로 한 것으로, 「표해록」의 소설 버전이라 볼 수 있습니다.

위 작품들은 제주도 사람 장한철이 과거를 보러 상경하다 배가 표류하여 겪게 된 일을 적었습니다. 그들은 망망대해에서 신기루를 보고, 무인도(유구국 소속의 호산도)에서 산약을 캐어 먹으며 지내고, 왜구에게 약탈당하기도 합니다. 그러나 안남으로 이주한 명나라 사람 임준을 만나 구원을 받고, 임준의 호화로운 4층짜리 상선에서 잠시 생활하게 됩니다. 상선에 함께 있던 안남 사람 방유립은 청려국 향빙도香傰島에 표류한 적이 있는데, 그곳에서 청에 포로로 갔다가 향빙도까지 도망와 살게 된 조선인을 만난 적이 있다는 이야기를 전하며 친근함을 드러냅니다.

그러나 다시 제주도를 지날 적에는 예전에 탐라왕이 표류한 안남 왕자를 죽였던 사건으로 인해 장생은 안남인들의 공분의 대상이 되고, 죽임을 당할 위기에 처하기도 합니다. 가까스로 도망나와 표류하던 중, 배가 다시 처음 풍랑을 만났던 흑산과 노어도 근방에서 파선하여 29인 중 14인이 죽고, 신지도진 소속의 작은 섬 해안에 표착한 사람 중 2인이 벼랑에서 떨어져 죽습니다. 그러한 와중에 장생은 그곳에서 조씨 딸과 인연을 맺습니다. 그리고 마침내는 강진에 도착하여 서울로 올라가 과거에 응했다는 이야기입니다(이우성·임형택, 1973).

작품은 표류하는 조선인 장생, 안남국으로 이주해가서 사는 명나라 사람 이준, 향빙도에 표류한 적 있는 안남인 방유립 등 모두가 제 사는 곳을 떠났거나 떠난 경험이 있는 사람들 간의 교류를 통해 우리가 겪을 수 있는 경험의 세계를 확장하고 있습니다. 그러나 표류가 이루어지는 공간, 즉 표류지가 중국, 안남, 유구(일본), 남해의 섬 등 사행이나 조공 관계로 맺어진 문화권을 벗어나지 않기에 서술되는 사건과 경험의 성격이 사실성을 유지하고 있습니다. 그곳에서 만난 사람들에 대한 인상이나 태도 또한 실제 중국, 안남, 일본에 대한 시선과 겹쳐 있습니다. 고난의 성격도 목숨을 잃을 만큼 위태로운 것이기는 하나, 현실적 범주를 넘지 않습니다. 이는 실기에 근거한 작품이기에 그러할 것입니다.

또 다른 시선을 보지요. 『동야휘집』의 「박포장이 작은 섬에 떨어져 재화를 얻다[落小島砲匠獲貨]」와 『청구야담』의 「사행을 따라갔던 관상 나쁜 사람이 재물을 얻다[隨使行 薄相得貨]」는 장한필 이야기보다는 문학적 허구성이 조금 더 강조된 작품입니다. 이 작품들 모두 군졸 출신의 못생긴 박포장이 우연히 사행에 끼여 가다가, 무인도에 홀로 떨어지게 되어 괴물을 물리치고 재물을 얻는 내용을 담았습니다. 두 작품이 동일한 사건을 소재로 삼고 있으니, 아미 당시에 이러한 이야기가 사실로 믿어지며 회자되었던 듯합니다.

훈련도감의 군졸 출신 박포장은 가난한 데다 얼굴도 매우 궁상窮相이었습니다. 어느 날 박포장은 우연히 해로海路로 가는 중국 사신단에 끼게 되었습니다. 다른 수행원들은 중국 무역을 해올 요량으로 가산을 기울여 꾸러미를 풍성히 마련해왔는데, 그렇지 못한 박포장은 비웃음거리가 되었습니다. 항해 도중에 큰 파도가 일자 도사공은 일행 중에 불길한 사람이 있어서 그렇다고 하고, 불길한 사람을 가리기 위해 옷을 벗어 물속에 던지게 합니다. 그런데 웬일인지 박포장의 옷만 물에 가라앉자, 그를 물속에 넣으라는 여론이 끓습니다. 어진 상사 덕분에 물속 대신 무인도에 내려진 박포장은 그곳에 사는 괴물 이무기를 해치우고 몇 천 개의 보물을 얻어 돌아와 동방의 갑부가 됩니다(이우성·임형택, 1973).

박포장이 표류한 곳은 괴물이 사는 곳입니다. 그러나 아주 비현실적인 요괴는 아니고, 흔히 상상할 수 있는 커다란 구렁이 혹은 이무기입니다. 그리고 궁극적으로 괴물을 무찌르고 보물을 얻으니 그곳은 보물섬이라 하겠습니다. 표류지를 괴물이 사는 곳으로 상상하는 사유는 신라 시대의 거타지 설화[3]에서부터 확인할 수 있습니다. 그런데 여기에 보물섬 이미지를 더했으니, 박포장 이야기는 신화적 설화가 현실적 치부담으로 변화한 것이라 볼 수 있습니다.

이러한 변모의 기저에는 사행길에서 발생할 수 있는 표류에 대한 불안과 사행을 통해 재물을 이루는 치부에 대한 소망, 그리고 그것이 가난하거나 박복한 사람에게도 이루어질 수 있기를 바라는 백성의 바람이 어우러져 있습니다. 앞의 장한철 서사에 비해 사실성은 약화되고 낭만성은 강화된 민간의 상상력이 반영된 작품이라 하겠습니다.

위의 두 작품에 비해 민간의 상상력이 보다 강력하게 부각되는 작품이 『해동야서』와 『청구야담』에 실려 있습니다. 『해동야서』는 해당 이야기에 「거인의 섬에서 상인들이 도망쳐 살아오다[大人島商客逃殘命]」라는 제목을 붙였습니다. '대인도', 즉 거인의 섬이라는 설정이 조선 시대 한문 단편에 등장한다는 것부터 흥미롭습니다. 작가는 이 이야기가 청주의 미역 장수가 제주도에 갔다가 들은 다리 없는 노인의 경험담이라

---

3 『삼국유사』 기이편(紀異篇) 「거타지」의 내용은 다음과 같다. '신라에서 당나라로 가는 사신에 거타지가 궁사로 뽑혀 따라가던 중 곡도(鵠島)에서 풍랑을 만난다. 사신의 꿈에 한 노인이 나타나 "활을 잘 쏘는 사람 하나만 이 섬에 남겨두고 떠나면 순풍을 얻으리라." 하여, 이름을 적은 나뭇조각을 물에 넣으니 거타지의 것만 물에 잠겼다. 홀로 남은 거타지 앞에 노인이 나타나 자기 가족을 잡아먹은 요괴를 잡아 달라 부탁한다. 거타지가 요괴를 활로 쏘아 죽이자, 노인은 보답으로 자기 딸을 거타지의 아내로 삼게 하고 두 마리 용에게 명하여 거타지가 무사히 당나라에 도착하게 했다'는 이야기이다.

고 소개하고 있습니다. 이는 표류처가 대인도라는 것, 그곳에 사는 대인, 즉 거인이 식인의 괴물이라는 상상이 조선 시대 민간에서 공유되고 있던 실정을 보여줍니다.

청주의 미역 장수가 미역을 사려고 제주도에 갔다가 다리 없는 백발 노인을 만납니다. 그의 말에 따르면, 젊은 시절 표류했다가 악어에게 다리를 먹혔다고 합니다. 그는 표류지에서 신장이 수십여 길이 되고, 허리통은 열 아름이 넘으며, 얼굴은 숯검정처럼 검고, 눈은 쑥 들어간 고리 같으며, 말소리는 당나귀 울음 같아 알아들을 수 없는 존재[厥物]를 만납니다. 그 존재가 갑자기 불을 피우고 무리 중 키 큰 총각 하나를 잡아다 구워먹습니다. 괴물이 술에 취해 잠든 틈에 노인 일행은 칼로 괴물의 눈을 찌르고, 양과 돼지를 풀어놓고는 한 마리씩 등에 지고 괴물의 손을 피해 겨우 도망하여 배에 오릅니다. 곧 다른 거인 셋이 나타나 뱃선을 잡았으니, 시력으로 겨우 도망합니다. 하지만 도중에 악풍을 만나 파선하여 뱃조각에 의지해 떠내려 오던 길에 악어에게 다리를 잃었다는 것입니다.

이 이야기는 시공간이 막연하여 사실성이 떨어지고, 치부와 같은 뚜렷한 결과도 없습니다. 그저 우연히 만난 노인에게서 들었다는 '기이한 이야기'일 뿐입니다. 그런데 그 '기이함'의 바탕에는 바다 한가운데의 표류지에 식인 거인이 산다는 상상력이 작동하고 있습니다. 이러한 상상력은 구술 전통이 강해 보입니다. 즉 입에서 입으로 전해지는 '먼 나라'에 대한 소문이 간여하고 있는 것입니다.

최초로 조선에 표류해온 서양 백인 박연은 본국에 있었을 때 고려 사람들이 사람의 고기를 구워 먹는다는 말을 들었다고 했습니다. 그래서 처음 제주도에 표착했을 때 조사하러 나온 관원들이 횃불을 들고 있는 것을 보고 박연의 일행은 자신들을 구워 먹을 불이라고 여기고 통곡했던 사연을 전했습니다(박연의 이야기는 정재륜의 『한거만록』에 실려 있습니다; 임형택, 2012a). 그는 또 본국에 있을 때 일본, 유구, 안남 등을 다니는 중에 소인국 사람도 보았다고 했는데, 이러한 소문들이 전해지며 바다 건너 공간에 있는 표류지에 대한 상상을 자극한 것입니다.

구술 전통이 강한 이야기들은 상대적으로 민담성이 강합니다. 한문 단편은 기록 계층이 문인이지만 기록 대상이 폭넓어, 자신이 보고 들은 실제 사건뿐 아니라 민간에서 전해 들은 이야기까지 포함합니다. 구비전승되는 민담류가 한문 단편에 포함되었다는 것은 문인들이 그러한 '소문'을 완전히 무시할 것으로 치부하지 않은 정황을 보여줍니다.

1775년부터 1787년까지 13년간 매일매일 기록을 남긴 조선 후기 문인 유만주兪晩柱의 『통원고』라는 책에 또 다른 대인도 관련 기록이 있습니다. 「흑도인의 일을 기록하다[記黑島人事]」가 그것입니다. 흑산도에서 귀양살이를 하던 서울 사람이 우연히 표류하여 어느 섬에 닿았는데, 그곳에 사는 사람은 신장이 몇 길이고 체구도 엄청나게 우람했다고 합니다. 앞의 대인도에 나왔던 것과 같은 괴물이었습니다. 게다가 이곳에 사는 괴물은 외눈박이였고 생김새도 흉악했습니다. 그 괴물은 사람들을 팔에 매달아 무게를 재고는 가장 무겁고 기름진 사람 하나를 들고 가서 불에 구워 먹는다는 것입니다.

표류인들은 어차피 죽을 목숨이라 각오하고 쇠막대를 불에 달궈 괴물의 눈을 찔렀습니다. 괴물은 날뛰다 죽고, 표류인들이 도망가려고 배를 띄우는데 조선 여인이 나타나 그동안 괴물에게 붙잡혀 열두 명 아들을 낳고 살게 된 사연을 말했습니다. 더불어 이 섬이 대인국 영지임을 알려주었습니다. 그 아들들은 개의 형상을 하고 바다를 육지처럼 다닌다고 하며, 곧 돌아올 그들을 물리칠 계교도 일러주었습니다(괴물의 아들들은 집 안의 물건을 보면 원래 있던 자리에 반드시 가져다 두고 나서야 행동을 하는 속성이 있기에, 집 안의 숯 수십 단을 가져다 던지면 그것을 정리하다가 지쳐 죽을 것이라 했습니다). 여인은 이미 이곳 풍토에 젖어 다시 사람의 모양으로 돌아갈 가망이 없고, 고향 사람 만나기가 부끄러워 여기서 죽을 것이라 말하고는 자결했습니다. 표류인들은 여인의 계교대로 하여 괴물의 아들들을 물리치고 돌아왔다는 이야기입니다(임형택, 2012b).

이곳의 표류지는 섬이고, 그 섬은 대인국의 요충지입니다. 앞의 이야기가 거인이 사는 섬 하나를 상상하는 데 그쳤다면, 뒤의 이야기는 바다 어딘가에 거인들의 나라가 존재한다는 데까지 이른 것입니다. 거기에 사는 사람들은 식인의 외눈박이 거인이거나 개 형상의 괴물입니다. 거인국은 1719년 영국 작가 다니엘 디포Daniel Defoe의 소설 『로빈슨 크루소Robinson Crusoe』에도 등장하는데, 이러한 상상력은 18세기 해양 교류가 활발해지며 해로를 통해 전 세계가 공유한 것일지 모릅니다.

그리고 '개 인간'은 동양 전래의 신화 전통에서 그 유래를 찾을 수 있습니다. 『산해경』에 등장하는 견융국이 그것입니다.[4] 이러한 서사의 등장은 조선 후기에 유행한 해양 공간에 대한 신화적 상상력과도 일정 관련이 있다 하겠습니다.

---

4 두 번째 이야기에는 위의 상상력 외에 병자호란 이후에 형성된 환향녀에 대한 인식도 가미된 듯하다. 조선의 여인이 표류지 이주민으로 등장하는데, 그녀는 이미 그곳의 주민이 되었기에 조선에 돌아올 수 없다. 그저 죽음으로써 이주민의 괴물들과 자신을 구분 짓는 방법 외에는 달리 선택의 여지가 없는 것이다. 이러한 서사에서 청나라에 포로로 끌려갔던 여인들에 대한 생각의 흔적을 찾을 수 있다. 청에서 살아 돌아온 여인을 가리키는 '환향녀'는 원래는 고향에 돌아온 여인이지만, 어느새 부정하고 불결한 여인, 그래서 죽음으로밖에는 순결성을 증명할 수 없는 여인을 이르는 호칭이 되었기 때문이다.

바다 밖 세상에 대한 이야기의 원천들

17세기 후반 이후에 조선의 민간에서 유행한 지도 가운데 〈원형천하도〉라는 것이 있습니다. 이것은 세계지도의 하나로서, 현재는 한국에서만 확인되고 있어 조선인의 고유한 세계 인식을 읽을 수 있는 자료로 평가받습니다(오상학, 2001). 〈원형천하도〉는 제목이 가리키는 것처럼 원형의 세계 안에 '천하', 즉 세계를 담고 있습니다. 〈원형천하도〉의 중심부에는 중국과 조선, 안남 등 현실의 국가들이 자리하고 있어 중국 중심의 세계관을 완전히 벗어나지는 않고 있지만 '중국이 곧 천하'라고 보았던 인식에서는 상당히 탈피하고 있습니다. 그리고 우리가 사는 세상, 즉 한국, 중국, 일본을 드넓은 해양이 두 겹으로 둘러싸고 있는 것으로 그림으로써 해양 세계, 즉 수평선 너머 공간에 대한 생각이 뚜렷이 강화되고 있음을 드러냅니다. 흥미로운 것은 해양의 곳곳에 수없이 많은 나라를 그려놓았는데, 그 나라들은 대다수가 『산해경』이나 『십주기』 같은 신화서 및 도교서에 등장하는 상상의 나라들이라는 점입니다.[5] 바다 위에 표시된 우민국羽民國, 여자국女子國, 일목국一目國, 삼신산三神山 등은 당시 조선의 민간에서 해양 공간에 신화 및 도교서에 등장하는 나라들이 존재할지 모른다는 사유가 유행했음을 보여줍니다.

이러한 해양 상상력은 표류를 통해 도서島嶼 간의 이동을 본격화한 소설 작품에서도 발견할 수 있습니다. 조선 후기에 한국에서 읽힌 「태원지」[6]는 이전 소설과 달리 영웅적 주인공의 고난으로 해양 표류의 상

5 〈원형천하도〉에는 140~168개의 지명이 나온다. 대개는 『산해경』에서 확인되며, 그중에는 『한서·서역전(西域傳)』, 『상서·우공(禹貢)』 등의 사서와 『통천복지옥독명산기(洞天福地獄瀆名山記)』, 『십주기(十洲記)』 등의 도교 서적에 등장하는 것도 있다(오상학, 2001).

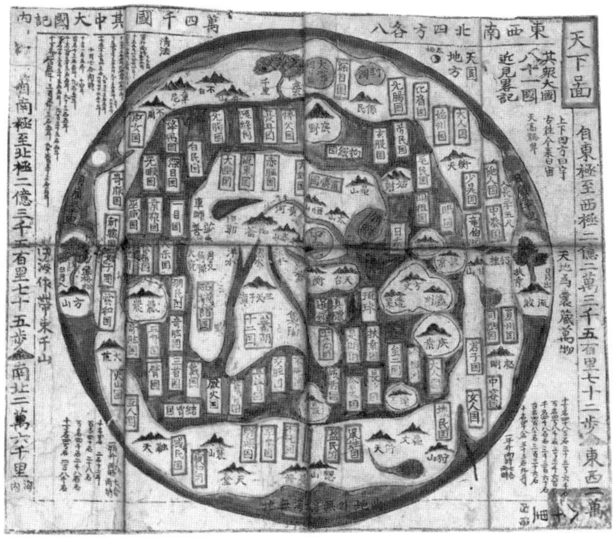

[그림 3-1] 원형천하도

출처: 『여지고람도보(輿地攷覽圖譜)』; 정재서(2010), p. 522에서 재인용.

황을 설정하고, 궁극적으로 표류지에 새로운 이상국을 건설하도록 그리고 있습니다. 여기에 등장하는 중국과 조선 외의 국가들은 대개가 바다 위 섬나라로서 주인공이 표류하다 도착한 표착국들입니다. 그곳은 역사적 사실성보다는 신화적 상상력을 통해 형성된 공간입니다.

「태원지」의 주인공 임성은 '새부리 같은 입'을 지닌 사람들(쥐의 정령)이 사는 자정동을 지나 도사로 변신한 원숭이의 정령이 있는 신명동을 거쳐, 여인국에서는 여우 요괴로 변한 사람들을 만나고 귀도鬼島에서는 여러 종류의 귀신을 퇴치합니다. 우여곡절 끝에 임성이 도착한 최종의 표류지가 태원입니다. 임성은 태원 5국에서 일어나는 지배자들의 실정

6 연구사 초기에는 「태원지」의 국적에 대해 중국 작품으로 보는 견해가 존재했으나 최근에는 한국 작품으로 보는 견해가 다수이다. 이에 대해서는 임치균(2009), 허순우(2012), 홍현성(2010) 참조.

을 처단하고 마침내 5국을 통일하여 대흥국을 건설합니다. 표류지 태원이 중원을 대신하여 새로운 천명을 실현하는 공간으로 묘사되고 있는 것입니다(김용기, 2013). 이것은 「홍길동전」 이래 꿈꾸어온 새로운 세상에 대한 소망과 해양 공간에 대한 조선 후기적 상상력이 결합해 이루어진 작품이라 볼 수 있습니다.

〈원형천하도〉와 「태원지」는 조선인이 해양 공간을 역사적 사실성의 경계를 넘어 신이하고 특별한 것, 혹은 이상한 것들이 존재하는 곳으로 상상하고 있음을 보여줍니다. 그것은 신화적이라고 총칭되었으나, 엄격히 말해 그들이 보여주는 신화성은 신들에 대한 거룩함이 제외된 것으로 요괴나 귀신, 기이한 생명체에게서 느껴지는 괴기스러움이 주를 이룹니다. 이러한 괴기스러움은 대체로 두려움과 공포의 이미지로 드러납니다. 해양 공간에 존재하는 이들, 중국이나 조선인이 표류하며 거치는 지역에 사는 존재들이 처단하고 처치해야 하는 대상으로 그려지고 있는 것입니다. 그들은 우리와 다른 괴물이며, 우리의 생명을 해칠 수 있는 존재들입니다.

이처럼 표류지와 표류지에 사는 존재를 그리는 상상력에는 바다 밖 공간에 대한 호기심과 두려움이 동시에 작동하고 있습니다. 바다 건너 먼 곳에 사는 이들에 대한 호기심이, 바다로 떠내려가는 일이 곧 죽음을 경험하는 일이라는 두려움과 연결되어 있기 때문입니다. 그러나 완전한 허구 서사인 소설에서는 표류의 종국지에 우리가 사는 세상을 만들어, 그곳에서 유토피아를 건설하는 소망을 구현할 수 있었습니다. 이러한 소망은 현실적 두려움이나 불안을 문학적으로 극복한 것입니다.

반면 한문 단편은 소설과 같은 상상력을 구동하면서도 사실성에 끊임없이 간섭받는 장르입니다. 때문에 현실적 두려움이 더욱 크게 작동하고, 당시에 회자되던 표류자 및 이주자들에 대한 이야기와 표류지 및 바다 밖 나라에 대한 소문들이 상상력에 참여하는 것입니다. 청주의 미역 장수에게 자신의 경험담을 이야기한 백발노인은 신장이 수십 길, 허리통이 열 아름, 숯검정처럼 검은 얼굴에 쑥 들어간 고리눈, 당나귀 울음 같아 알아들을 수 없는 말소리를 지닌 '물건[厥物]'을 만났다고 했습니다. 이러한 것은 '바다 밖의 어떤 나라에는 몸집이 크고 검은 얼굴의 눈이 들어가고 우리와 다른 말을 하는 사람들이 산다'는 이야기와, 그들은 식인을 하는 종족일 것이라는 소문이 어우러진 서사입니다.

> 상이 팽유격彭遊擊의 처소에 행행하여 술자리를 베풀었다. 상이 이르기를, "대인은 서울에 계시겠소이까, 아니면 남하南下하시겠소이까?" 하니, 유격이 말하기를, "1개월 후에 남하하고자 합니다." 하고, 또 말하기를, "데리고 온 얼굴 모습이 다른 신병神兵을 나와서 뵙게 하겠습니다." 했다. 상이 이르기를, "어느 지방 사람이며 무슨 기술을 가졌소이까?" 하니, 유격이 말하기를, "호광湖廣의 극남極南에 있는 파랑국波浪國 사람입니다. 바다 셋을 건너야 호광에 이르는데, 조선과의 거리는 15만여 리나 됩니다. 그 사람은 조총鳥銃을 잘 쏘고 여러 가지 무예武藝를 지녔습니다." (일명은 해귀海鬼이다. 노란 눈동자에 얼굴빛은 검고 사지와 온몸도 모두 검다. 턱수염과 머리카락은 곱슬이고 검은 양모羊毛처럼 짧게 꼬부라졌다. 이마는 대머리가 벗겨졌는데 한 필이나 되는 누른 비단을 반도蟠桃의 형상처럼 서려 머리 위에 올려놓았다. 바다 밑에 잠수하여 적선賊船을 공격할 수가 있고, 또 수일 동안 물속에 있으면서 수족水族을 잡아먹을 줄 안다. 중원 사람도 보기가 쉽지 않다) 하자, 상이 이르기를, "소방은 치우치게 해외海外에 있으니 어떻게 이런 신병을 보았겠소이까. 지금 대인의 덕택으로 보게 되었으니 황은皇恩이 아닐 수 없소이다. 더욱 감격

스럽소이다. 이제 흉적을 섬멸하는 것은 날을 꼽아 기대할 수 있겠소이다." 하고, 술자리를 파한 후 서로 읍하고 나왔다(『선조실록』, 선조 31년 무술년[1598, 만력 26], 5월26일[경술]).

앞의 기록은 임진왜란 때 명나라 용병으로 온 아프리카 흑인에 대한 기록입니다. 그가 왔다는 파랑국은 포르투갈인데, 포르투갈은 당시 해양 제국으로 아프리카 노예 무역을 주도하고 있었습니다. 실록은 포르투갈의 흑인 노예 출신 용병에 대한 소문을 "일명은 해귀海鬼이다. 노란 눈동자에 얼굴빛은 검고 사지와 온몸도 모두 검다. 턱수염과 머리카락은 곱슬이고 검은 양모羊毛처럼 짧게 꼬부라졌다. 이마는 대머리가 벗겨졌는데 한 필이나 되는 누른 비단을 반도磻桃의 형상처럼 서려 머리 위에 올려놓았다. 바다 밑에 잠수하여 적선賊船을 공격할 수가 있고, 또 수일 동안 물속에 있으면서 수족水族을 잡아먹을 줄 안다. 중원 사람도 보기가 쉽지 않다"라고 적고 있습니다.

얼굴은 물론 사지와 온몸이 모두 검고, 수염과 머리카락은 곱슬이며, 바다에 잠수하여 적선을 공격하고 수일 동안 물속에 있으면서 바다 생물을 잡아먹는다는 것입니다. 이러한 소문 안에서 그는 우리와 같은 사람이 아닌 해귀, 즉 바다 귀신이라고 불립니다. 사실에서 비롯된 당대의 소문도 한문 단편에 나타나는 해양 공간에 대한 상상력 형성에 일정의 관련을 맺고 있는 것입니다.

한문 단편이 전하는 바다 밖 세상에 대한 이야기는 이처럼 동양 전래의 신화적 상상력, 해양 제국의 세력 확대와 더불어 확산되는 외국에 대한 소문을 주 원천으로 삼아 만들어집니다. 그런데 서양 관련 소문은 기본적으로 사실이지만 전해지는 과정에서 믿을 수 없는 이야기로 성격이 바뀝니다. 그러다 보니 밖에서 전해지는 믿을 수 없는 이야기 안에서는 사실과 문학적 상상력의 경계가 무의미해지는 경우도 발생합니다.

앞서 언급한 청주 백발노인의 이야기와 유만주의 기록에 나온 식인 거인 이야기는 단순한 소문만으로 이루어진 것이 아닙니다. 그 안에는 물론 사실도 존재하겠지만, 큰 흐름은 서양 신화에 기반한 '문학적 상상력'입니다. 외눈박이 식인 거인, 표류자에 눈이 찔려 앞을 보지 못하게 된 괴물, 양과 돼지를 등에 지고 도망가는 표류자들. 매우 익숙한 화소들이 아닌가요?

> 그는 냉담하게도 한 마디 말도 없이 벌떡 일어나더니 양손으로 동료 두 명을 잡아 마치 강아지처럼 땅바닥에 내던졌습니다. …… 마치 산에 사는 사자처럼 단숨에 내장을 먹어치우고, 살과 뼈와 골수까지 먹어버리는 것이었습니다. …… 그는 일을 바삐 마치더니 또 다시 우리 중 두 명을 잡아 식사를 마련했습니다. …… 올리브나무 막대기는 푸르지만 불이 붙자 잘 달구어졌으므로 저는 바싹 다가가서 불에서 그것을 꺼냈습니다. …… 그들은 올리브나무 막대기의 뾰족한 끝으로 그의 눈을 찌르고 나 또한 온 힘을 다해 그의 눈을 내리찍었습니다. …… 저는 그중에서도 가장 살지고 큰 나이 어린 놈을 골라 등을 잡고 털이 많은 배 밑으로 들어가 얼굴을 하늘로 향한 채 달라붙어 마지막 결심을 하며 이를 악물고 그 훌륭한 털을 움켜잡았지요. …… 그들의 주인은 고통으로 타격이 심해 양들이 앞을 지나갈 때 등을 더듬어 찾았으나 어리석게도, 우리가 살진 양의 가슴에 매달려 있다는 것을 알아내지 못했습니다. …… 거대한 폴리페모스는 그 숫양을 만지며 말했습니다. …… 그는 이렇게 말하고 숫양을 밖으로 내보냈습니다(호메로스, 2012).

외눈박이 식인 거인은 호메로스Homeros의 『오디세이아Odysseia』(2012)에도 등장합니다. 『오디세이아』는 트로이 전쟁에서 목마를 이용한 침공 전략으로 전쟁을 승리로 이끈 그리스 신화 속 인물 오디세우스를 주인공으로 한 해양 표류기입니다. 트로이에서 추방당해 고향으로 돌아가는 과정에서 오디세우스는 여러 고난을 겪는데, 그 가운데 유명한 것이 외눈박이 거인 폴리페모스를 물리친 일입니다. 오디세우스와 그의 일행은 폴리페모스의 동굴에서 탈출하기 위해, 불에 달군 올리브나무 막대기로 폴리페모스의 눈을 찌릅니다. 그리고 오디세우스 일행은 폴리페모스를 속이기 위해 양의 안쪽 가슴에 매달려 도망칩니다. 눈이 안 보이는 폴리페모스가 손으로 더듬어 그들을 잡으려 하지만 양인 줄 알고 내보냈다는 이야기입니다.

호메로스의 서사시는 아주 오래전부터 서구에서 구전되었으며, 이후 등장하는 해양 문학에 영향을 미쳤습니다. 다시 말해 해양 상상력의 원천이라 할 수 있는 것입니다. 이러한 문학적 상상력이 대항해 시기 이후 해양 제국의 확대를 통한 동서 간 문화 이동의 과정에서 조선인들에게도 전해진 듯합니다. 백발노인의 경험담과 유만주가 들었다는 이야기의 원천에는 이와 같은 서양의 문학적 상상력도 포함되었을 것입니다.

경계인의 세상 보기와 해양 상상력

한문 단편에 나타나는 표류지의 이미지는 크게 네 가지 양상을 띱니다. 첫 번째는 사실적 이미지입니다. 주로 중국이나 일본, 유구, 안남 같은 실제 존재하는 국가의 이미지를 계승합니다. 이들은 조공 질서 내에서 교류가 이루어지는 사행국들이기도 합니다. 사실적 이미지는 실기 성격이 강한 서사가 제공하는 것입니다. 장한필 관련 이야기가 대표적 사례라 하겠습니다.

두 번째는 전통 서사에 민간의 소망이 결합되어 만들어진 이미지입니다. 대표적인 것은 괴물이 지키는 보물섬 이미지로, 이러한 이미지를 제공하는 서사는 실사에 문학적 허구를 가미하여 만들어진 것입니다. 사행使行이라는 실제 사건에서 발생할 수 있는 표류 사건에 거타지 설화 같은 전래의 신화 전설 모티브가 더해지고, 거기에 민간의 치부 소망을 연결하여 만들어낸 박포장 이야기가 바로 그런 것입니다. 인물의 명칭에서 성만 구체화되고 이름은 익명화되는 것은, 이러한 이미지를 제공하는 서사가 특정한 한 사람의 경험이라기보다 누구에게라도 일어날 수 있는 일이면서 동시에 모든 사람이 소망하는 일임을 반영하고 있기 때문입니다.

세 번째는 해양 공간에 대한 상상과, 외부에서 들어온 신지식이 문학적으로 허구화되어 만들어진 식인 거인국 이미지입니다. 바닷가에 식인 거인이 사는 대인도가 있고 그곳에는 검은 인종의 힘센 존재가 산다는 대인도 이야기가 이러한 이미지를 보여줍니다. 해양 공간에 대한 인식과 상상력은 조선 후기에 중국 이외의 서구사회에 대한 존재가 널리 알려지며 더욱 확장되었고, 거기에 흑인 용병과 박연이 전하는 식인에 대한 서양의 소문이 가세했을 것입니다. 외부의 신지식은 소문의 형태로 민간에 전해지는데, 그것은 당시로서는 사실로 간주된 구술서사입니다.

네 번째는 역사적 사실과 외부적 신지식에 대한 소문, 그리고 동서양의 신화적 상상력이 결합하여 만들어낸 이미지입니다. 거인들이 사는 대인국과 외눈박이 식인 거인, 거인의 눈을 찌르고 양을 머리에 이고서 섬을 탈출하는 모험담, 그리고 그곳으로 표류해 가서 이주민이 되어버린 조선의 여인과 그 여인이 괴물과의 사이에서 낳은 개 형상을 한 아들들. 이것을 모두 포함하는 마지막 이야기가 그것입니다. 여기에는 동양의 신화서에서 발견되는 견융국 이야기와 서양인들의 문학, 특히 서구 해양 표류기의 원형에 해당하는 오디세우스 신화도 간여하고 있습니다.

앞의 두 가지 이미지는 전래의 동양 전통 안에서 만들어지고 계승되던 것입니다. 중국 중심의 조공 질서 안에서 구상되는 바다 밖 세상은 누구나 상상할 수 있는 영역을 벗어나지 못합니다. 그것은 현실에 구속되는 상상력입니다. 이러한 사실적 상상력은 구비전승되는 전설의 상상력과 만나며 민간의 소박한 소망을 담을 수 있게 되었습니다. 바닷길은 여전히 중국으로 향하는 사행로이지만, 그 가운데 어딘가에 우리가 꿈꾸는 보물섬이 있을지 모른다는 상상력이 가동하는 것입니다. 이것은 낭만적 상상력이라 하겠습니다. 조공 국가 사이를 떠돌거나 현실의 가난을 해소하고자 하는 사실적 상상력과 낭만적 상상력은 모두가 세상을 바라보는 우리의 시선이 여전히 현실의 자장 안에 갇혀 있음을 보여줍니다.

이에 반해 뒤의 두 가지 이미지는 현실과 현실 밖에 선 경계인의 세상 보기를 이야기합니다. 한국이 서양에 알려지기 시작한 것은 16세기부터입니다.[7] 16세기는 유럽인들이 주도한 대항해 시대였고, 이 시대를

7 13세기 말에 나온 마르코 폴로(Marco Polo)의 『여행기』에 이미 한국이 언급되어 있다. 이 책은 1477년에 출간되기 시작하여 16세기 후반까지 유럽의 주요 언어로 번역되어 읽혔다(정성화, 2005).

주도한 포르투갈을 선두로 유럽 각국의 여행객 및 상인과 예수회 선교사들이 동양을 항해하며 여행기와 서간문의 형태로 관련 소식을 자국으로 전했습니다. 그중에는 1509년 포르투갈 사람이 고레스(류큐 거주 한국인)를 만나고 남긴 기록도 있습니다(정성화, 2005).[8] 이것은 유럽의 해양인과 한국인의 접촉이 16세기부터 시작되었음을 말해줍니다. 물론 실제로 서양인이 한반도 안에 들어온 것은 임진왜란 때지만,[9] 이전부터 일본에 머물던 선교사들을 통해 전달된 서양의 소문은 한국에도 전해졌을 것입니다. 이러한 현상은 17세기로 가면서 더욱 빈번해졌고, 앞서 보았듯 표류해 들어와 살면서 아예 귀화하여 조선인으로 살아간 사람도 있습니다.

조선인에게 바다 밖 세상과의 접촉은 현실을 벗어난 새로운 세상을 상상하게 하는 계기로 작동합니다. 바다는 세상과 세상의 경계이고, 그 바다를 사이에 두고 만난 이들은 두 개의 세상 사이에 있는 경계인이자 두 개의 세상을 잇는 매개인이기도 합니다. 이들이 접촉하는 과정에서 조선인의 서사는 유럽으로 전파되고 유럽의 서사는 조선인에게 전해졌을 것입니다. 한문 단편의 서사가 동서양의 신화적 사고를 포괄하는 것은 그러한 접촉의 결과입니다.

그러나 한문 단편에 반영된 경계인들의 해양 상상력은 결국 자신이 사는 세상에 대한 시선을 포함합니다. 표류지 대인국의 괴물에게 잡혀

---

8 이 책에서는, 1931년과 1935년에 언더우드에 의해 작성된 한국 관련 서양 서지 목록으로 세스페데스 신부의 서신(1593)이 가장 오래된 자료라고 되어 있으나 16세기 초에 작성된 여행기와 초기 예수회 서간문이 존재함을 지적했다.

9 최초로 한반도를 방문한 이는 선교사 세스페데스이다. 그는 일본에서 포교하던 중 조선에 파견된 일본 병사를 돌보기 위해 임진왜란에 참여한다. 1593년 12월 27일부터 1595년 4, 5월까지 약 18개월 동안 조선에 머문 것으로 기록되어 있다(정성화, 2005).

원하지 않는 삶을 살 수밖에 없었던 조선 여인, 그녀 또한 표류자이지만 아무도 그녀를 구출해줄 수 없습니다. 그녀의 비극은 아무도 책임져 주지 않는 것입니다. 그녀 스스로 말했듯 바다 안 세상, 즉 조국의 입장에서 볼 때 그녀는 더 이상 '사람'이 아닙니다. 바다 안에서 그녀는 사람으로서 제 구실을 할 수 없는 처지가 된 것입니다. 그러한 절망으로 여인은 차마 고국에 돌아가겠다 말하지 못하고 제 스스로 아들들을 죽일 계략을 일러주고 자신도 목숨을 끊게 됩니다.

신화적 상상력으로도 구원하지 못하는 여인의 비극은 무엇 때문인가요? 괴물도 물리치고, 궁상인 사람도 보물을 얻어올 수 있는 바다 밖 세상에서도 끝내 극복하지 못하는 '굴레'는 무엇인가요? 표류지에서 만난 여인의 이야기는 병자호란 이후 청나라에 끌려간 수많은 양인 여성의 비극과 만납니다. 그녀들의 서사가 생환 이후 포로 생활보다 더 비극적인 '환향녀' 서사로 이어진다는 것은 잘 알려진 사실입니다. 이것은 유교 질서라는 말로 표현되는 조선 지배층의 체제 지지 기반과 관련되어 있기 때문입니다.

대인국 표류지의 조선 여인 이야기에서 우리는 어느새 상상을 지배하는 현실의 힘을 발견합니다. 아니, 반대로 해양 상상력은 현실을 읽어내기 위한 장치일 것입니다. 해양 상상력은 경계 안의 체제가 얼마나 왜곡되어 있는 것인지를 고발합니다. 여인의 죽음이라는 결말은 경계를 넘는 상상의 영역에서도 구원하지 못할 만큼 현실의 벽이 무자비하다는 것을 폭로합니다. 가난을 극복하는 상상은 허용하지만, 지배층의 체제 기반을 뒤엎는 것은 상상 속에서도 허용하지 않는다는 현실의 위협. 그것이 우리의 상상 안에 존재하는 식인 괴물보다 더 기형적 존재라는 사실을 이야기하는 것입니다.

2. 경계 공간의 결핍 응시와 서사적 전망

공간 콘텐츠의 두 층위: 장소와 공간

공간의 콘텐츠화를 고려할 때 소환되는 문학 공간은 대부분 실재하는 장소를 전제로 한 것입니다. 박완서의 '현저동'(김연수, 2005)과 채만식의 '개복동'이 그렇습니다(변찬복·박종호, 2016). 작품 속 공간은 작가적 상상과 문학적 굴절을 통해 실재하는 장소와는 다른 의미를 드러내지만, 공간 콘텐츠를 기획할 때 실재하는 장소를 터전으로 하는 문학 공간은 매우 매력적입니다. 고전의 경우도 마찬가지입니다. 「춘향전」의 남원, 「배비장전」의 제주, 「심생전」의 종로 등이 이에 해당합니다. 에드워드 렐프Edward Relph(2005)는 장소의 정체성을 구성하는 요소로 물리적 환경, 인간 활동, 의미를 들었습니다. 여기에서 제1요소로 꼽힌 물리적 환경은 공간의 실재성을 표현한 것입니다. 많은 지역 축제와 홍보 콘텐츠가 이러한 '장소'에 주목하여 구상되고 있습니다(공간 콘텐츠 기획은 주로 해당 공간을 형상화한 건축물이나 공공 디자인의 제안으로 이루집니다; 변찬복·박종호, 2016).

장소와 달리 공간은 순수한 직관이자 주관적 표상으로서, 실제 경험에 선행하는 개념입니다(이마누엘 칸트, 2006). 공간 개념에 경험적 실재성을 부여하면 '장소'가 됩니다. 공간 콘텐츠는 많은 경우 공간의 장소화를 의미합니다. 다수의 공간 콘텐츠 사업이 장소에 얽힌 역사, 사건, 관련 캐릭터를 평면적으로 재구성하는 것을 기본 방향으로 삼고 있는 것입니다. 공간의 장소화는 공간을 콘텐츠의 소재로서 역할하게 합니다. 공간이 소재적 단위로 다루어지면 공간은 그곳이 지닌 선험적 직관과 통찰보다 사건과 캐릭터의 설명을 위한 단순 배경이 됩니다.

따라서 공간 콘텐츠를 기획할 때 문학 공간의 장소화를 지양하기 위해, 이 글에서는 장소와 구분되는 층위의 '공간'에 주목하고자 합니다. 장소가 물질적 실재성을 제1요소로 삼는다면, 공간은 심리적 실재성을 제1요소로 삼습니다. 그렇기 때문에 공간은 현실적이고 물질적인 장소뿐 아니라 비현실적이고 초월적인 공간에 대한 서사적 전망을 가능하게 합니다. 현실 공간을 벗어날 수 없는 인간에게 '현실 공간에서 벗어남'은 오래된 소망이고 영원한 화두입니다(인간은 죽음과 현실에 얽매여 있는 삶을 삽니다. 그렇기 때문에 죽음과 현실을 벗어나고자 하는 욕망이 끊임없이 작동하는 것입니다). 그러한 욕망을 다룰 수 있는 공간에 주목하는 것은 콘텐츠 기획에 유의미한 일이 될 것입니다.

심리적 구조물로서의 공간은 장소에 얽힌 사건과 인물을 넘어, 인간 내면의 욕망과 두려움을 반영할 수 있습니다. 영화 〈인셉션〉은 상대의 욕망을 교체하고자 하는 나의 욕망을 '꿈'을 매개로 한 공간으로 구현했고, 영화 〈신과 함께: 인과 연〉은 인간의 두려움을 '배신지옥'과 '지옥길'을 통해 드러냈습니다(영화 〈신과 함께: 인과 연〉 속 배신지옥은 망자가 이승에서 두려워했던 것이 나타나는 공간입니다. 특히 이 영화에서는 전체를 관통하는 공간성의 핵심이 잘못을 인정하는 것에 대한 두려움과 그것을 극복하는 용기입니다). 공간은 장소의 이야기와 인간의 내력을 결합하는 방식으로 구현됩니다. 공간에 얽힌 이야기의 주체는 개인일 수도 있고 사회일 수도 있습니다. 중요한 것은 공간에 구현되는 이야기가 개인과 사회의 삶을 이끌어가는 심층 기제로 작동한다는 점입니다(인간은 서사적 존재이며, 심층의 서사가 인간의 삶을 운영한다는 입장은 '문학치료학'의 핵심 명제인 '인간 활동이 곧 문학이며 나아가 인간 그 자체가 문학이다'에 잘 드러납니다; 정운채, 2008).

공간은 개인과 사회의 삶을 운영하는 이야기를 주요 재료로 삼아 공간의 서사를 만듭니다. 이것은 공간의 심층서사가 됩니다. 이런 의미에서 '공간'은 '인간의 심층서사와 장소의 심층서사가 만나는 자리'라고 할 수 있습니다. 공간을 심층서사의 관점에서 바라보는 것은 공간의 이야기가 '문화적 기억'으로 구성된다고 보는 시각[10]과 차이가 있습니다. 또한 문학 공간이 '문학의 생산과 소비라는 문학 행위가 관계하는 접점'이라고 보는 입장(문학 공간은, 기억을 보존하고 재생산함으로써 삶의 공간을 확장하고 과거의 역사적 경험을 현재화하는 공간이라고 보는 것입니다; 김수복 편저, 2005)과도 다릅니다. 공간의 핵심은 그것의 구현 방향이 인간 삶의 심층서사를 바탕으로 한 '서사적 전망'을 제안하는 데 있기 때문입니다(문학과 삶에 구현되는 공간성은 현실 공간을 기초로 할 수도 있고 비현실 세계를 토대로 할 수도 있지만 그것이 필수 요소는 아닙니다).

서사적 전망은 인간이 세상을 살아가는 동력입니다. 공간이 서사적 전망을 제안할 수 있다는 것은 공간 콘텐츠가 서사력을 갖추었다는 뜻입니다. 서사력 있는 이야기에 많은 사람들이 귀 기울이는 것은 당연합니다. 서사력을 갖춘 이야기는 수용자의 마음을 열고 이야기에 공감하게 합니다.

인간은 많은 경우 현실적 진단보다 서사적 전망에서 삶의 동력을 얻습니다. 우리가 힘든 현실을 극복할 수 있는 것은 행복이라는 서사적 전망을 가지고 있기 때문입니다. 행복은 현실적·물질적 실체가 아닙니다. 그것은 우리가 내면에서 상상하고 믿고 기꺼이 수용하여 내 삶의

10 알레이다 아스만(Aleida Assmann)은 문학 공간에서 '장소는 기억을 지상 위에 위치시키면서 지속성을 구현한다'고 말했다(알레이다 아스만, 2003).

심층서사로 받아들이고자 하는 이야기의 방향입니다. 공간 콘텐츠가 제안하는 서사적 전망이 항상 개인과 사회의 동의를 얻는 것은 아니지만, 만약 진정한 동의를 얻는다면 그때 공감의 반응이 나타납니다.

경계 공간의 결핍 응시와 서사적 전망의 설계

심리적 구조물로서의 '공간'을 잘 구현하고 있는 것이 고전서사 작품들입니다. 전기傳奇의 공간은 인간 내면의 이야기와 밀접한 관련을 지닙니다. 전기는 고전 서사문학에서 가장 오래된 장르로서, 그 핵심이 공간 상상력에 있습니다. 전기는 탄생에서부터 공간에 주목한 서사체입니다. 최초의 전기로 알려진 작품은 당나라 시기 장작張鷟이 지은 「유선굴」(7세기 말)로, 제목인 '遊仙窟'의 뜻은 '신선의 집에서 놀다'입니다.

장작은 하원河源이라는 곳으로 가던 도중에 신선 마을에 들르게 되는데, 그곳에서 십낭十娘과 오수五嫂라는 여인을 만나 밤을 함께 보낸 뒤 헤어집니다(唐芸芸, 2013). 장작이 하룻밤 머문 신선 마을은 산세가 험하고 영기가 빼어난 적석산積石山에 있다고 했습니다. 물론 신선 마을은 인간이 쉽게 들어갈 수 있는 곳이 아닙니다. 장작도 목욕재계하고 3일간 기도한 후에야 배로 물길을 거슬러 올라가 신선 마을에 이를 수 있었습니다. 장작은 실존 인물이고 하원도 실재하는 장소입니다. 그러나 신선 마을은 심리적 공간입니다.

「유선굴」의 '선굴', 즉 신선 마을은 지상보다는 하늘에 가까운 높은 산 위에 있으며, 현실보다는 꿈에 가까운 의식 지역에 있는 공간으로 형상화됩니다(전기의 공간 상상력은 '지상의 천상공간인 고악高嶽과 현실 속 비현실 공간인 몽계夢界'입니다; 김수연, 2014). '선굴'은 지상이면서 지상이 아닌 곳이고, 현실이면서 현실이 아니며, 깨어 있으면서 깨어 있지 않은 공간입니다. 그렇기 때문에 장작은 신선 마을에 들어가는 순간 '몸이 가벼워지며 정신은 꿈을 꾸는 것'처럼 느낍니다(한영환, 1988). 그곳에 사는 십낭과 오수라는 여인도 '존재하지만 존재하지 않는 존재'입니다. 때문에 「유선굴」이 보여주는 공간은 '경계성'을 특징으로 삼는다 하겠습니다.

한국의 대표적 전기인 「최치원」에도 이와 유사한 경계 공간이 등장합니다(나말여초 『수이전』에 수록되었던 것으로 알려진 「최치원」은 「유선굴」의 영향을 받은 작품으로 평가됩니다). 그곳은 '무덤'의 형태를 지녔습니다. 최치원이 '쌍녀분'이라는 무덤 앞에서 무덤의 주인을 조문하는 시를 씁니다. 그날 밤, 그가 머무는 초현관으로 무덤의 주인인 팔랑과 구랑이 찾아옵니다. 팔랑과 구랑이란 집안에서 여덟째와 아홉째 되는 여인이라는 뜻입니다. "최치원은 놀라고 기뻐 마치 꿈속인 것" 같았습니다(이대형 편역, 2013). 이렇게 꿈과 현실의 경계에서 최치원은 팔랑·구랑과 하룻밤을 보냅니다.

'무덤'은 현실에 존재하지만 살아서는 갈 수 없는 비현실 공간입니다. 삶과 죽음의 영역 어디에도 속하지 않으면서 동시에 삶과 죽음이 공존하는 공간입니다. 「최치원」이 상상하고 있는 공간 또한 '경계성'을 특징으로 삼고 있는 것입니다(김수연, 2009). 경계 공간에 사는 「최치원」의 팔랑·구랑, 「유선굴」의 십낭과 오수는 '존재와 비존재의 경계 존재'로 그려집니다. 작품의 공간 속에서는 엄연히 존재하지만, 그들은 현실의 존재가 아닙니다. 엄밀히 말해 팔랑·구랑은 최치원이 낮에 본 '무덤'의 인격적 현현이라고 할 수 있습니다. '무덤'이 경계 공간인 점을 생각하면 팔랑·구랑은 '경계 공간의 인격화'라고 하겠습니다.

15세기의 대표적 전기 작품은 김시습의 「취유부벽정기」입니다. 「취유부벽정기」에서 홍생은 '사진비진似眞非眞, 사몽비몽似夢非夢' 속에서 물길을 거슬러 부벽정으로 올라갑니다. '부벽정'은 현실 공간이면서 동시에 비현실 공간이고, 과거의 공간이면서 현재의 공간이기도 합니다. 이곳에서 주인공 홍생은 기자조선 시대의 왕녀 '기씨녀'를 만납니다. 지금 홍생 앞에 있는 기씨녀는 존재하지만 존재하지 않는다는 점에서 「최치원」의 팔랑·구랑과 같습니다. 기씨녀 또한 부벽정이라는 경계 공간이 서사적 인격체로 구현된 인물이라고 하겠습니다.

공간이 장소의 심층서사와 인간의 심층서사가 만나는 지점이라는 점을 생각하면, 최치원과 팔랑·구랑, 홍생과 기씨녀의 만남은 쉽게 이해가 됩니다. 경계 공간에서 현재의 인물과 인격화된 공간이 만나 대화를 하는 것이기 때문입니다. 주인공이 경계 공간에서 현재 자기의 처지와 유사한 과거를 떠올리고, 답답한 과거와 변함없는 현실에 대해 스스로 묻고 답하는 과정을 작품은 공간의 인격화를 통해 그리고 있다고 볼 수 있습니다.

전기의 경계 공간은 주인공의 심리적 구조물이고, 인물은 자신이 원하는 공간을 찾아가 그 공간에 얽힌 내력 중 자신이 원하는 사연을 소환합니다. 십낭과 오수, 팔랑과 구랑, 기씨녀는 각각 장작, 최치원, 홍생이 듣고 싶은 내력을 지닌 인물입니다. 그 내력은 공간에 얽힌 내력인 동시에 인물 자신의 삶과 관련이 있는 사연이기도 합니다. 신이하고 기이한 만남을 원하는 장작에게는 그러한 사연을 지닌 십낭과 오수가 나타납니다. 불우한 처지에 답답해하는 최치원과 홍생에게는 각각 유사한 처지의 팔랑·구랑과 기씨녀가 나타납니다. 여인들의 문제는 결국 인물이 지닌 삶의 문제인 것입니다.

이 작품들은 모두 인물이 여인들에게 질문하고 답을 듣는 과정으로 그려집니다. 그것은 상대에 대한 이해를 추구하는 것처럼 보이나, 궁극적으로 자기의 내면을 이해하는 과정입니다. 정확히 말해 그것은 자기 내면의 결핍을 발견하고 응시하는 일입니다. 자신이 원하는 대로 살 수 없는 최치원은, 부모에게 원하지 않는 결혼을 강요받았던 여인에게서 자기의 모습을 발견합니다. 또, 세상과의 관계 맺기가 어설프고 어려워 삶의 방향을 잃고 다소 무기력해진 홍생은, 막막한 삶을 살았던 기씨녀에게서 유사한 아픔을 보게 됩니다.

많은 연구가 전기를 '지식인의 불우 인식'이라는 측면에서 이해합니다. '불우'는 관계의 결핍을 의미하는 말입니다. '관계의 결핍'에 대한 인식을 바탕으로 창작된 전기는 세상과의 어긋남을 출발점으로, 상상된 경계 공간을 제시하고 공간을 인격화한 인물을 소환하여 주인공과 함께 '결핍'의 문제에 대해 대화하도록 합니다. 최치원은 팔랑·구랑과 '지니긴 것에 대한 회한과 함께 그것을 돌이킬 수 있는가'라는 문제를 공유했고(김수연, 2009), 홍생은 기씨녀와 '자신과 진정으로 소통할 대상, 즉 진정한 관계에 대한 갈망'의 문제에 대해 논의했습니다(김수연, 2016a). 이러한 대화의 과정은 궁극적으로 자기 내면의 깊숙한 곳에 있는 근원적 결핍 지점을 응시하게 합니다. 전기의 경계 공간은 인간이 자신과 세계와의 관계에서 발생하는 삶의 근본적 결핍을 응시할 수 있는 계기를 제공하는 것입니다.

경계 공간에서 발견한, 삶의 근원적 결핍에 대한 대화는 결핍을 객관화시킵니다. 결핍에 대한 응시와 직면이 결핍에 대한 주관적 집착을 제거하고, 객관적 실체로서 그것을 있는 그대로 느끼게 하는 것입니다. 그것은 결핍이 주는 고통을 벗어나려는 집착이 아니라 현재 경험하고 있는 결핍이 무엇인가를 인지하는 과정을 제공합니다. 내 삶의 심층서사에 부족한 서사 요소들에 대한 직면은, 인간이 보편적으로 지니는 마음의 패턴, 즉 "무엇을 경험하든 대개 집착으로 반응하고, 그 집착이 고통을 낳는 마음의 패턴"(유발 하라리, 2015)을 수정할 수 있게 합니다.

전기의 경계 공간은 환상적 기제를 특징으로 하지만, 오히려 그것을 읽는 사람이 환상이나 집착에 빠지지 않고 실제 경험에 초점을 맞추도록(유발 하라리, 2015), '응시'의 계기로 작동합니다. 전기의 경계 공간은 실제를 분명하게 경험하여 환상이나 망상의 집착에서 자유롭게 벗어나도록, 그래서 새로운 서사적 전망을 가능케 하도록 설계된 것입니다. 결핍에 대한 응시는 관계의 이야기를 재건할 수 있는 출발점이고, 그것을 통해 내가 진정으로 원하는 삶의 이야기가 무엇인지를 깨달을 수 있게 하기 때문입니다. 즉 새로운 삶의 이야기를 전망할 수 있는 공간은 현재의 결핍을 직면할 수 있는 용기를 제공하고, 수용자가 삶의 서사적 전망을 설계하도록 돕는다는 점에서 의미가 있다 하겠습니다.

3. 서사적 연대를 위한 콘텐츠 공간

취약성에 대한 공명과 서사적 동행

결핍의 응시가 삶에 새로운 서사적 전망을 가능하게 한다는 점은 공간 콘텐츠의 기획에 좋은 착목점이 될 것입니다. 무엇보다 전기의 경계 공간은 현실과 비현실의 사이에서 사람들의 내적 결핍에 대한 고민을 담았습니다. 그리고 그 고민을 평면적으로 반영하는 것이 아니라 공간의 인격화를 통해 대화를 하게 함으로써 근원적 결핍을 응시하는 데 동행했습니다. 서사적 동행은 인간 삶의 심층서사가 지닌 취약성에 공명하는 자세입니다. 전기의 경계 공간은 '삶의 허기'를 얼마나 진정성 있게 바라보는가의 문제를 이야기합니다. 그런 후 그 허기를 어떻게 채워야 할지를 고민하는 데 동행하는 것입니다. 전기의 공간이 구현하고자 하는 심층서사는 "각각이 지닌 가치와 의미를 존중하고, 그것들을 배려하며 함께 세상을 일구는 데 참여하고자 하는 마음"입니다(김수연, 2015b).

취약성에 대한 공명이 가능한 서사적 공간의 설계는 오늘날 콘텐츠 기획에 매우 중요한 시사점을 줍니다. 21세기의 공간 콘텐츠 기획에 참여하는 이들은 전기가 보여준 공간 설계의 자세를 공유할 필요가 있습니다. 현대는 그 어느 때보다 '불우한 여기'로부터의 탈출 욕망이 강렬한 사회이기 때문입니다. '불우'는 삶의 결핍이고 관계 서사의 취약점입니다. 지금의 현실 공간은 자기 삶의 취약성에 공명해주기를 바라는 소망들로 가득 차 있습니다. 고전문학이 기여하는 공간 콘텐츠의 방향이 소재로서의 장소가 아닌, 삶의 서사적 결핍에 대한 대화에 동행하고 취약성에 공명하는 공간을 지향해야 하는 것은 이 때문입니다.

20세기까지 인간은 자기의 결핍을 죄악시했고 결핍의 인정을 부끄러워했습니다. 강하고 빠른 것을 미덕이라고 여겼고, 실제로 그것이 일정 부분 물질적 성공을 가져다주기도 했습니다. 많은 콘텐츠도 인간의 취약성을 지우고 영웅성을 생산하는 데 몰두했고, 경쟁에서의 승리를 축하하는 내용들을 선전했습니다. 하나의 영웅을 위해서라면 수많은 사람들의 서사가 파괴되고 소거되는 것은 염두에 두지 않았습니다. 그러한 경향은 삶의 서사가 지워진 채 투명인간처럼 살았던 많은 사람들의 내면에 상처를 남겼습니다. 이제 사람들은 근본적 결핍을 함께 바라봐주고, 결핍에 대해 함께 이야기하는 데 동행해주기를 소망합니다. 21세기 콘텐츠는 이러한 소망에 대해 서사적 연대를 끌어내는 방향으로 나아가야 할 것입니다(최근의 히어로 콘텐츠의 변화는 이러한 수요를 반영합니다. 예전의 히어로가 모든 면에서 신에 가까운 완벽한 존재였다면, 오늘날의 히어로는 인간의 불완전성을 공유함으로써 수신자의 공감을 얻고 있습니다).

실제로 최근의 콘텐츠 가운데서 삶의 취약성에 공명하고 그들과 서사적으로 동행하려는 노력들을 발견할 수 있습니다. 대표적인 것이 2017년 '대한민국 만화대상'에서 우수상을 수상한 웹툰 〈쌍갑포차〉입니다. 2016년 6월 1일부터 '다음 웹툰'에서 연재되고 있는 〈쌍갑포차〉는 세계의 영역을 '이승'과 '저승' 그리고 '그승'으로 설계했습니다. 여기서 그승이 바로 경계 공간입니다. 그승은 꿈의 세계라고 되어 있지만, 완전한 꿈은 아니고 현실과 연결되는 공간으로 그려집니다.[11] 그승의 랜드마크는 '쌍갑포차'라는 간판을 내건 어설픈 포장마차입니다. 쌍갑포차를 운영하는 월주신은 그승의 지배자이자 관리자입니다. 또 다른 그승 관리자로서 월주신을 돕는 미별왕은 그승의 설계자로 소개됩니다(제13화 〈박속낙지탕〉(1)에서 미별왕과 월주신에 대한 소개가 나옵니다).

그승은 산 자와 죽은 자, 죽으려는 자와 죽어가는 자 모두가 오가는 공간입니다. 이곳에 오는 이들은 주로 삶의 서사가 잘 안 풀린 사람들입니다. 진상 고객을 상대하느라 감정을 혹사시키다 끝내 자살을 시도하는 마트의 점원, 젊은 날 한순간의 질투와 시기심으로 타인의 삶을

---

11 제1화 〈돼지 뒷고기 숯불구이〉에서는 주인공이 자살하러 간 고층 건물 옥상에서 쌍갑포차를 발견하고 술을 마신다. 다음 날 주인공 손에는 포차 주인에게서 받은 비녀가 남아 있어 전날의 일이 꿈이 아님을 암시한다.

파탄낸 후 평생을 죄책감에 빠져 살아온 여인, 생활에 지쳐 의식을 잃고 사경을 헤매는 주인을 구하고자 노력하는 길고양이, 고생하는 자손에게 로또를 맞게 해주고 싶은 저승의 조상들, 돌산 같은 서울 생활에 뿌리내리지 못한 채 몸과 마음이 위축되어가는 지방 출신 젊은이, 직장의 따돌림과 상사의 갑질에 눌려 생긴 근원적 슬픔에 고통받는 아들과 그 아들의 눈물로 만들어진 무거운 소금주머니를 자식에게서 떼어내어 대신 짊어지고 가려는 저승길의 아버지 등입니다.

이들은 모두 어디에다 하소연할 곳이 없는 사람들입니다. 산 자도 죽은 자도, 사람도 동물도 다 풀지 못한 이야기가 있는데, 그들이 사는 세계인 이승은 용광로처럼 그들의 목소리를 흔적 없이 녹여버릴 뿐입니다. 그렇기 때문에 작가는 존재 하나하나의 목소리가 동등한 가치를 가지는 공간을 설계했습니다. 이승에서는 '6411'번 시내버스의 첫차 승객들처럼, 존재하지만 존재하지 않는 투명인간 같은 존재들[12]이 그승에서는 한껏 제 삶의 이야기를 풀어놓습니다. 그승의 설계자는 진상 고객을 응징하고 마트 점원의 자존감을 살려주어 그가 죽음을 돌이키게 하고, 시기심으로 저질렀던 잘못에 용서를 비는 자가 용서받을 수 있도록 기회를 주고, 길고양이 같은 삶을 사는 불안한 인간과 실제 길고양이 사이의 신뢰·위로를 도우며, 죽어서도 혹은 죽어가면서도 소금자루 같은 슬픔과 고통을 짊어진 자식을 돕고자 하는 부모를 이해합니다.

웹툰과 영화에서 모두 두각을 드러낸 〈신과 함께〉에서도 유사한 공간이 설계되었습니다. 영화를 중심으로 본다면 〈신과 함께〉는 이승과 저승의 경계 공간인 '심판의 공간'을 제안했습니다. 심판의 공간은 편향

---

12 고(故) 노회찬 의원의 2012년 연설 내용이다.

적으로 문서화된 법리적 심판을 다투는 곳이 아닙니다. 그곳에서는 이승의 법리가 지닌 모순과 불합리를 꼬집습니다. 이승에서는 존재 가치를 인정받지 못한 사람, 억울하고 불공평한 생활의 굴레를 벗어던지지 못한 사람, 표면적으로 하잘 것 없는 인생 서사를 지닌 사람들이 재판을 받습니다. 그러나 심판의 공간은 그들 내면에 '귀인'의 이야기가 있음을 발견해줍니다. 상업적 영화이기에 다소 억지스런 설정이 있기는 하지만, 원작의 이야기가 지니는 서사적 동행의 마음은 관객의 마음에 적지 않은 울림을 줍니다.

특히 〈신과 함께: 인과 연〉은 공간의 인격화를 통해 인간의 취약성에 직접적인 공명을 시도합니다. 저승차사 강림은 산 자도 아니고 죽은 자도 아닌, 경계 공간의 경계적 존재로 천 년을 살아가야 했습니다. 그가 이승에 있을 때 관계의 서사를 제대로 풀어가지 못했기 때문입니다. 강림은 자신이 저지른 잘못을 제때 인정하고 용서를 빌지 못했습니다. 그것이 강림의 심층서사의 취약 지점입니다. 제 잘못을 인정하고 용서를 빌어야 새로운 삶의 이야기가 시작될 수 있습니다. 그러나 그것은 말처럼 쉽지 않습니다. 천 년이 지나야 겨우 가능한 것입니다.

그래서 염라대왕은 천 년 전 인간으로 죽어가는 그에게 차사가 될 것을 제안했습니다. 제 잘못을 인정할 시간, 용서를 빌고 상처받은 관계의 서사를 치유할 시간을 준 것입니다. 늘 당하는 이들에게 존재감을 인정받을 수 있는 공간이 필요하듯, 권력을 무기로 삼아 타인을 상처 낸 이들에게는 자기 잘못을 인정할 용기를 회복할 공간이 필요합니다. 그래야 서로를 찌르는 가시로 가득한 이승의 이야기를 새로 쓸 전망이 있는 것입니다.

〈쌍갑포차〉와 〈신과 함께〉 이 두 작품은 저승이라는 공간, 월주신과 저승차사라는 캐릭터를 소재로 차용했다는 점에서 고전을 활용하여 흥행한 콘텐츠라는 평가를 받았습니다.[13] 그러나 진정으로 이들이 선택한 고전 콘텐츠의 미덕은 고전적 소재의 발견에 있지 않습니다. 그것은 고전이 제안했던, 인간의 심층서사를 기반으로 한 경계 공간과 삶의 결핍에 대한 응시, 그리고 결핍으로 인해 취약해진 인생 서사의 지점에 공명하고 그것을 이야기하고 풀어내는 길을 함께 걸어 가주는 서사적 동행의 구현을 시도했다는 데 있습니다.

〈쌍갑포차〉가 설계한 그승과 〈신과 함께〉가 설계한 심판의 공간은 삶의 취약한 지점들에 공명하고, 그들과 함께 이야기를 풀어가는 데 동행하려는 마음을 전합니다. 이들은 개인의 인생 서사가 단절된 이야기가 아니라 우리 모두가 함께 참여하고 협력하여 만들어가야 하는 이야기라는 것을 알게 합니다. 완벽하지는 않지만 어느 정도는 이들이 보여주는 서사적 연대의 결의가 수신자에게 전달된 듯 보입니다.

이 글이 제안하는 고전적 공간의 콘텐츠화의 방향이 소재 차원의 차용이 아니라는 점을 강조하기 위해, 고전적 소재를 벗어나 고전의 경계 공간을 구현한 사례를 하나 더 들고자 합니다. 2018년 8월부터 9월까지 tvN에서 방영한 드라마 〈아는 와이프〉입니다. 왜 결혼했는지 모르게, 현실에 치여서 매일을 전쟁처럼 사는 부부의 이야기입니다. 아내 서우진은 마사지 관리사로 다양한 고객을 상대하느라 지쳐 있습니다. 퇴근 후에는 두 아이의 육아가 기다리고 있고, 치매가 있는 친정어머니도 책임져야 합니다. 한 푼 한 푼이 귀하고 일분일초가 소중합니다. 머

13 방송평론가 정덕현(2018. 8. 12)은 〈신과 함께: 죄와 벌〉과 〈신과 함께: 인과 연〉의 연속 흥행 이유를, '이승과 저승이라는 소재, 블록버스터로서의 볼거리, 신파코드'라고 정리했다.

리 감을 물리적 시간도 마음의 여유도 없어, 젊은 날 풍성하게 늘어뜨리기 좋아했던 머리는 늘 질끈 묶고 있습니다. 유통기한이 지난 음식도 버릴 수 없어 우걱우걱 먹습니다. 그렇게 살다 보니 종종 욱하는 분노가 치밀어 오릅니다. 그래서 남편이 마트에서 생각 없이 제 사고 싶은 것을 챙겨온다고 시간을 끌거나, 약속한 아이의 유치원 픽업을 놓치면 그녀는 거칠게 분노합니다. 남편이 몰래 산 게임기를 보았을 때 아내는 거의 폭발하는 화산처럼 변합니다.

물론 남편 차주혁의 생활도 녹록지 않습니다. 그럴 듯한 배경도 없는 은행원으로, 상사와 동료들 그리고 온갖 진상 고객들까지 상대하는 것이 쉽지 않습니다. 그러나 차주혁이 가장 공포스럽게 생각하는 것은 아내입니다. 항상 화가 나 있는 아내가 끔찍하고, 폭력적인 아내가 두렵습니다. 그래서 그는 꿈꿉니다. 지금의 아내가 없는 공간을. 그런 그는 우연한 기회에 과거로 돌아가는 톨게이트를 발견하고, 서우진을 처음 만났던 지점으로 되돌아갑니다.

과거에 대학생이던 차주혁은 첫사랑 혜원을 만나러 가는 길에 위기에 처한 여고생 서우진을 만났습니다. 그는 두 갈래 길에서 혜원을 만나러 가는 대신 서우진을 돕기로 선택했고, 결과적으로 서우진과 달콤한 연애를 시작하게 되었습니다. 이제 그는 다시 두 갈래 갈림길에 섰습니다. 이제 그는 '가지 않은 길'을 선택합니다. 곤란에 처한 서우진을 모른 척하고 혜원을 만나러 간 것입니다. 그다음 날 잠에서 깨어난 차주혁이 있는 곳은 혜원을 아내로 맞아 함께 사는 집입니다. 이것은 꿈이 아닙니다. 그는 정말로 재벌가 사위가 되었고, 은행도 위세 좋게 다니는 중이었습니다. 과거가 바뀜으로써 현재가 바뀌었습니다. 이전과 다른 삶의 서사를 살게 된 것입니다.

'재구성된 현실 공간'은 남편의 삶만 바꾼 것은 아닙니다. 차주혁과 결혼하지 않은 서우진은 자기 관리가 투철한 멋진 직장인으로 살고 있습니다. 물론 치매 걸린 어머니는 그대로지만. 그런데 다시 설계된 이 공간은 진짜 현실일까요? 아닙니다. 그럼 완전한 꿈인가요? 그것도 아닙니다. 현실이지만 현실이 아닌 공간, 과거와 현재와 미래가 혼재하는 공간, 실현 가능한 것과 불가능한 것의 경계 공간, '가지 않은 길'과 '이미 걸어온 길'의 사이 공간입니다. 드라마는 이러한 공간을 제공하여 아내와 남편에게 그들이 스스로 살고 싶은 삶의 이야기를 마음껏 써보게 합니다.

자신이 원하는 삶의 이야기를 펼칠 수 있는 공간의 제공은 벗어나고픈 진짜 현실에 대한 일차적 위로가 됩니다. 그러나 이 드라마의 공간은 일차적 위로에 머무는 환상을 제공하는 데 멈추지 않습니다. 차주혁과 서우진은 직장 동료로 다시 만나게 됩니다. 차주혁은 무섭고 지긋하고 끔찍했던 서우진의 내면에 당당하고 빛나는 이야기가 존재하고 있음을 발견합니다. 사실 이들 부부가 처음부터 엉망이었던 것은 아닙니다. 두 사람은 너무도 사랑했고 행복했습니다. 그러나 어디에서부터인가 서로가 서로에게 상처를 주고, 또 자기도 상처를 받으며 관계의 이야기가 꼬이고 망가지고 피투성이가 된 것입니다.

상처뿐인 관계의 이야기를 어떻게 해야 할까요? 대부분은 지금까지의 것을 버리고 새로운 이야기를 쓸 대상을 찾으려 시선을 돌립니다. 그러나 내 심층서사의 방향이 바뀌지 않으면 그 누구를 만나도 종국의 관계 서사는 같은 꼴로 상처받을 것입니다. 연애든 결혼이든 모든 관계의 이야기는 함께 만나 문제되는 지점을 바라보고, 그것에 대해 이야기하고, 문제를 해결하는 데 동행해야 건강해집니다. 이 드라마는 현실과 비현실의 경계 공간을 설계하고 부부 사이의 결핍된 부분을 응시하게 함으로써, 부부서사를 지속해갈 때 가장 끊어지기 쉬운 취약 지점에 공명하게 합니다. 그리고 그것이 나만의 문제가 아니라 관계에 참여하는 사람들 전체의 문제이고, 그렇기 때문에 그 이야기에 동참해 함께 풀어가야 한다는 메시지를 전하고 있는 것입니다.

서사적 연대를 위한 콘텐츠의 발견

이 책을 시작할 때 콘텐츠의 3요소로 매체(기술), 소재(이야기), 서사(심층서사)를 꼽았습니다. 그동안 매체(기술) 중심으로 진행된 콘텐츠 기획은 이제 방향을 바꾸어 심층서사를 발견하는 데서 시작해야 합니다. 콘텐츠의 심층서사는 크게 관계서사와 존재서사, 그리고 공간서사로 나눌 수 있습니다. 관계서사와 존재서사는 우리가 살아가면서 부딪히는 관계적 사건과 심리적 자리를 발견하게 해줍니다. 그리고 공간서사는 우리 내면의 결핍이 무엇인지를 응시하고 그것을 극복할 수 있는 서사적 전망을 가질 수 있게 합니다. 이러한 심층서사에 대중이 동의할 때 이른바 '공감'이 발생합니다. 공감 가능한 심층서사는 소재(이야기)에 서사력을 제공하고, 결과적으로 그 콘텐츠는 좋은 콘텐츠가 됩니다.

대중이 콘텐츠에 공감하는 것은 콘텐츠의 이야기가 자신의 이야기와 무관하지 않다고 생각하기 때문입니다. 또한 대중이 좋은 콘텐츠라고 느끼는 것은 콘텐츠가 진심으로 약자인 자신들의 삶과 함께 걸어가고자 한다고 믿기 때문입니다. 상업적 논리와 자본의 권력에 의지하지만, 그럼에도 콘텐츠의 심층에는 사람들의 취약한 지점을 이해해주고 그것을 풀어내는 데 동참해주고자 하는 서사가 전개된다고 생각할 때

[그림 3-2] 콘텐츠의 공감 메커니즘

사람들은 공감합니다. 그것은 일회적인 것이 아니고, 반복적으로 재생하며 그 믿음을 강화시킵니다. 공감의 수준이 높아지면 대중은 감동을 받습니다. 감동은 콘텐츠의 심층서사가 자신의 심층서사를 지지해주고 있다는 믿음에서 만들어집니다. 그러한 믿음은 다시 이야기의 서사력을 강화시킵니다. 믿음과 감동, 서사력의 상호작용이 반복·강화되는 되먹임 구조 속에서 콘텐츠는 대중의 결핍을 충족시키는 데까지 이르게 됩니다.

좋은 콘텐츠는 대중의 나약한 삶의 서사를 지지합니다. 그것은 서사적 동행이자 서사적 연대입니다. 콘텐츠가 대중의 공감으로 서사력을 획득하듯, 대중의 심층서사는 콘텐츠의 동행과 연대의 제안으로부터 힘을 얻습니다. 서사력을 갖춘 이야기는 향유자에게 이성적 각성뿐 아니라 정서적 감동을 줄 수 있는 가장 효율적인 방법이고, 오랜 시간에 걸쳐 검증된 정보와 감정의 전달 방식이자 공유 방식입니다(우주와 인간을 설명하는 두 가지 방식인 역사와 과학은 모두 이야기에 바탕을 두고 있습니다; 신동흔, 2018; 유발 하라리, 2015). 콘텐츠의 서사와 함께 자신의 결핍과 취약점을 응시하고, 이해하고, 위로하며, 고양된 공감 속에서 심층서사와의 연대감을 확인한 대중은 자기 삶의 서사를 재구성할 힘을 갖게 되는 것입니다. 우리는 한 번쯤 감동적인 영화를 보고 영화의 서사적 메시지에 동참하기로 결심했던 경험이 있을 것입니다. 영화관을 나서며 '나도 오늘부터는 나를 사랑해야지' 혹은 '앞으로는 상대의 말에 귀 기울이고 이해하며 살아야지'라고 자기 삶의 서사를 바꾸는 선택을 했던 경험 말입니다.

콘텐츠로 인해 내 삶의 서사를 바꾸고자 했던 선택이 내 생애 중 하루 또는 한 시간 정도만 지속된다 해도, 나의 생애서사의 방향은 이미 이전과 달라진 것입니다. 만약 매일매일 새로운 콘텐츠를 통해 생애서사가 하루씩 변화해간다면, 향유자는 내적 결핍을 충족하고, 취약점을 치유하는 경험을 할 수 있을 것입니다. '좋은 작품이 삶을 바꾸었다'는 말은 특정한 위인만의 성스러운 고백이 아닙니다. 그렇기 때문에 향유자의 생애서사가 건강한 방향으로 변화하는 데 기여하는 콘텐츠가 고전을 활용한 콘텐츠를 기획하는 과정에서 가장 중요한 요소가 되어야 할 것입니다.

덴마크의 미래학자 롤프 옌센Rolf Jensen(2005)은 정보화 시대의 다음 단계에 '드림 소사이어티'가 도래할 것이라고 말합니다. '드림 소사이어티'는 이야기에 가치를 두고 이야기를 통해 소통하는 사회를 의미합니다. 그는 영화나 광고는 물론 경제활동에도 이야기가 커다란 영향을 미칠 것이라고 주장합니다. 사람들이 계란 하나를 구매할 때에도 저렴한 것보다는 비싸도 사연이 담긴 것을 선호하는 현상이 그 방증입니다. 즉 미래 경제활동은 상품의 구매가 아니라, 상품에 담긴 이야기에 비용을 지불하는 방향으로 변화할 것이라고 예측하는 것입니다. 롤프는 감성적 가치에 의한 상품의 선택이 크게 늘어날 것이기에, 기업은 제품뿐 아니라 그 안에 담을 이야기도 개발해야 한다고 전망했습니다. 미래 기업의 리더는 경영인의 자질보다 이야기꾼의 자질을 갖추어야 한다는 뜻입니다. 그의 사회적 전망은 콘텐츠 기획에서 그 무엇보다도 이야기의 발견, 특히 심층서사의 발견에 주력해야 하는 이유를 설명합니다.

다시 한번 강조하지만 향후 고전문학 속 원천서사의 콘텐츠화는 이야기의 서사력을 구현하는 방향을 고민해야 할 것입니다. 구체적으로는 삶의 서사에서 결핍된 지점을 응시하고, 그러한 결핍이 만들어지는 이야기의 방향에 대해 질문하며, 질문을 통해 취약한 지점에 공명하고 그것을 치유할 수 있는 서사적 연대를 기획하는 것입니다. 서사적 연대를 기획하기 위해서는 개인과 사회의 서사 세계에서 발견되는 아주 작은 결핍이라도, 그것이 나머지 서사 세계 전체와 맞먹는 무게라는 것[14]을 존중하고 인정해주어야 합니다. 이것은 공간뿐 아니라 캐릭터와 갈등에서도 마찬가지로 기획되어야 합니다. 사실 캐릭터와 갈등과 공간은 분리하여 다룰 수 없습니다. 앞에서 살펴본 것처럼 공간도 인간 심층의 관계서사를 주요 요소로 삼고 있기 때문입니다.

고전문학은 인간의 삶에서 주요한 계기가 되는 '관계적 사건'과 그것에 반응하는 '인간의 심리'를 오랜 시간 관찰해왔다는 점에서, 그리고 사건과 심리가 만들어낸 다양한 관계의 서사가 발견한 결핍과 질문, 그것에 공명한 서사적 연대의 힘을 축적하고 있다는 점에서 21세기 콘텐츠화를 주도할 역량을 지닙니다.

신동흔(2011)은 수많은 「바리데기」 콘텐츠 중에서 제주의 올레길이 원천서사의 의미를 가장 잘 구현했다고 했습니다. 제주의 올레길은 얼

---

14 월터 베냐민(Walter Benjamin)이 고트프리트 켈러(Gottfried Keller)의 산문을 평가하며 했던 "세계를 이루는 그 어떤 직관된 극소의 세포라도 모든 현실의 나머지와 맞먹는 무게를 지닌다."라는 표현을 참조했다(월터 베냐민, 2012).

핏 보면 「바리데기」 이야기와 무관해 보입니다. 캐릭터 관련 이미지도 없고, 바리데기의 고행을 체험하는 이벤트도 없습니다. 그러나 그 길은 바리데기가 고행의 길에서 직면했을 삶의 내력에 공감하게 하고 그 길에 동행하게 한다는 점에서 고전서사의 공간이 지닌 윤리성에 가깝게 다가갔다고 할 수 있습니다.

기존의 콘텐츠화 방향에 대한 고려가 주로 가시적인 소재 차원에 많은 의미를 두었다면, 이제는 조금 더 확장해서 인간과 공간의 심층 서사가 만나고, 공명하고, 연대할 수 있는 방향으로 나아가면 어떨까 합니다.

| 출전 |

이 책에 실린 글들은 아래의 초본을 토대로 이 책의 구성 및 성격에 맞게 수정·보완한 것입니다. 초본의 출처와 발표 시기는 다음과 같습니다.

제1장

1절. 「고전서사의 공간성과 콘텐츠화 방향: 윤리적 서사공간의 설계를 위하여」, 한국고전연구학회 하계학술대회 발표문, 2018. 8.

2절. 「문학치료 기초서사로서 형제서사 설정 문제: 인간관계 발달과정에 따른 관계적 사건과 심리적 자리를 중심으로」, 『문학치료연구』 47집, 2018. 4.

제2장

1절. 「요인, 자기서사를 파괴하는 인간의 내면 풍경: 〈사씨남정기〉의 교씨와 이십낭을 중심으로」, 『문학치료연구』 43집, 2017. 4.

2절. 「'사도세자 이야기'를 반복 재연하는 한국인의 내면 풍경」, 『문학치료연구』 45집, 2017. 10.

3절. 「제주 기생 애랑의 자기서사와 하위주체의 서사적 정체성」, 『여성문학연구』 40집, 2017. 4.

4절. 「육체의 경계 지우기: 〈임상국부자삼취기〉의 패러디와 자기서사」, 『한국고전연구』 35집, 2016. 11.

제3장

1절. 「표류지에 대한 조선후기 상상력 일고」, 『이화어문논집』 37, 2015. 12.

2절. 「고전서사의 공간성과 콘텐츠화 방향: 윤리적 서사공간의 설계를 위하여」, 한국고전연구학회 하계학술대회 발표문, 2018. 8.

| 참고문헌 |

『계산기정(薊山紀程)』

『논어(論語)』

『소학집주(小學集註)』

『숙종실록(肅宗實錄)』

『연경재전집(硏經齋全集)』

『영조실록(英祖實錄)』

『완당전집(阮堂全集)』

『임상국부자삼취기(任相國父子三娶記)』

『정조실록(正祖實錄)』

『선조실록(宣祖實錄)』

『주역(周易)』

『중화도장(中華道藏)』

『태종실록(太宗實錄)』

가야트리 스피박, 『다른 세상에서』, 태혜숙 옮김, 여이연, 2004. (원저는 1987년에 출간).

강진옥, 「구전설화 이물교혼 모티브 연구」, 『이화어문논집』 11, 1990.

______, 「「콩쥐팥쥐」 서사의 문학치료학」, 『문학치료연구』 30, 한국문학치료학회, 2014.

게일 루빈, 『일탈: 게일 루빈 선집』, 신혜수·임옥희·조혜영·허윤 옮김, 현실문화, 2015. (원저는 2011년에 출간).

고대민족문화연구회 편, 『버클리대학 동아시아도서관 수집 한국고전전목록』, 보고사, 2009.

구양순, 『예문유취(藝文類聚)』 권94 '구(狗)' 조, 출간 연도 미상.
권순긍, 「「흥부전」의 현대적 수용」, 『판소리연구』 29, 판소리학회, 2010.
권혁래, 「옛이야기 형제담의 양상과 의미」, 『동화와번역』 19, 건국대학교 동화와번역연구소, 2010.
김기형 역주, 「배비장전」, 『한국고전문학전집』 35, 고려대학교 민족문화연구원, 2005.
김대중, 「성호와 다산의 육체 경제학」, 『한국실학연구』 32, 2016.
김동윤, 「현대소설에 나타난 제주 여성: 외지인 작가의 작품을 중심으로」, 『영주어문』 1집, 1999.
김만중, 『사씨남정기』, 이래종 역주, 태학사, 1999. (원저 출간 연도 미상).
김시습, 「취유부벽정기(醉遊浮碧亭記)」, 『금오신화(金鰲新話)』, 출간 연도 미상.
김수복 편저, 『한국문학 공간과 문화콘텐츠』, 청동거울, 2005.
김수연, 「「취유부벽정기」의 '경계성'에 대하여」, 『한국고전연구』19, 2009.
_____, 「운영의 자살심리와 「운영전」의 치유적 텍스트로서의 가능성에 대한 시론」, 『한국고전연구』 21, 한국고전연구학회, 2010.
_____, 「「최고운전」의 '이방인 서사'와 고전텍스트 읽기 교육」, 『문학치료연구』 23, 2012.
_____, 「「도장(道藏)」과 고소설에 나타나는 도가적(道家的) 상상력의 근원과 유형 연구 I: 「진고(眞誥)」의 공간상상력을 중심으로」, 『한국고전연구연구』 29, 2014.
_____, 「도장과 고소설의 여성인물 상상력」, 『고전여성문학연구』 30, 2015a.
_____, 『유(遊)의 미학, 『금오신화』』, 소명출판, 2015b.
_____, 「감각의 공유와 표현 주체의 발견을 위한 대학교양글쓰기: 이화여자대학교 「우리말과 글쓰기」 조형대를 중심으로」, 『이화어문논집』 40, 이화어문학회, 2016a.
_____, 『치유적 고전, 서사의 발견: 고전 리딩 레시피』, 이화여자대학교출판문화원, 2016b.
김수연·탁원정·전진아, 『동아시아 고전 엮어읽기, 금오신화 전등신화』, 미다스북스, 2010.
김연수, 「문학공간 '현저동'이 지니는 상징적 의미」, 『한국문학 공간과 문화콘텐츠』,

청동거울, 2005.
김용기, 「「태원지」의 해양 표류와 도서간 이동의 의미」, 『도서문화』 41, 2013.
김욱동, 『대화적 상상력』, 문학과지성사, 1988.
김위경, 「「사씨남정기」에 투영된 명가(名家)되기의 열망과 17세기 노론 척신(戚臣)가문의 지향의식」, 『고소설연구』 38, 한국고소설학회, 2014.
김재희, 『물질과 기억: 반복과 차이의 운동』, 살림, 2008.
김정욱·한수정, 『연극성 성격장애: 관심과 애정을 끌기 위한 몸부림』, 학지사, 2000.
김정희, 『완당전집』, 신호열 역주, 민족문화추진회, 1988. (원저는 1867년에 출간).
김종철, 「전기소설의 전개양상과 그 특성」, 『민족문화연구』, 28, 1995.
김주수·이희배, 『가족관계학』, 학연사, 1986.
김치완, 「瀛洲十景으로 본 朝鮮 儒學者의 仙境 인식과 그 태도」, 『대동철학』 59, 2012.
김현양, 「「사씨남정기」와 욕망의 문제: 소설사적 평가와 관련하여」, 『고전문학연구』 12, 한국고전문학회, 1997.
낸시 맥윌리엄스, 『정신분석적 진단: 성격구조의 이해』, 정남운·이기련 옮김, 학지사, 2017. (원저는 1994년에 출간).
노숙현, 「인간관계의 기초로서의 형제관계에 대한 성서적 이해」, 『금구논총』 4, 동국전문대학, 1997.
대한성서공회, 『새번역성경』, 2011.
두행숙, 「상호문화적 관점에서 본 문학 소재의 비판적 고찰: '가인과 아벨'의 소재를 중심으로」, 『독어교육』 30, 한국독어독문학교육학회, 2004.
롤프 옌센, 『드림 소사이어티』, 서정환 옮김, 한국능률협회, 2005. (원저는 1999년에 출간).
류정월, 「웃음 유발자로서 기생의 역할과 그 의의」, 『한국고전여성문학연구』 11, 2005.
미로슬라프 볼프, 『배제와 포용』, 박세혁 옮김, IVP, 2012. (원저는 1996년에 출간).
미하일 바흐친, 『프랑수아 라블레의 작품과 중세 및 르네상스의 민중문화』, 이덕형·최건영 옮김, 아카넷, 2004. (원저는 1965년에 출간).

박계홍 편, 『한국구비문학대계(韓國口碑文學大系)』 4-5, 한국정신문화연구원, 1985.
박일용, 「전기계 소설의 양식적 특징과 그 소설사적 변모양상」, 『민족문화연구』 28, 1995.
_____, 「「사씨남정기」의 이념과 미학」, 『고소설연구』 6, 한국고소설학회, 1998.
_____, 「금오신화와 전등신화에 나타난 애정모티프의 형상화 방식과 그 의미」, 『민족문화연구』 35, 2001.
박희병, 『한국전기소설의 미학』, 돌베개, 1997.
백옥경, 「조선전기 향화인에 대한 혼인규정과 여성」, 『역사학연구』 34, 2008.
백옥경, 「조선전기에 활동한 중국인 이주민에 대한 고찰」, 『한국문화연구』 16, 2009.
변찬복·박종호, 「문학공간의 장소성 분석에 근거한 관광콘텐츠화 방안: 「탁류」를 대상으로」, 『관광연구』 31, 2016.
서근식, 「조선시대 향화개념에 대한 연구」, 『동양고전연구』 37, 2009.
서사와문학치료연구소, 『행복한 삶과 문학치료』, 쿠북, 2016.
서정미, 「임오화변에 대한 정신분석학적 고찰」, 한신대학교 대학원 석사학위논문, 2016.
서해숙, 「성씨시조신화의 전승과 분포 그리고 문화권역」, 『남도민속연구』 19, 2009.
성씨이야기 편찬실, 『장흥 임씨 이야기』, 올린피플스토리, 2014.
성해응, 「오인도고와(五印度考訛)」, 『연경재전집(研經齋全集)』, 오성사, 1982.
손기범, 「제주를 바라보는 19세기 유학자의 관점」, 『영주어문』 11, 2006.
손석춘, 「문학치료의 '사회서사' 시론」, 『문학치료연구』 41, 한국문학치료학회, 2016.
스테판 미첼·마거릿 블랙, 『프로이트 이후』, 이재훈·이혜리 옮김, 한국심리치료연구소, 2002. (원저는 1995년에 출간).
신동흔, 「21세기 사회문화적 상황과 고전문학 연구의 과제: 자본과 욕망의 시대, 존재와 가치의 근원으로」, 『고전문학과 교육』 22, 2011.
_____, 『살아있는 한국 신화』, 한겨레출판, 2014.
_____, 「문학치료학 서사이론의 보완 확장 방안 연구」, 『문학치료연구』 38, 한국문학치료학회, 2016.

______, 『스토리텔링 원론』, 아카넷, 2018.
신재홍, 「초기 한문소설집의 전기성에 관한 반성적 고찰」, 1989.
신해진, 「「사씨남정기」 교씨의 인물형상과 의미: 형상의 소종래를 중심으로」, 『고전과 해석』 11, 고전문학한문학연구학회, 2011.
아리스토텔레스, 『아리스토텔레스 수사학 1』, 이종오 옮김, 리젬, 2007. (원저 출간 연도 미상).
알레이다 아스만, 『기억의 공간』, 변학수·백설자·채연숙 옮김, 경북대학교출판부, 2003. (원저는 1999년에 출간).
앙리 베르그송, 『물질과 기억』, 홍경실 옮김, 교보문고, 1991. (원저는 1896년에 출간).
앤 율라노프·배리 율라노프, 『신데렐라와 그 자매들: 인간의 시기심』, 이재훈 옮김, 한국심리치료연구소, 1999. (원저는 1983년에 출간).
앨런 시걸, 『하인즈 코헛과 자기심리학』, 권명수 옮김, 한국심리치료연구소, 2002. (원저는 1996년에 출간).
에드워드 랠프, 『장소와 장소상실』, 김덕현·김현주·심승희 옮김, 논형, 2005. (원저는 1976년에 출간).
에릭 에릭슨, 『청년 루터』, 최연석 옮김, 크리스천다이제스트, 2013. (원저는 1958년에 출간).
오상학, 「조선후기 원형 천하도의 특성과 세계관」, 『국토지리학회지』 35집 3호, 국토지리학회, 2001.
월터 베냐민, 『서사(敍事)·기억·비평의 자리 : 프리드리히 횔덜린, 요한 페터 헤벨, 고트프리트 켈러, 카를 크라우스, 마르셀 프루스트, 폴 발레리, 니콜라이 레스코프 외』, 최성만 옮김, 도서출판 길, 2012. (원저는 1977년에 출간).
유발 하라리, 『사피엔스』, 조현욱 옮김, 김영사, 2015. (원저는 2011년에 출간).
유원수 역주, 『몽골 비사(元祖祕史)』, 사계절 2004.
윤미연, 「「배비장전」의 웃음 속에 담긴 욕망」, 『태릉어문연구』 13, 2006.
윤석진, 「텔레비전 역사드라마 「이산」의 정치적 성향 고찰」, 『비평문학』 50, 한국비평문학회, 2013.
윤순임, 「정신분석에서의 '자기'」, 가톨릭대학교 심리상담대학원 학술심포지움 발표지, 가톨릭대학교 심리상담대학원, 2001.

이금희, 「사씨남정기 연구 II: 인물의 성격 및 내용적 특성을 중심으로」, 『원우논총』 4, 숙명여자대학교 대학원원우회, 1986.
이대형 편역, 『수이전』, 소명, 2013.
이덕일, 『사도세자가 꿈꾼 나라』, 역사의 아침, 2011.
이마누엘 칸트, 『순수이성비판 I』, 백종현 옮김, 아카넷, 2006. (원저는 1781년에 출간).
이미영, 「시기심과 수치심의 감정벡터: 가인 이야기로 본 갈등과 배제」, 『목회와 상담』 21, 한국목회상담학회, 2013.
이상구, 「「사씨남정기」의 갈등구조와 서포의 현실인식」, 『배달말』 27-1, 배달말학회, 2000.
이옥빈, 「조선 시기 북방계 향화인의 구성과 존재 양상: 1609년 울산호적을 중심으로」, 울산대학교 대학원 석사학위논문, 2015.
이우성·임형택, 『이조한문단편집(상)』, 일조각, 1973.
이윤석, 『남원고사 원전 비평』, 보고사, 2009.
이정원, 「조선조 애정전기소설의 소설 시학 연구」, 서강대학교 대학원 박사학위논문, 2003.
이한우, 「제영주십경후(題瀛洲十境後)」, 『매계선생문집(梅溪先生文集)』, 김영길 옮김, 제주문화, 1998. (원저 출간 연도 미상).
일연, 『규장각본 완역 삼국유사』, 박성규 옮김, 서정시학, 2009.
임석재, 『임석재 전집4: 함경북도편』. 평민사, 1987
임치균, 「태원지 연구」, 『고전문학연구』 35, 한국고전문학회, 2009.
임형택, 『한문서사의 영토』 1, 태학사, 2012a.
______, 『한문서사의 영토』 2, 태학사, 2012b.
장계우 편, 『중화도장(中華道藏)』 29, 화하출판사, 2004.
장정은, 「종교연구 방법론의 정신분석학적 접근」, 『신학과 실천』 46, 한국실천신학회, 2015.
장정해, 「중국 소수민족의 수조신화 비교 연구」, 『중국어문학지』 17, 2005.
잭 바바렛, 『감정의 거시사회학』, 박형신·정수남 옮김, 일신사, 2007. (원저는 1998년에 출간).
전귀연·임주영, 『형제관계』, 신정, 2006.

정덕현, 〈신과 함께〉의 흥행공식, 적절한 볼거리와 신파코드, 엔터미디어(http://entermedia.co.kr/news/news_view.html?idx=8519), 2018. 8. 12.

정병설, 『권력과 인간』, 문학동네, 2012.

정선희, 「고전소설의 문화콘텐츠화를 위한 수업방안 연구」, 『한국고전연구』 37, 2017.

정성화, 『서양의 한국: 이미지의 탄생과 변화』, 명지대학교출판부, 2005.

정운채·강미정·하은하·성정희·나지영·방유리나·윤미연·조은상·박민·강서영·김혜미·김정희·박재인·노진희·황현주·이운형, 『문학치료 서사사전』 1, 문학과치료, 2009a.

_____, 『문학치료 서사사전』 2, 문학과치료, 2009b.

_____, 『문학치료 서사사전』 3, 문학과치료, 2009c.

정운채, 「시화에 나타난 문학의 치료적 효과와 문학치료학을 위한 전망」, 『고전문학과교육』 1, 청관고전문학회, 1999.

_____, 「「흥보가」의 구조적 특성과 문학치료적 효용」, 『고전문학과 교육』 4, 청관고전문학회, 2002.

_____, 「인간관계의 발달 과정에 따른 기초서사의 네 영역과 「구운몽」 분석 시론」, 『문학치료연구』 3, 한국문학치료학회, 2005.

_____, 「문학치료학의 서사이론」, 『문학치료연구』 9, 한국문학치료학회, 2008.

_____, 「토도로프와 채트먼의 서사이론과 문학치료학의 서사이론」, 『고전문학과교육』 20, 고전문학교육학회, 2010.

_____, 「리몬케넌의 서사이론과 문학치료학의 서사이론」, 『문학치료연구』 18, 한국문학치료학회, 2011a.

_____, 「심리학의 지각, 기억, 사고와 문학치료학의 자기서사」, 『문학치료연구』 20, 한국문학치료학회, 2011b.

_____, 「자기서사의 변화 과정과 공감 및 감동의 원리로서의 서사의 공명」, 『문학치료연구』 25, 한국문학치료학회, 2012a.

_____, 「정몽주의 암살과 복권에 대한 서사적 이해: 분단서사와 통일서사의 역사적 실체 규명을 위하여」, 『통일인문논총』 53, 건국대학교 인문학연구원, 2012b.

_____, 「「춘향가」에 나타난 두 권력과 그 문화론적 의미」, 『문학치료학의 작품론』,

문학과치료, 2015. (원문은 『교육논총』 33, 2000에 수록).
정재륜, 『한거만록(閑居漫錄)』, 1708.
정재서 역주, 『산해경(山海經)』, 민음사, 2007.
정재서, 『사라진 신들과의 교신을 위하여』, 문학동네, 2007.
______, 『이야기 동양신화』, 김영사, 2010.
정재선, 「궁중실기문학의 교수-학습 방법 고찰: 『한중록(閑中錄)』을 중심으로」. 홍익대학교 교육대학원 석사학위논문, 2003.
정출헌, 「가부장적 가족제도의 질곡과 「사씨남정기」」, 『배달말』 27-1, 배달말학회, 2000.
정충권, 「여성의 시각에서 본 형제 우애 설화의 가족」, 『문학치료연구』 16, 한국문학치료학회, 2010.
______, 「형제 갈등형 고전소설의 갈등 전개 양상과 그 지향점」, 『문학치료연구』 34, 한국문학치료학회, 2015.
정혜경, 「고전서사를 활용한 콘텐츠 동향과 기획」, 『우리문학연구』 57, 2018.
제임스 그리블, 『문학교육론』, 나병철 옮김, 문예출판사, 1987. (원저는 1983년에 출간).
조연희, 「현행 고전문학 교과서 분석연구」, 이화여자대학교 교육대학원 석사학위논문, 1986.
조영준, 영화 〈인랑〉의 부족한 점, 이야기의 연약한 연결고리, 오마이뉴스(http://star.ohmynews.com/NWS_Web/OhmyStar/at_pg.aspx?CNTN_CD=A0002459168), 2018. 8. 1.
조재현, 「「임상국부자삼취기」 연구: 시조설화적 서사구성과 다문화가정을 통한 가문계승의 의미를 중심으로」, 『어문연구』 40, 2012.
조현설, 『동아시아 건국신화의 역사와 논리』, 문학과지성사, 2003.
조현우, 「「사씨남정기」의 악녀 형상과 그 소설사적 의미」, 『한국고전여성문학연구』 13, 한국고전여성문학회, 2006.
조현준, 『주디스 버틀러, 젠더트러블』, 커뮤니케이션북스, 2016.
줄리아 시걸, 『멜라니 클라인』, 김정옥 옮김, 학지사, 2009. (원저는 1964년에 출간).
지그문트 프로이트, 『정신분석학의 근본개념』, 윤희기·박찬부 옮김, 열린책들, 2014. (원저는 1961년에 출간).

진인각, 「彰所之論與蒙古源流」, 『陳寅恪先生文集』, 里人書局, 1981.
최재천, 『손잡지 않고 살아남은 생명은 없다』, 샘터, 2014.
카를 융·캘빈 홀·욜란데 야코비, 『C. G. 융 심리학 해설』, 설영환 편역, 선영사, 2014. (원저는 1942, 1961, 1973년에 출간).
피터 게이, 『프로이트 1』, 정영목 옮김, 교양인, 2012. (원저는 1988년에 출간).
하은하, 「역사적 트라우마와 관련된 문학치료 연구 현황」, 『문학치료연구』 27, 한국문학치료학회, 2013.
한영환, 「최치원전과 유선굴의 비교연구」, 『인문과학연구』 7, 1988.
허순우, 「중화주의 균열이 초래한 주체의식의 혼란과 극복의 서사: 「태원지」」, 『고소설연구』 33, 한국고소설학회, 2012.
헥터 맥도널드, 『 만들어진 진실: 우리는 어떻게 팩트를 편집하고 소비하는가』, 이지연 옮김, 흐름출판, 2018. (원저는 2018년에 출간).
혜경궁 홍씨, 『원본 한중록(閑中錄)』, 정병설 역주, 문학동네, 2010. (원저는 1805년에 출간).
호메로스, 『오디세이아』, 유영 옮김, 범우, 2012. (원저 출간 연도 미상).
홍현성, 「태원지 시공간 구성의 성격과 의미」, 『고소설연구』 29, 한국고소설학회, 2010.
황혜진, 「조선후기 요호부민(饒戶富民)과 부(富)에 대한 시선: '놀부'와 '옹고집'을 대상으로」, 『판소리연구』 43, 판소리학회, 2017.

魯迅, 『중국소설사략(中國小說史略)』, 1924.
唐芸芸, 「從「遊仙窟」看初唐生活」, 『中華文化畫報』, 2013.

Freud, S., *The Ego and The Id*. W. W. Norton & Company, 1923.
______, "Remembering, repeating and working-through", In J. Strachey (trans. & ed.). *The Standard Edition of the Complete Psychological Works of Sigmund Freud*, vol.12, Hogarth Press, 1958.
Hartmann, H., "Psychoanalysis and developmental psychology", *The Psychoanalytic Study of The Child*, vol.5, no.1, 1950.

Jahyun, H. K., *The Memoirs of Lady Hyegyŏng*, University of California Press, 2013.

Kohut, H. *The Analysis of the Self*. International Universities Press, 1971.

_____, *The Restoration of the Self*. University of Chicago Press, 1977.

_____, *How Does Analysis Cure?* University of Chicago Press, 1984.

Sullivan, H. S., *Conceptions of modern Psychiatry*. New York: Norton, 1940.

Stolorow, R. D., "The nature and therapeutic action of psychoanalytic interpretation", In D. S. Robert, E. A, George, & Brandchaft, B. (eds.). *The Intersubjective Perspective*. Jason Aronson, 1994.

| 찾아보기 |

[ㄴ]

[ㄷ]

[ㄹ]

[ㅁ]

루체테인문학사업단 인문융합 시리즈

인문예술미디어 콘텐츠의 활용

펴낸날 1판 1쇄 2019년 2월 15일
지은이 김수연
펴낸이 김헌민
펴낸곳 이화여자대학교출판문화원
주소 서울특별시 서대문구 이화여대길 52(우03760)
등록 1954년 7월 6일 제9-61호
전화 02) 3277-2965(편집), 362-6076(마케팅)
팩스 02) 312-4312
전자우편 press@ewha.ac.kr
홈페이지 www.ewhapress.com
책임편집 이지예
디자인 신성기획
찍은곳 한영문화사

© 김수연, 2019

ISBN 979-11-5890-302-2 94680
979-11-5890-300-8 (세트)

값 18,000원

* 잘못된 책은 구입처에서 바꾸어 드립니다.

이 도서의 국립중앙도서관 출판예정도서목록(CIP)은 서지정보유통지원시스템 홈페이지(http://seoji.nl.go.kr)와 국가자료공동목록시스템(http://www.nl.go.kr/kolisnet)에서 이용하실 수 있습니다. (CIP제어번호: CIP2019001235)